SPILLOVER

The Future of
Chinese Manufacture Industry

溢出

中國製造的未來 （增補版）

施展／著

責任編輯　　蘇健偉

書籍設計　　a_kun

書　　名　溢出：中國製造的未來（增補版）

著　　者　施展

出　　版　三聯書店（香港）有限公司
　　　　　香港北角英皇道 499 號北角工業大廈 20 樓
　　　　　Joint Publishing (H.K.) Co., Ltd.
　　　　　20/F., North Point Industrial Building,
　　　　　499 King's Road, North Point, Hong Kong

香港發行　香港聯合書刊物流有限公司
　　　　　香港新界荃灣德士古道 220-248 號 16 樓

印　　刷　美雅印刷製本有限公司
　　　　　香港九龍觀塘榮業街 6 號 4 樓 A 室

版　　次　2021 年 4 月香港第一版第一次印刷

規　　格　特 16 開（150 × 210 mm）360 面

國際書號　ISBN 978-962-04-4808-9

目錄

前言   viii

繁體版序   xvi

第一章 **"這叫《天鵝湖》"**

青春期心靈的顫抖   002

企業家的野蠻生長   010

美國創新、中國生產、全球銷售   031

第二章 **為什麼是越南**

《樞紐》還成立嗎   046

越南初印象   051

工業園的野望   055

越南史簡述   063

南國山河   067

第三章 **"因為我們有廣州!"**

"胡志明"的回答   080

為什麼是"廣州"   083

供應鏈網絡的力量   089

日、韓路徑與澳、加路徑   096

越南的結構性困境   109

"5·13"的蛻變   114

第四章　隱性知識

破敗廠區的背後　124

"智慧製造"的兩重根　135

Overqualified　145

中國的工業化路徑　151

"樞紐"與"雙循環"的進階版　158

封裝式思維與商人秩序　165

第五章　全球化公司的正確姿勢

AQUA 是誰　170

摩托車的滑鐵盧　173

為何 AQUA　177

越是全球化就越要本土化　182

電話中心　188

第六章　"中國幹部"的故事

意外發現　194

冷戰背景與中國幹部的來源　198

新南洋　213

海外的鄉親　220

工廠裏的白皮鞋　224

越南姑爺　229

老僑的故事　238

第七章　新漢薩同盟

經濟空間與政治空間的分離　　　　　252

1367　　　　　261

人與法　　　　　264

賤民資本家　　　　　275

國家秩序與商人秩序　　　　　279

從東亞漢薩同盟起步　　　　　287

補論　新冠疫情對中國製造的影響

疫情不足以改變中國世界工廠的地位　　　　　296

中國在什麼時候世界工廠地位會不保？　　　　　302

中國必須保持開放　　　　　316

為什麼香港的地位無可替代？　　　　　331

後記　　　　　337

編後記　　　　　342

前言

2018 年中期以來，中美兩國之間發生了大規模的貿易摩擦。實際上，我在於 2018 年元旦發佈的新書《樞紐》中就已經談到這種可能性了。[1]

我在《樞紐》下篇討論中國與世界經濟關係的部分提出，中國的經濟成長係基於西方最新一輪創新經濟的拉動，其間一系列結構性的特徵，使得在不出現實質性技術變遷的前提下，全球中低端製造業向中國的轉移是終局性的。因此，中國的經濟成長帶來了全球經貿結構的深刻變遷，從沃勒斯坦所說的 "中心 — 外圍" 結構變

---

[1] 我在書中援引了前 IMF（國際貨幣基金組織）首席經濟學家拉格拉邁·拉詹的觀點，當然，我本人是高度認同這種觀點的，它與我整體的解釋框架非常契合。"消費著中國產品輸出的諸多國家，通過向中國融資來獲得消費力，但這種經濟過程背後並沒有穩定的政治基礎，以便治理在此過程中形成的失衡，以至國際社會在經濟上喪失對中國產品的購買能力之前，可能會先喪失掉對中國出口的政治容忍度。目前的全球需求模式在金融和環境上不可持續，而由於對長遠問題的思考不足，各國的國內政策眼下又難以改變，世界正被夾在這中間，左右為難。" 參見施展：《樞紐：3000 年的中國》，廣西師範大學出版社 2018 年版，第 573 — 574 頁；三聯書店（香港）有限公司 2019 年版。

為一種"雙循環"結構,中國的製造業成為一個中介性的"樞紐",衛接起西方發達國家的創新產業及高端服務業與不發達國家的原材料產業。這種結構變遷會引發全球秩序以及其他國家內部的一系列不均衡,從而籲求一系列治理秩序變革。如果變革不能向前推進,便有可能引發貿易摩擦。

未料到,《樞紐》一書出版不到半年,大規模的貿易摩擦就真的出現了,並且規模迅速升級到超出所有人想象的程度。一時間,網上滿是中國製造業面臨貿易摩擦的嚴重衝擊,大量製造業工廠正在向海外尤其是越南大規模轉移的消息,中國經濟似乎正面臨重大危機。很多人質疑我在《樞紐》中的說法,認為現實已經狠狠地駁斥了這本書。

從純粹的理論分析來看,我認為這種大規模轉移不大可能。因為我所論證的支撐中國供應鏈網絡的很多條件並未因貿易摩擦遭遇實質性挑戰,海外也沒有哪個國家有條件承接中國如此大規模的供應鏈網絡轉移。而在今天的全球經濟邏輯之下,僅僅轉移工廠而不轉移供應鏈網絡,是構不成實質意義上的轉移的。但是這種理論分析倘若沒有足夠的實證研究支撐,說服力仍然有限。

於是,在 2019 年,我與研究團隊的夥伴們一起從北到南對越南做了深入調研。我們跑了河內、海防、胡志明三個大城市,以及分佈在北方和南方的三個主要工業省份,拜訪了四個工業園、日本國際貿易促進會派駐越南河內和胡志明兩個城市的分會,又採訪了河內的一家律師事務所、七家在越南的中國商會。我們還拜訪了從高科技到低科技橫跨多種產業、從跨國大公司到地方小工廠橫跨多種規模的近二十家企業，若干位越南工人及越南經理層，以及幾十位在越南打拚的中國人。此外，我們還採訪了越南的政府基層官員、兩所大學中的多位學者，甚至在一家中餐館吃飯時，遇到的一位會說流利中文的越南老闆娘都成了我們了解越南民情的訪談對象。

在去越南之前，我們先在長三角和珠三角對中國企業做了深入調研，以便獲得必要的預備知識；從越南回來之後，基於新獲得的信息，我們又逆向回溯到國內的供應鏈網絡上游，到珠三角以及廣西中越口岸地區做了深入調研。

大半年的深入調研以及與研究團隊夥伴們的反覆討論，讓我有了巨大的收穫。調研基本驗證了我在《樞紐》中提出的"樞紐"、"雙循環"結構的假說，同時讓我能夠對假說做出重要的迭代升級，把很多思考向前推進了很遠。田野調研不僅讓我對經濟活動的微觀機理有了更加深刻的理解，還讓我發現了很多以前根本不知道的存在。

基於調研形成的理論收穫，可以總結為如下四點。

第一，製造業向越南的所謂"轉移"，實際上是中國供應鏈的"溢出"，在可預見的未來，這一事實不會發生實質性變化。

在越南和珠三角的調研告訴我們，從中國向越南轉移的，並不是某些行業中的整個產業，而是該產業生產流程中的某些特定環節，主要是對供應鏈需求較低、人工成本佔比較高的環節，[1] 通常是最終的組裝環節。其他環節很難轉移出去，仍然留在中國的供應鏈網絡中。結果就是，生產流程中的某些特定環節往越南轉移得越多，對中國這邊供應鏈的需求就越大，以中國和越南為代表的東南亞之間從而形成了一種深度的嵌合關係。這樣一種轉移，還是稱之為"溢出"更恰當一些。我們在新聞中經常看到，伴隨著貿易摩擦，越南對美國出口有了大幅增長，中國對美國出口有了大幅下跌，但很少有人注意到在這個過程中中國對越南出口的大幅增長。在新的生產邏輯下，過往理解問題的很多方式都得加以調整。

第二，能夠轉移的環節，和通常所說的高技術產業還是低技術產業沒有關係，而是和不同梯次工業革命所出現的產業有關係。

和通常說的產業本身的技術水平高低無關的最根本原因在於，今天各國之間已經是在工序層面的跨國分工，複雜產品很少能在單一國家或地區內部完成全部生產環節。高技術產業的生產環節中不都是高技術環節，其中的低技術環節如果符合第一點的條件，是有機會轉移走的。

但是在轉移過程中，不同梯次工業革命所出現的產業，其轉移邏輯是不一樣的。第二次工業革命形成的重化工業相當於工業經濟中的基礎設施，由於一系列原因（詳見書中內容），重化工業基本

---

1 據在越南調研到的電器行業的多家企業反映，人工成本佔比的臨界點差不多是 15%，超過這個數值，企業就會考慮尋找低人工成本的地方。但其他行業的臨界點是否也是類似數值，調研中尚未得到確切的答案。

上終結在中國，無法向東南亞轉移。第三次工業革命形成的電子產業，在可預見的未來，它所依託的最大規模供應鏈網絡也會留在中國——畢竟其所依賴的經濟基礎設施在中國，但是電子產業中的組裝環節會向越南等東南亞國家轉移。轉移出去的這些環節，會與中國的供應鏈網絡保持深度的嵌合關係。第四次工業革命形成的信息技術產業，從它的核心技術創新和軟件等方面來看，美國起著主導作用；從信息技術的硬件製造方面來看，這種製造是要通過電子產業完成的，中國加上東南亞會在其中起主導作用。

第三，推動中國供應鏈網絡向東南亞溢出的真正力量，是中國民間的力量。中國的民間經濟和社會帶給我特別多意外的發現和感動。

我在調研中注意到，貿易摩擦越嚴重，民間經濟就越努力加強自救。所謂自救，很多都是生產環節向海外尤其是向越南的轉移，因為那些地方無須面臨美國的高關稅。但是，在轉移的過程中，只有組裝環節能夠出去，其他環節仍然需要依託中國龐大的供應鏈網絡。而中國供應鏈網絡的活力，也來自民間經濟。因此，貿易摩擦的結果是，中國的供應鏈網絡會加速向海外擴展，但這一過程的主要動力來自民間。

至於向海外"走出去"的具體載體，在各種海外大項目之外，我們通常關注到的都是那些外出設廠的企業——不管是出於全球佈局考慮而主動走出去的國際大公司，還是跟隨大客戶走出去的小供應商企業。但所有企業都是基於具體的"人"的活動才運轉起來的，過去國內對於"人"的層面關注不夠。

我們在越南的調研中發現了國內很少有人注意到的"中國幹部"這個群體。所謂"中國幹部"就是，無論什麼"資"的企業（主要是台資），只要是把工廠從中國大陸遷到越南的，則中高層管理人員基本上都是從中國大陸來的，這群人自稱"中國幹部"，是個有幾十萬人的群體。中國幹部是把中國的供應鏈網絡與越南的組裝環節銜接起來的重要微觀載體，他們在打拼的過程中擁有了大量基於跨文化的調適能力而演化出的管理技巧，掌握了大量可實踐但難傳授的隱性知識，是具有巨大價值的海外智慧寶庫。如此重要的群體居然在國內鮮為人知，期待我在書中的討論能夠引起國人對他們的關注。

第四，是"溢出"而非"轉移"的根本原因在於，隨著技術、公司組織形式以及生產邏輯的演化，經濟空間和政治空間越發分離。經濟空間以各種方式穿透國界存在，政治無法真正約束這種經濟空間的運轉。

信息技術天然地是穿透國界的，這個我們都很熟悉了。而製造業中的生產流程也越發成為一種跨國性的存在，這跟我們過去所熟悉的不一樣了。過去我們認為，無論生產什麼東西，生產過程中的大部分環節都是在一個國家內部完成的。但是在今天，就複雜產品而言，生產過程中的大部分環節是在幾個國家中通過跨國配合完成的。倘若把一件複雜產品從元器件到最終產品的全生產流程所經歷的物理空間稱作生產流程所依託的經濟空間，這種經濟空間已經是高度穿透國界——也就是穿透政治空間的了。

從國內層面著眼，這帶來了一個重要的變化，就是民間經濟的運行邏輯和政府政策的邏輯越來越分離成兩條線。政策對民間經濟的影響機制，跟過去已經大不一樣了。從國際層面著眼，這還會帶來一個結果，就是以國家為單位來思考經濟問題已經越來越沒有意義了。而現在的各種國際經濟治理秩序，比如 WTO（世界貿易組織）、IMF、世界銀行，以及各種區域性國際經濟組織，都是以國家為單位組織起來的，國際經濟治理秩序在運轉上也就越來越有問題。

世界必須找到新的治理辦法，新辦法的根基必須與新變化的動力基礎相匹配。是經濟活動穿透國界才帶來了這些問題，但經濟活動的基本單元並不是國家，而是商人，所以新的治理辦法是需要由商人來主導的。回看歷史，商人秩序曾經與政治秩序纏繞著共生演化，推動人類秩序不斷發展，中世紀以德意志商人為主導的商人秩序——漢薩同盟就是個非常典型的例子。但是，到了近代的主權國家時代，政治秩序變得過於強大，商人秩序被政治秩序遮蔽了。而今天，隨著技術和生產的變遷，商人秩序很可能走到了需要重新站到歷史前台的時刻。我在書中做了個大膽的構想，就是構建"東亞漢薩同盟"，它標示著我對未來可能形成的秩序的某種構想。

貿易摩擦是一種很有趣的"極端"環境，它可以把很多平常狀態下易變的、擾亂人視線的東西都拂去，底層不易改變、在更大程度上規定著演化方向的東西，會在這樣的環境中逐漸浮現出來。

正是在這種"極端"環境下，我們可以發現民間經濟正在"溢出"的強大動力；也是在這種"極端"環境下，我們會被促使著去構想未來新的秩序可能性。對未來所做的這種構想，需要我們有深遠的歷史感，因為，真正的歷史感從來都是指向未來的。在實踐的延長線上，這樣的一種思想，就是最深刻的歷史實踐！

在調研回來後，跟朋友們討論自己的思考的時候，有朋友提出一個意象，非常貼合我調研的感受，那就是——原力覺醒。"原力"是《星球大戰》電影裏的一個概念，指的是最底層的動力。原力覺醒，就是說長久沉默的最底層動力行將浮出水面。

在貿易摩擦的背景下，在當下動盪不堪的國際格局中，反倒更容易看清——在今天，中國與世界經濟關係中真正的"原力"，就是商人秩序的力量。這個"原力"一直存在，但長期沉潛，久未獲得自覺。到了今天，技術和生產的演化很可能會把它推到歷史的前台，"原力"應當"覺醒"，"原力"也必須"覺醒"。

施展

2019 冬至夜，於北京

繁體版序

　　2018、2019 兩年，中美貿易摩擦的戰火一路蔓延，一時之間國內有著各種憂慮的聲音，擔心中國會因為貿易戰而失去世界工廠的地位，而越南製造業似乎正在迅猛崛起，有取代中國的趨勢。一旦失去世界工廠的地位，則中國有可能陷入失業潮，社會可能陷入劇烈動盪。

　　但我對此並不擔心，原因在於我在前幾年出版的《樞紐：3000年的中國》一書中對中國製造業發展邏輯的分析。在我看來，20世紀 90 年代中後期，美國開啟的創新經濟轉型產生了生產流程大規模外包的需求，這個需求剛好與中國在那個十年中的一系列歷史節奏發生了時間耦合，於是促成了中國製造業的迅猛崛起。而中國製造業在崛起之後，促成了生產環節中企業組織形態的深遠變化，生產企業開始演化為一個龐大的供應鏈網絡體系，形成了一種樂高積木式的生產—創新機理；供應鏈網絡的運營效率，成為生產過程中綜合成本控制能力的基礎，勞動和土地等要素價格在綜合成本中的佔比已經大幅下降。供應鏈網絡的形成，本身又是一個龐大的體系在多重要素發生時間耦合後自生演化的結果，其他國家極難複製，所以中國在中低端製造業層面在世界上獲得了壓倒性優勢。

在這個分析中闡釋的一系列社會和經濟邏輯，並不會因為貿易摩擦就發生實質性的變化，所以我並不覺得貿易摩擦會讓中國喪失掉世界工廠的地位，後來的時勢發展也證明了我當初的判斷。

但光是理論分析是不夠的，還需要有更細緻的實證研究支撐。所以我在 2019 年隨同研究團隊深入到越南進行調研，基於越南的調研，再回溯到珠三角和長三角的供應鏈上游，調研的結果就形成了您手中的這本書《溢出》。我在微觀層面上看到了，所謂的中國製造業向外的"轉移"，實際上是中國供應鏈的"溢出"。

在微觀調研的過程中，我還進一步注意到了中國在兩個特殊的歷史時期所形成的人才堰塞湖效應，它在人的層面上帶來了中國經濟發展的巨大源動力，以及積澱出了製造業上的很多"隱性知識"，這些都是中國製造業的力量所在。

沒想到，《溢出》簡體版剛剛發佈之際，新冠疫情猛然爆發了。在 2020 年 2 月份疫情勢頭最為兇險之際，很多人都陷入了深深悲觀，覺得這回中國製造業可能真要扛不住了。但當時我的立場是一種"謹慎悲觀"，畢竟我所觀察到的中國製造業所依憑的各種力量根基都還在，所以我判斷，除非疫情僅僅局限在中國，並且持續四五年的時間，否則中國製造業仍然不會受到實質性的重創。

幾個月後，中國的疫情逐漸走出谷底，其他國家卻陷入了水深火熱。到了下半年，中國經濟不僅收復了上半年的失地，並且由於其他國家的生產嚴重受阻，中國的製成品出口比此前還有了更大的增長。於是很多人又進入了一種強烈樂觀的情緒，覺得這是中國的一個重大機遇。但這會兒我的立場是"謹慎樂觀"，中國製造業只不過是在疫情的下半場發揮了自己的比較優勢而已，但中國的比較劣勢並不會因此就克服了；甚至，如果中國在這個階段太過高調引人反感，導致西方強化在一些關鍵領域"脫鈎"的決心，中國的比較劣勢還有可能放大。（而這本繁體版就收錄了新冠疫情爆發之後我的上述分析。）

也就是說，在剛開始疫情很悲觀的時候，在我看來，中國製造業遠比那些特別悲觀的人所想象的更加強韌；但是在下半年疫情很樂觀的時候，在我看來，中國製造業遠沒有那些特別樂觀的人想象的那麼強大。

這樣一種無論是悲觀還是樂觀，始終抱持"謹慎"立場的姿態，自然是左右不討好，我的一些研究和分析發表出來之後，其引發的各種爭議也在我的預料之中。在一個劇烈變遷、高度撕裂的時代，真正能夠討好觀眾的是鮮明勁爆的立場，而不是冷靜理性的分析。但越是這樣的時代，就越是需要一些冷靜的聲音和理性的思考。我不敢自詡能足夠好地做到這些，但我確實在往這個方向努力，只希望這些微弱的努力能夠留下一些有用的東西。

知我者謂我心憂，不知我者謂我何求！

施展

2021 年 3 月 28 日

第一章

「這叫 《天鵝湖》」

青春期心靈的顫抖

多年以後，來到中央音樂學院讀大學的徐小平站在學校演奏廳裏，聽到耳邊響起那段他已經爛熟於心卻始終不知道名字的音樂，還是會想起在家鄉（江蘇）泰興鎮那個昏暗的夜晚。

那是在 1974 年的"文革"時期，剛剛進入青年時代的徐小平在長江邊上的泰興鎮彷徨著。八個樣板戲、一身綠軍裝，日復一日地喊口號，徐小平本能地覺得人生不該是這個樣子，但也說不清自己想要追求的到底是什麼，只能感受著沒來由的苦悶。即便家裏有人是鎮上的領導，他算是個地方的"小貴族"，能夠經常看到報紙了解國家大事；即便憑藉著跟表姐學到的拉手風琴的手藝，他成功進入了新組建的泰興文工團，不用上山下鄉 —— 處境看上去比同學們好不少，但從整體上來說，他仍然面對著一種幾近沙漠的文化生態。對於徐小平這樣有著強烈精神渴求的年輕人來說，這種生活雖不算殘酷，卻也無法忍受。

在徐小平加入文工團的第一個春天，3月的泰興乍暖還寒，苦悶的他在晚飯後來到朋友的房間裏。一個拉小提琴的高大身影，就著20世紀70年代特有的昏黃燈光，毫無預兆地闖入了他的世界。一併闖入的，還有貝多芬的《G大調小步舞曲》。

已經是著名投資人的徐小平，坐在我對面回憶幾十年前的那一刻所受到的精神衝擊時，仍然抑制不住激動，動情地描述著深深刻在腦海中的各種細節。"他身材高大，一米八五，是個快兩百斤的大胖子，眯著眼睛，聳著肩膀，伴隨著旋律，他身體上的每一塊肌肉都在抖動，音樂似乎從他的每一個毛孔中迸發而出。"那一刻的震撼太過強烈，徐小平感受到一種前所未有的"青春期心靈的顫抖"。他說："我後來到音樂學院聽過無數遍各種版本的《小步舞曲》，這是古典音樂的入門曲之一。但我再也無法感受到那種青春期心靈的顫抖，無法感受到何彬用琴弦闡述的貝多芬的靈魂。"

何彬就是在房間裏拉小提琴的高大男人，他當時因為"右派"身份被下放泰興鎮，擔任泰興文工團的指導老師。此前的何彬可是中國音樂界響當當的大人物。他曾是北京新聞電影製片廠樂團民樂隊隊長，是電影《鐵道遊擊隊》主題曲《西邊的太陽快要落山了》的詞作者之一，是歌曲《東方紅》的詞作者之一，也是中國頂級的弦樂演奏家。這樣一位才華橫溢的人物，此時正困居在泰興鎮的一個小屋裏，滿腔的抱負與憤懣，從琴弦上傾瀉而下，柔和的旋律中充溢著巨大的力量。這樣一種力量，確實會讓徐小平感受到靈魂的顫抖，因為那時的何彬與貝多芬對他來說，已經不只是老師和音樂了，而是渴求太久的一片綠洲。

正是這一晚的震撼，讓徐小平找到了慰藉自己靈魂的良藥，也讓他開始窺見古典音樂的堂奧。之後，他通過各種辦法搞到一些黑膠唱片，在家裏反反覆覆地聽，感受古典音樂之美。唱片中的很多旋律徐小平都已爛熟於心，但遺憾的是，唱片封面上都是俄文，他一個字都不認識，也就一直不知道這些音樂都叫什麼名字。直到若干年後恢復高考，徐小平有機會就讀中央音樂學院，在演奏廳裏再次聽到那熟悉的旋律時，他問身邊的人："這首曲子叫什麼呀？""這叫《天鵝湖》。"

多年前的徐小平還不知道，就是這個叫何彬的男人，開啟了泰興下轄的溪橋鄉 [1] 作為世界提琴之都的序曲。當時的何彬像一顆孤獨的星星，在小鎮上給徐小平、張明、趙晉成等文工團中的一眾青年人照亮了精神綠洲，並讓他們在多年後找到了各自事業的成功之路。四十年後，這個小鎮擁有各類提琴生產企業共 220 多家，年產各類提琴產品七十萬把，提琴產量佔中國市場份額的 70%，佔世界市場份額的 30%。

溪橋鄉也因此成為改革開放以來中國經濟成長奇跡的縮影，折射出中國人在困頓處境中的生存掙扎與精神追求、初露生機後企業

1　1969 年時建溪橋公社，1983 年改鄉，1998 年改鎮。2007 年，溪橋鎮與南沙鎮合併成立新的溪橋鎮。2010 年 3 月，溪橋鎮被撤銷，與原劉陳鎮、黃橋鎮合併成立新的黃橋鎮。本書統一用溪橋鄉指代此地。

家精神的野蠻生長、國家政策的宏觀效應、全球秩序的格局演化，乃至海外華人網絡的經濟意義……地緣、業緣、血緣等各種要素的耦合及其對於經濟的交錯影響，都掩映其中，促人深思。

但故事的起點實際上比何彬要早得多。[1]

泰興市（1992 年之前叫泰興縣）是江蘇省中部泰州市下轄的縣級市，地處長江北岸，臨近上海、南京，是蘇中的門戶，也是今天江蘇省直管縣的三個試點之一。在 20 世紀 60、70 年代，泰興縣下轄泰興、黃橋、溪橋在內的十二個鄉鎮，其中泰興鎮是縣政府所在地，溪橋鄉位於泰興鎮以東二十公里，黃橋鎮位於溪橋鄉以東兩公里。

泰興號稱 "木匠之鄉"，歷史上當地人就有學木匠手藝外出務工的傳統。在改革開放前，人們不能自由遷徙，仍有兩萬多泰興人分佈在全國各地做木匠。在 20 世紀前半段，對泰興人來說，外出務工的首選肯定是上海。有一些泰興木匠就在上海學習製作小提

---

1 徐小平先生推薦了他當年的好友，與他一起作為第一批被何彬招進泰興文工團的學員張明（現為泰興市音樂家協會副主席）、趙晉成（泰興市晉成琴行創始人）兩位先生，我們在泰興調研時，他們接待了我們，並為我們介紹了很多相關的採訪對象，包括何彬當年的好友吳曾蔭先生、黃橋樂器產業園管委會辦公室主任錢富民先生、文化學者丁沛先生、泰興琴藝樂器公司創始人吳建新先生、鳳音提琴廠創始人丁克處先生、大台提琴製造有限公司的創始人台德成先生（丁克處和台德成兩位的廠子，準確地說是小提琴作坊。能開作坊的都是高手，因為他們不僱用工人，整個琴的製造工序都由一個人或一個家庭獨立完成），以及後文有大篇幅介紹的鳳靈集團董事長李書先生等很多人。後面關於泰興小提琴業的討論，非常得益於以上諸位的幫助。

琴 —— 小提琴對於木匠手藝的要求很高，他們學起來還算得心應手。在新中國成立後，上海陸續成立了一些提琴廠，其中比較大的一家叫作仙樂提琴廠，後來改名上海提琴廠。這些泰興木匠成了其中的提琴製作師傅。

1962 年，"三年困難時期" 剛剛結束，城市在大饑荒之後也無法養活那麼多工人。於是，國家在全國範圍實行精簡職工的政策，把很多工人下放回原籍的農村。上海提琴廠也下放了一些熟練工人回鄉，在江蘇一共下放了六個人，其中有兩人是泰興溪橋公社[1]的，他們是殷平一、殷伯長。

由於離開農村太久，這些人對農活已經非常生疏，無法再靠務農養活自己。於是，殷平一和殷伯長就不斷地返回上海提琴廠討生活。經過多年努力，上海提琴廠勉強答應，讓他們在原籍幫提琴廠做小提琴配件。殷平一擅長做琴頭，0.5 元一個，殷伯長擅長做琴弓，1.1 元一把，原料由廠方提供，產品也由提琴廠包銷。聽說這兩個人有了飯吃，下放江蘇的另外幾個人也去找上海提琴廠，提琴廠索性讓他們都到溪橋公社去做配件。

於是，1968 年，原本以燒窯為主的溪橋公社綜合廠以這六個人為基礎，成立了一個樂器組。這裏是木匠之鄉，樂器組很容易就招到了一些學徒。到了 1970 年，樂器組已發展到二十多人，年產值達到三萬元。世界提琴之都的胚芽就在這個磚窯廠裏萌發了。

1　1958 年 "大躍進" 之後，農村的基層行政單位普遍改成了人民公社。

1971 年，樂器組從磚窯廠裏獨立出來，正式掛牌成為泰興縣溪橋公社樂器廠（下文簡稱 "溪橋樂器廠"），但主要業務仍然是給上海提琴廠做配件，自己並不能生產一把完整的小提琴。這倒不是因為溪橋樂器廠不具備生產整琴的能力，實際上，以廠裏師傅們的能力，做一把整琴是綽綽有餘的。但在計劃經濟的時代，國家沒有把製作整琴的計劃發給你，就沒有相應的原料下撥給你。巧婦難為無米之炊，他們只能服從國家安排，繼續做配件。

但廠裏的師傅們很不甘心，總想著要做整琴出來。上海提琴廠負責向溪橋樂器廠調撥原料的負責人，是新中國成立前從溪橋鄉走出去、在上海學會製作提琴手藝的。他很想幫溪橋同鄉一把，便想辦法在上海提琴廠剩下不用的可以做整琴的次品料當中擠出了一些，隨同其他計劃內的原料一併發了過去。手巧的師傅們，就用這些次品料，做出了一把完整的小提琴。不過行家一眼就能看出來，這把提琴的質量非常低劣 —— 問題不在於師傅們的手藝不行，而是原料太差。

但他們不知道，一位頂尖高手即將來到廠裏，那就是何彬。

何彬此時已經鬱鬱不得志很多年了。他在 1958 年被劃為 "右派"，被解送到黑龍江八五三農場接受改造；1964 年，一場 "清思想、清政治、清組織和清經濟" 的 "四清運動" 使何彬在黑龍江農場都待不下去了，他徹底失去了工作籍，以遊民身份回到了上海家裏；1967 年 8 月，在 "我們也有兩隻手，不在城裏吃閒飯" 的號召下，何彬再一次被下放，回到了泰興縣黃橋鎮老家。1973 年，是何彬被下放回鄉的第六年。他被安排在溪橋以北的元竹鄉張岔大隊務農已有多年，但不諳農活，也掙不出工分，只能靠朋友私下接濟生活。這期間，何彬也曾因為知名音樂家的身份多次被"上面"借調，光是為泰興縣就創作了十多部音樂作品。但借調完之後，他還是被發回鄉下繼續務農。

在極度壓抑的環境中，何彬借釣魚解悶，卻意外地結識了一位釣友朱德忠。朱德忠是溪橋樂器廠的第一任廠長，在知道了何彬顯赫的音樂背景之後，立刻把何彬請到廠裏來擔任藝術指導。

何彬非凡的才華很快就得到了展現的機會。

1973 年下半年，蘇州舉辦了一場全國性的提琴製作比賽，何彬拿著溪橋樂器廠用次品料做出的那把提琴來到賽場。這把琴的外觀看上去寒磣得不行，也沒有資格參賽，幸好大賽的評委會主席是何彬當年在上海的老友。在何彬的苦苦哀求下，賽會專家們勉強給了個面子，這把次品料琴才有機會被演奏了一下。

何彬畢竟是何彬，缺的只是機會。經過他精心調試的這把次品料琴，一經試奏，技驚四座，引起了轟動。人們紛紛打聽這把琴是哪裏生產的，此前寂寂無名的溪橋樂器廠一下子進入了人們的視野。樂器廠終於獲得了生產整琴的資格，還有了屬於自己的提琴品牌——向陽牌。

困頓處境中，師傅們的生存掙扎與何彬的精神掙扎，以一種出乎所有人意料的方式發生碰撞，激發出耀眼的火花！

在這種種不甘的掙扎中湧動著的是被壓制許久的精神力量，是後來中國經濟能夠成長的必要基礎。如果沒有強烈的向上的精神動力，中國經濟成長的效率是很難被期待的。我們不應感謝那種壓制，但我們應該感謝那些經受壓制仍不甘挫敗的心靈。

企業家的野蠻生長

然而，耀眼的火花是短暫的。

1978 年，何彬的"右派"身份被"摘帽"，他離開了泰興，被任命為哈爾濱歌劇院副院長兼藝術指導。1983 年，何彬回到上海，任上海民族樂團團長。何彬離開泰興後的活動便不再與溪橋樂器廠有直接關聯。

而此時的溪橋樂器廠正處在風雨飄搖之中。雖然獲得了生產整琴的資格，但工廠的運轉舉步維艱。最大的問題不在於生產提琴的技術，畢竟老師傅們的手藝沒得說。問題在於，工廠的管理一塌糊塗。

溪橋樂器廠雖然有過高光時刻，但那時太依賴於何彬的個人能力，從根本上來說，它還是個鄉鎮企業。工廠就建在村裏，裏面的員工實際上都是農民，只不過獲得了一個工人的身份，但遠不是真正意義上的產業工人。這些人仍然處在農村的生活空間中，保有以前的行為習慣，而且沒有見過城市工廠中那種規範化的工作方式，也就無法按照產業工人式的紀律被管理。

而且，鄉村中的宗族矛盾延續到了廠裏，廠內派系鬥爭嚴重，廠長本身也受制於派系，難以管理工廠。廠裏出了問題，最常見的解決方式就是打架，甚至工人打廠長都不是新鮮事。方圓十公里內就沒人願意去樂器廠當廠長，勉為其難上任的廠長基本上都幹不到一年。連曾在當地統領過六千多人的“造反派司令”被派來當廠長，只幹了不到半年，就被打了若干次。最終被迫落荒而逃，並痛陳“我寧可回家拾大糞，也不在這裏當廠長了”。

但即便如此，在計劃經濟時代，曾經的高光時刻也足以讓它活下去。可是到了改革開放之後，市場調節的作用逐漸受到重視。1980 年 2 月 7 日《人民日報》發表評論《重視市場調節的作用》，文章強調：社隊企業要發展，就必須在生產和經營上實行計劃調節與市場調節相結合，充分重視市場調節的作用。這是中國大陸第一次公開肯定市場調節的作用，並且是在社隊企業（鄉鎮企業）這個層次上提出的。[1] 這樣看來，溪橋樂器廠注定是會被淘汰的。

除非，能有一個真正的企業家出現，挽狂瀾於既倒，把它改造成一個真正的現代企業。

這個真正的企業家居然真就出現了，他叫李書。

講到這裏，得解釋一下何謂“企業家”。企業家和職業經理人

---

[1] 中國經濟體制改革研究會編寫組：《中國改革開放大事記（1978－2008）》，中國財政經濟出版社 2008 年版，第 30 頁。

經常會被當成一回事兒，但我們一定得對他們做出區分。職業經理人的職能在於，在給定的目標與規範下，讓企業保持良好的運轉；企業家的職能則在於，勇於冒險，通過自己的“創造性破壞”，突破舊有的目標與規範，創造新的目標與規範，在質的層面刺激出真正的發展，而不是僅僅在量的層面簡單擴大。

企業家“創造性破壞”這一特徵，是由美籍奧地利經濟學家熊彼特率先提出的。熊彼特認為，企業家要作為創新過程的組織者和創始者，創造性地打破市場均衡，形成獲取超額利潤的機會。市場經濟就是要創造並進而破壞既有的經濟結構，這個創造和破壞的過程主要不是通過價格競爭，而是依靠創新競爭實現的。[1]

但要做到這種創造性破壞，實際上是很難的。任何人在行動的時候，對於過往的成功都有著相當程度的路徑依賴。這是因為，既有的路徑讓人能夠以更加穩定可預期的方式繼續獲得成功。但是，這會讓人沒有能力去創造新的東西，沒有能力去回應大的挑戰，從而限定了發展的上限。

真正的企業家要做的，就是破壞過去的成功路徑留下的行為規範，敢於冒險，承擔巨大的風險與不確定性，創造出一個激動人心的新願景，並在此過程中對生產要素進行各種全新的組合。但在完成了創造性破壞之後，必須形成新的規範，才能把創新的成果有效地保留下來。在新規範形成的過程中，職業經理人就會參與進來，

1　參見［美］約瑟夫·熊彼特：《經濟發展理論》，何畏、易家詳譯，商務印書館 1990 年版。

去落實新的規範。也就是說，真正的企業家是敢於冒險進行創造性破壞、突破舊規範、形成新規範的人物，而職業經理人是讓新規範能夠真正發揚光大的一個職業性群體。

在這個意義上，熊彼特甚至認為，企業家是創新的主體，但企業家身份是一種稍縱即逝的狀態。一個人由於創造性破壞而成為企業家，但是當他建立起企業，並開始按部就班地經營這個企業時，企業家的身份就消失了。所以，"創新"是判斷企業家的唯一標準。至於什麼才算創新，熊彼特劃分出五種類型，分別是：（1）引進新產品；（2）引進新技術，即新的生產方式；（3）開闢新市場；（4）控制原材料或半製成品的新的供應來源；（5）實現企業新的組織形式。

完成這一系列關於"創新的指標"所需的勇氣和想象力，我們都能在李書身上看到。可以說，正是基於他的努力，泰興才能以溪橋樂器廠為基礎，真正發展成世界提琴之都。

李書是 1980 年 7 月 31 日被任命為溪橋樂器廠廠長的，這時他已經在廠裏工作了七年多。早在 1973 年 4 月，李書就進入了樂器廠，成為殷平一的徒弟。由於聰明能幹又肯吃苦，李書逐漸受到重用。李書先是於 1978 年被提拔為廠供銷科長，負責全廠的生產調度計劃，又在兩年後當上了廠長，開始了自己作為企業家的野蠻生長之路。

李書上任後做的第一件事，就是破除掉此前靠派系來維繫、靠打架來均衡的企業管理模式。他上任當天就約法三章：第一，不能罵人，罵人的要道歉；第二，不能打架，打架的會被開除；第三，不能偷廠裏東西，否則也會被開除。然後，他當場就停掉肆意罵人的車間主任的職，當晚又抓住十三個偷廠裏東西的工人，把他們全開除了。

上任伊始燒的這把大火迅速引起反彈。罵人、打架、偷廠裏東西是多少年來大家都默認的做法，憑什麼李書上台就要嚴管？受了懲罰的人紛紛去公社告狀，公社領導則找李書談話。李書提出，除非給他開除人的權力，否則這個廠長他就不當了。一想到樂器廠廠長這個燙手山芋沒人接，公社便勉強同意了李書的條件。

李書一上任就打破了工廠持續多年的鐵飯碗模式，還迅速整治了工廠混亂了多年的秩序。創造性破壞就從這裏開始。

我問李書："回顧當廠長這麼多年來的經歷，你覺得自己的管理改革當中，最重要的是哪些部分？"

他說："20 世紀 80 年代所做的最重要工作之一，就是把廠裏的員工訓練成真正的工人。除了制定廠規廠紀之外，還逐漸制定了嚴格的企業生產質量標準，推行定額計件制，實施定額消耗制，等等。"

把傳統社會的人改造成產業工人，對於建立現代工廠制度而言，是非常艱難又非常重要的一步。這一步背後還隱藏著很多讓人不那麼愉快的事實。

　　依照法國哲學家福柯的研究，在西方世界，這樣的變化發生在17至18世紀。此前的西歐是莊園制的世界，通過把人固定在土地上，形成穩定的社會秩序。而在17、18世紀之後，有著嚴格生產紀律的工廠制逐漸替代了莊園制來控制社會。

　　讓人不快的事實首先在於，無論在傳統農業社會還是現代工業社會，個體實際上都是被規訓的。這個社會學事實和法理上的自由、平等、博愛是並存的。但兩種社會的規訓方式有一個重要區別。

　　在傳統農業社會，農耕是主要的生產方式。作物的生長是有自然的生物性節律的，它和人的生物性節律有著某種相關性，所以，傳統農業社會對人的規訓是潛移默化並且不讓人感覺難受的。古人就吟詠過："日出而作，日入而息。鑿井而飲，耕田而食。帝力於我何有哉！"當然，從原始的採集社會剛剛進入農業社會的時候，人們很可能也要經歷很長時間的不太舒適的被規訓的過程，但那種記憶早就消失幾千年了。

　　而現代工業社會就不一樣了，工業化的機器生產是主要的生產方式。機器生產不再受自然節律的限制，可以不停歇地運轉，這和人的生物節律大大不同。再加上機器生產逐漸演化為流水線生產，生產中的環節被不斷迭代得更加專門化。每個工人只需要完成生產中的特定環節，依照特定節奏做特定動作，配合整條流水線、配合機器就可以了。於是，現代工業社會對人的規訓就成了：讓人變成一顆螺絲釘，讓人和機器貼合得更緊密。通過對人的姿勢、習慣的訓練和規範，乃至對人的思維方式、價值觀念的改造，工業社會打造出足夠有效率的產業工人，從而令工業生產的效率最大化。

這種規訓在一開始是會讓人感到非常不快的，以至於資方不得不動用各種強力。福柯曾經展示過一張 18 世紀某工廠的作息表，它和當時監獄的作息表差不多。一個工人從起床到睡覺，一天要做的全部事情都被規劃在作息表當中。而且，工廠不僅在工作日進行軍營化的管理，還在禮拜日規定了更加嚴格和瑣碎的祈禱。這種程度的規訓當然會引起工人的反抗，馬克思稱其為階級鬥爭，其實就是現代工廠制下規訓與反規訓的對抗。但當時的政府管不了這麼多，它直觀感受到的就是底層工人的各種反抗，而這種反抗很可能會帶來社會的無序動盪。於是，政府進行大力壓制，階級鬥爭便又捲入了政治的因素。在這一過程中，西方世界逐漸發展出工會等各種組織以對抗政府和資方單方向的規訓。規訓方和反抗規訓的工人不斷互動、衝撞，才逐漸發展出我們今天所見的現代西方社會。

這樣一種規訓過程，還包含著西方社會從傳統身份社會向現代契約社會的轉型。身份社會中有各種不成文的傳統道德作為人際關係的潤滑劑，給人溫情的感覺，但這種方式過於依賴個體性的關係，效率較為低下；契約社會則把人際關係簡化為一整套抽象的成文規則，不再依賴於個人關係，效率較高，卻讓人變得孤立化、原子化。

就一個國家的工業化而言，這樣一種現代工廠制的規訓對於人的改造是無法繞過去的階段。規訓過程中出現的各種各樣的故事，往往會讓人感覺到各種不快。是否有能力消化掉因此而生的各種矛盾，從而相對平穩地度過規訓過程，是一個社會能否成功完成現代化的重要前提。

李書先用鐵腕手段邁出了將廠裏員工訓練成真正工人的第一步，但這只是滿足了讓工廠活下去的一個基礎前提，離工廠真能活下去還差得遠著呢。

李書接手樂器廠的時候，廠裏的總資產是 17.8 萬元。可是，光是欠銀行的貸款就有 54 萬元，外面欠的材料款有 23 萬元，內部還欠著工人 8 個月工資 —— 工廠完全資不抵債。李書在把工廠秩序穩定下來後，首要工作就是尋找訂單，想法子讓工廠運轉起來。他最先想到的是上海提琴廠，是的，還是要去那裏找訂單。於是，他決定親自去上海，找上海提琴廠廠長協商。可是樂器廠已經困窘到連李書去上海的十元路費都拿不出來，他只好回到家裏背了一筐雞蛋和數十斤小麥到鎮上賣掉，勉強湊出了往返上海的路費，拿回了訂單。

問題是，要把訂單上的產品生產出來，還得去購買材料，這筆錢可沒法靠賣雞蛋湊出來。李書想到去公社裏的農村信用社貸款，可是信用社根本不理會他的貸款申請。堅持了一周後，李書被迫跑到公社黨委書記家，說自己作為廠長，想為廠裏借兩萬元的生產經費都借不到，只能辭職。

公社黨委書記立刻給信用社主任打電話，主任便說明了事情原委：樂器廠借錢從來就沒打算還，現在還欠著幾十萬呢，所以不能再借。李書馬上做出回應，對信用社主任說："你只說對了一半。過去借的從來沒還過，這是事實，欠你幾十萬，這也是事實。但這裏面可有一分錢是我借的？如果我借了錢也不還，那你以後一分錢都別再借我！但是我要告訴你，如果你這次不借我錢，我這廠馬上就死掉，之前欠的那幾十萬你找誰要去？"在這樣一番軟磨硬泡下，公社黨委書記又做了些工作，李書才拿到了兩萬元的貸款，並且和信用社約定，三十天後一定償還。

可是工廠的生產周期遠遠大於三十天，也就是說，三十天後，李書是還不上信用社的貸款的。到了第二十天，李書開始四處借錢。不管是親戚朋友還是街坊四鄰，只要人家有幾分錢，他都要借出來，還記了整四大頁的欠款明細。終於在第 28 天的時候湊出了兩萬元。李書背著一個大書包，到信用社嘩啦一下把錢都倒在桌子上，信用社主任點了半天才確認這些一共兩萬元。李書對信用社主任說："我說三十天還，現在才二十八天，我兩萬元就都還上了。所以，未來你是不是還可以放心借我錢呀？"溪橋樂器廠的融資能力，就這麼艱難地建立起來了。

從李書身上我們看到了中國改革開放初期企業家身上那種野蠻生長的勁頭。

改革開放前的中國社會，還是一種身份社會，改革開放指向的則是一種契約社會。契約社會的制度前提是健全的法律體系，契約社會運轉的基礎則是信用機制 —— 法律體系與信用機制是互為條件的。所謂信用，就是把未來可預期的收益折算到現在並交易出去。而法律可以讓人們對於未來形成穩定的預期，所以法律也是用來界定和保障信用的履行的，並且從原則上說，可以把信用無差別地擴展到所有人身上。信用機制的運轉則會提高經濟效率，形成足夠的經濟資源，以便支撐法律體系實際運轉的成本。要知道，現代法律體系的運轉不僅僅要有法律文本存在，還需要司法系統、律師系統、訴訟過程等一系列具體載體作為支撐，運行成本並不低。前現代社會的經濟如果要支撐這種法律體系，往往是得不償失的，這也是前現代社會通常是身份社會的原因之一 —— 身份差異就可以讓人們低成本地判斷他人的信用基礎，但這種信用基礎無法進行無差別地擴展，經濟效率就比較低下。

身份社會與契約社會的差異相對容易理解，但在從一種社會向另一種社會過渡的過程中，還沒有成形的法律體系，也就無法形成可靠的信用機制。在這種情況下，企業要想發展，就必須自己想辦法創設出信用。李書臨危受命之際，中國正處於這種轉型的過渡階段，要想在困境中突圍，企業家就必須既有冒險精神，又能創造性地尋找辦法。閱讀那段時期的企業史你就會發現，那一代企業家找到了千奇百怪的辦法。這些辦法絕大部分都是在過去的規範之外的，也不可能被納入日後形成的法律規範之中，處在一種難以界定的灰色地帶 —— 甚至連這麼說都不準確。那是一種無法用黑白灰三色來界定的狀態，只能稱之為“野蠻生長”。

正是這種野蠻生長，讓困頓的中國經濟獲得了騰飛的必要前提。可以說，那一代的企業家，有很多都真正配得上熊彼特所說的"企業家"的稱呼。理解那一群人，是我們理解中國經濟成長的必要一課。

經過李書的艱難努力，樂器廠逐漸活了過來。到 1980 年 12 月底，完成了 20.67 萬元的銷售額，樂器廠的經濟效益從過去全公社的倒數第一一躍成為正數第四。不過，這只能說明李書有能力打造出一個還算說得過去的鄉鎮企業。接下來李書更是用三十多年的時間，真正展現了他作為一名優秀企業家的眼光與魄力 —— 把這個鄉鎮企業發展成世界第一大提琴生產廠，並讓泰興成為世界提琴之都。

李書的成功所依憑的要素以及他所做的努力，實在太多了。我僅從自己的研究關注的角度出發，提煉出他賴以成功的"三板斧"，分別是：順應政策，發展產業供應鏈以及走向全球市場。

先看第一板斧：順應政策。

在訪談當中，李書不斷強調，"我要發展企業，最重要的是要順應政策。我會不斷關注政府推出的新政策，每一次都要抓住政策，讓企業最先吃到這個政策紅利，搭上順風車，順勢發展起來"。

1983 年 1 月，中央印發了《當前農村經濟政策的若干問題》的通知，充分肯定了聯產承包責任制對農村經濟發展的重要作用，並提出把聯產承包責任制從農業生產領域拓展到社隊企業經營領域，在社隊企業試行廠長（經濟）承包責任制。順應這個政策，李書在溪橋鄉[1]的十一個鄉鎮企業中率先實行廠長承包責任制和車間主任承包制，同時在工廠內部推行工時定額和耗用定額承包責任制。同時推行三種責任制的做法，在當年就取得了很大成效——樂器廠的經濟效益一下躍升為全鄉第一。

1984 年，為了充分發揮鄉鎮企業的勞動力優勢和城市企業的技術優勢，國家經濟體制改革委員會提出了走城鄉經濟聯合之路的號召，鼓勵城市的工廠與鄉村的工廠形成經濟聯合。李書立刻抓住這個政策先機，決定想法子讓溪橋樂器廠與上海提琴廠結成緊密性聯營。當時，全國與溪橋樂器廠競爭的還有十二家鄉鎮企業。為了體現出自己的優勢，李書繼續強化工廠的三種責任制，並且把小提琴的生產過程詳細分解為 183 道工序，保證生產的規範性。與此同時，他還爭取到地方政府的支持，建起了溪橋第一座三層高的生產大樓；又想方設法把上海提琴廠的人邀請到溪橋考察，並做了詳盡準備，要用自己工廠的專業性打動對方。這一系列努力最終讓溪橋樂器廠從全國十三家鄉鎮企業中脫穎而出，成為上海提琴廠的合作夥伴，雙方達成了為期十年的聯營協議。1985 年 3 月，"上海提琴廠泰興分廠"掛牌成立。聯營第一年，泰興分廠就實現了 206.7 萬元的銷售額，經濟效益位列全縣第五。

---

1 1982 年 12 月 10 日，第五屆全國人民代表大會第五次會議決定"改社為鄉"。到 1985 年，人民公社全部解體，鄉鎮重新成為中國最基層的政權組織。泰興於 1983 年 3 月開始"改社為鄉"的基層改革，於當年九月底全部完成。

在 1994 年年底聯營協議到期之時，李書管理的泰興分廠已經躋身全國提琴企業的十強。這時，李書又關注到國家"走工貿聯營發展企業"的號召。他認為，自己的企業已經具備大批量生產的能力，而今最需要的就是市場。因為只有建立起強大的銷售渠道，才能實現產銷接軌。1993 年，李書與上海文教體育用品進出口公司（後更名為上海蘭生外貿公司）簽訂了十年的工貿聯營協議。當年 11 月，工貿聯營的滬泰百思樂樂器廠掛牌成立。

1996 年，為了適應加入 WTO（世界貿易組織）的需要，國家加大了對外開放的力度。李書再次抓住政策風口，與美國 AXL 國際樂器有限公司達成合作，實行中外合營，讓企業有機會擴展到國外市場。當年 10 月，溪橋樂器廠改制，更名為泰興鳳靈樂器有限公司。鳳靈順應國家政策，成為首批獲得企業自營出口權的公司，至此，鳳靈提琴便開始成規模地走向世界。

我們可以從溪橋樂器廠逐步發展為泰興鳳靈樂器有限公司的過程中，看到李書對於國家政策的靈敏把握。泰興小提琴業的發展，自然離不開李書的經營管理能力，但也靠他成功藉助政策的風口不斷放大自己的經營管理能力帶來的效應，才能一次次實現躍遷。就像在空中盤旋的大鳥，雖然牠很善於飛翔，但同時也要善於尋找上升氣流 —— 藉助氣流的推動，無須費多少力就可以飛得很高。

然而，國家制定產業政策是否有意義，在經濟學界有著很大爭議。依照經典的自由主義經濟學理論，產業政策往往會通過各種補貼或政策扶持扭曲市場價格，讓資源流到原本不會去的低效率領域，造成整體經濟效率低下。更糟的是，錯誤的產業政策很可能會導致災難。因此，最理想的狀態是，政府僅僅作為守夜人或裁判員，不下場比賽，而是讓市場自發地運作，這樣經濟自然會繁榮起來。這種經濟思路可以追溯到經濟學的奠基人亞當·斯密那裏。

對於 18、19 世紀的英國和 20 世紀的美國這些先發國家來說，這種對產業政策的理解是合理的。這些國家作為先發者沒有任何對象可供自己學習，也無從設定具體的目標，只有讓企業在自由市場中自發地去嘗試、去冒險、去失敗，政府只提供一個公平的法律環境，經濟才能真正有效地發展起來。

但產業政策對後發國家的影響，還需要另做分析。後發國家可以細分為兩種。一種是類似保加利亞、烏拉圭、突尼斯等沒有太強文化追求的小國。它們沒有什麼經濟以外的追求，也就不需要產業政策。並且，由於它們的經濟實力太弱，產業政策實際上無法起到什麼作用。另一種是類似德國、日本、中國等有著較強的文化追求的大國。它們有著經濟以外的追求，因此想要盡可能地保障自己的經濟不會陷入某種依附性狀態。它們還有先發國家作為對標對象，能比較清晰地知道自己在經濟上想要實現的目標，而達成這一目標的手段，在它們看來就是產業政策。再加上它們的經濟相對較強，產業政策會起到實質性的作用。至於在什麼方向起作用，那是另一個問題。

後發國家要通過產業政策來推動發展，這種經濟思路可以追溯到 19 世紀前期德國經濟學家弗里德里希・李斯特那裏。[1] 李斯特的直接論敵就是亞當・斯密，他抨擊斯密的理論是一種空洞的學說，因為斯密只從個人和世界市場這兩個角度出發，忽視了國家這個中介。只有當各國都處在持久的和平關係中，國家僅僅提供法律平台，其政治和經濟影響都近乎可以忽略的情況下，斯密的理論才可行。李斯特認為，這種理想主義狀態是靠不住的，一旦戰爭打起來，還是得靠國家。考慮到這一點，僅僅從個人和世界市場這兩個角度出發來討論經濟問題，就是不現實的。

但是，李斯特並不否認市場的作用。他完全承認市場是配置資源最有效率的手段，也認為從世界市場的角度來看，自由貿易是提高人類整體經濟效率的辦法。可一旦考慮到國家這個層面，李斯特就更重視在世界市場上自由貿易是以誰為中心展開的。如果各國都依照斯密的理論來制定自己的政策，結果會是，英國將永遠作為世界市場的中心，其他國家只能淪為龍套陪著英國玩，這是這些國家所無法接受的。

所以，李斯特提出一個三步走的方案。既然當時的德國跟英國等發展起來的國家相比，比較優勢只在農業上，那就先進行自由貿易，通過農業積累起足夠多的資本，這是第一步；之後進入第二步，採取保護主義的經濟政策，用積累起來的資本促進本國工業發展；等工業能力發展起來了，再進入第三步，恢復自由貿易。這時

---

1 參見［德］弗里德里希・李斯特：《政治經濟學的國民體系》，陳萬煦譯，商務印書館 1961 年版。

候，德國就在世界市場上有足夠的話語權，甚至成為世界市場的中心。這就是李斯特所說的"國民經濟學"的基本路數，產業政策的基本思路就在國民經濟學中被孕育出來了。

自由主義經濟學的批評是精準的，產業政策確實會經常扭曲市場價格，讓資源流到原本不會去的低效率領域。但從國民經濟學的角度來看，效率並不是經濟中唯一要考慮的要素，國民經濟的自主性同樣需要關注。從自主性的角度來看，有些投資規模巨大的行業，比如重化工業，相當於工業經濟的基礎設施，也是經濟獲得自主性的基礎條件。它們在先發國家已經是成熟產業，進入低利潤水平的階段。依照自由市場的邏輯，後發國家便沒有機會發展起這些產業了，除非通過產業政策的扶持。在這種意義上，對於那些有大於經濟領域追求的後發國家來說，產業政策帶來的低效率是可以忍受的代價。

然而，倘若不是針對這種具有基礎設施屬性的行業，連後發國家都不應該實施產業政策，因為它會造成國民福利相當程度的損失。

但這些都是從宏觀經濟的角度考慮的，對於微觀的具體企業來說，如果能夠順應宏觀層面的政策，踩住風口，就能夠飛得更高。當然，這個風口是否可持續，也就是說，特定的產業政策本身到底能走多遠，以及什麼時候會出現什麼樣的風口，不是企業能決定的。企業的經營者能做的，只是敏銳地意識到風口的存在，知道如何趕上它，並且儘快在風口結束前吃到能吃的紅利。

產業政策最終是否成功，並不直接決定具體的企業家的成敗。李書順應政策的一系列努力，就是非常好的例證。

再來看李書的第二板斧：發展產業供應鏈。

按照我們常規的想象，小提琴製造業作為一個高度依賴工匠手藝的行業，似乎很難被供應鏈化。但實際上，高端琴和中低端琴的情況是不一樣的。高端琴對於製琴師傅個人能力的要求極高，每一把琴都有特殊的靈魂，一系列的細節都要靠難以傳授的、多年積累的經驗來把握，確實沒有辦法被供應鏈化。但是，市場上對高端琴的需求很小，它更適合用奢侈品的市場模式來運營，而不適合用大規模生產的工業化模式來運營。

中低端琴的市場需求量則很大，追求的也不是個性化的差異，而是標準化的質量控制。所以，它對師傅個人手藝的要求就不那麼高，而對生產流程的品控要求很高。因此，中低端琴的生產就可以供應鏈化，並形成規模化生產。泰興當地雖然也生產高端琴，但它在這方面並沒有什麼無可匹敵的優勢；而在可以規模化生產的中低端琴上，泰興是當之無愧的世界提琴之都。泰興能做到這一點，和李書的努力有著很大關係。

李書在 1984 年想法子與上海提琴廠搞城鄉經濟聯營的時候，便依照工業化的邏輯把小提琴的生產過程給一道一道細化成了 183 道工序。在做工序細化的時候，李書很可能只是想要盡力把生產過程標準化，提高生產效率，並沒有想過供應鏈的問題。但標準化的努力裏面已經發展出供應鏈網絡的可能性了，因為形成供應鏈的前提就是工序必須被標準化。

進入 20 世紀 90 年代，溪橋樂器廠的發展孵化出一系列小廠，它們為總廠生產配件。後來，這些小廠發展成彼此互為配套的關係，形成了一個龐大的提琴產業網絡。到今天，製作小提琴的工序也從李書一開始確定的 183 道發展成 197 道。每一道工序，小到音柱馬橋，大到琴頭面板，都有高度專業化的廠家生產，人們可以在泰興非常便宜又高效地找到生產整琴所需的任何部件。這種成規模的供應鏈網絡，使得泰興在中低端提琴生產領域的綜合成本控制能力無人能敵。這是泰興能成為世界提琴之都的一個重要基礎。

最後，來看看李書的第三板斧：走向全球市場。

前文提過，1996 年，溪橋樂器廠和美國 AXL 國際樂器有限公司合作，組建了中外合資企業泰興鳳靈樂器有限公司（後發展為鳳靈集團）。到 1998 年底，鳳靈集團 60% 的產品通過美國 AXL 公司銷往美國市場。

打入世界市場之後，鳳靈在人力成本方面的一系列優勢就充分體現了出來。再加上生產環節的優化能力比較好，其綜合成本控制能力在世界市場上的優勢也凸顯出來。鳳靈由此迅速擊敗了一系列其他國家的中低端提琴生產商，發展成世界上最大的提琴企業。而龐大的世界市場也反過來刺激著鳳靈集團。由於每年的訂單量足夠多，很多配件都可以單獨進行專業化的生產，鳳靈集團內部就湧現出大量的創業者，他們自己跳出去做獨立的專業化小配件廠。專業化程度的提升，大大提高了效率。183 道工序在此過程中逐漸演化為一個龐大的供應鏈網絡，這個網絡又支撐起很多新成立的中小規模的獨立提琴廠，它們也發展出了自己的國際銷售網絡，佔據了不同的生態位。

所有這些加在一起，形成了一個龐大的提琴產業生態網絡。真正讓泰興成為世界提琴之都的，不是具體的某一家企業，而是這個整體性的產業生態網絡。其他提琴廠要在競爭中擊敗泰興的某一家提琴廠也許並不難，但要想擊敗整個網絡，可就沒那麼容易了。

實際上，李書的前兩板斧都是以第三板斧為依託的。如果不能走向全球市場，始終只盯著國內市場，也許他還是可以做成個不錯的提琴廠，但永遠不可能支撐起龐大的供應鏈，讓泰興成為世界提琴之都。而如果不能走到這最後一步，一開始對於政策的各種順應就只能是一時的風光，最終還有可能因為對於政策的過度依賴，而令企業在政策轉變時轟然倒塌。

到此，我想再講講產業政策。很多後發國家都嘗試過制定產業政策，但大多失敗了，只有一小部分取得了成功。這一小部分成功的，都有個基本特徵——其產業政策都是出口導向的。反過來說，走進口替代道路的都失敗了。

原因在於，進口替代的策略是用關稅來保護國內不成熟的產業。那就意味著，這個產業的產品價格一定是高於國際市場同類產品的，自然沒有出口競爭力，只能在國內市場發展。而本國的市場規模壓根沒法和國際市場相比，也就無法支撐這個產業發展出成規模的供應鏈網絡。並且，由於有關稅保護，這個產業沒有競爭壓力，也不會有降低成本、提高效率的動力。長此以往，就越發沒有存活能力，只能靠政府不斷補貼才能撐下去。這是一種不可持續的狀態。

出口導向的策略則意味著，企業必須到國際市場中去和所有人一塊兒競爭。一方面，這會逼著企業提高它的競爭能力；另一方面，企業能面對足夠大的市場，有機會發展起成規模的供應鏈網絡，最終真正發展起來。

說到李書走向全球市場的這第三板斧，還必須要提到海外華人網絡。我們從訪談中得知，美國的提琴市場跟歐洲的提琴市場在渠道上有個很大區別。歐洲提琴市場的分銷商多半都是當地做這個行業的世家出身，他們的分銷網絡都是一代代留傳下來的。中國企業想要進入，成本比較高。而美國的分銷網絡則不是被這種傳統世家所壟斷的，其中有相當一部分是由海外華人建立起來的。李書最初合作的美國 AXL 國際樂器有限公司就是由一個海外華人建立的。中國企業要想進入，難度就低得多。

正是靠著海外華人的網絡體系，李書才能夠相對迅速地建立起海外分銷網絡，讓鳳靈集團在國際市場上打開了局面。而改革開放以來中國經濟的迅速崛起，也與海外華人網絡在各種層面上有著千絲萬縷的關係──海外華人網絡所帶來的資金、管理經驗、生產經驗、市場渠道、國際視野等一系列資源，都對改革開放初期的中國有著至關重要的意義。

在泰興小提琴產業發展的整個過程中，何彬的故事讓我們看到，在壓抑環境中飢渴的心靈能夠迸發出多麼大的創造力；李書的故事讓我們看到，這種創造力藉助企業家精神，能夠轉化為多麼大的生產力；企業家精神又讓我們看到，利用好中國內部的政治經濟環境以及世界市場的龐大需求，能夠打開多麼大的想象空間。中國的經濟奇跡，是在這些要素的多重耦合下，才成為可能的。

李書的企業家精神是整個故事中至關重要的一環，但最讓我受觸動的還是多年前何彬在昏暗小屋中的那一曲琴聲。琴聲中滿是對被壓抑許久的精神需求的傾訴，這是在精神上獲得被承認的尊嚴的需求。那一曲琴聲之所以給青年徐小平帶來了那樣大的震撼，也是因為徐小平在極度壓抑的環境下，內心充滿對精神世界的巨大渴望。現實與內心之間的巨大矛盾與張力，令人們渴求一個突破口將其釋放出來。一旦這個突破口出現，人們會爆發出巨大的激情，這種激情又會外化為經濟發展最強大的驅動力。我們完全不必因此而感激當年的壓抑，但要感激那些經受壓抑卻不願就此沉寂的心靈。

美國創新、中國生產、全球銷售

　　泰興作為世界提琴之都，只是一個有趣的案例，中國有太多這樣不在人們視線之內，卻在特定領域裏牛氣沖天的小鎮。

　　前段時間網上流傳一個帖子，裏面提到了一系列這樣的小鎮。山東省濰坊市昌樂縣鄘鄊鎮，生產了全世界近 1/3 的吉他；全世界將近 1/3、全國將近一半的泳衣，都來自遼寧省葫蘆島市興城市；江蘇省連雲港市灌雲縣，生產了中國絕大部分的情趣內衣；浙江省衢州的江山市，生產了全國 1/3 的羽毛球，並供給全世界；河南省商丘市虞城縣稍崗鎮，生產了全國超過 85%、全世界超過一半的鋼捲尺；江蘇省南通市佔據了全國近 50%、全世界 25% 以上的家紡市場；浙江省諸暨市佔據了全球 73% 的淡水珍珠市場；江蘇省揚州市杭集鎮生產了全世界 60% 的酒店用品；江蘇省丹陽市生產了全國 75% 以上、全球 1/3 以上的眼鏡；深圳市大芬油畫村生產了全國 70% 以上、全球 40% 以上的裝飾用油畫；湖南省邵東市生產了全世界 70% 的打火機……

這個單子還可以繼續列下去，有太多東西都超出了我們的想象。

也許你會質疑，前面列的這些都是低技術產品，沒啥了不起。但是你想過這件事情嗎？你在淘寶上花三四元就能買到五米長的鋼捲尺，去除掉各個環節的利潤之後，這個鋼捲尺的生產成本大體上不超過二元。鋼捲尺的生產確實沒什麼技術含量，但這種對成本的控制能力絕不是用一句"低技術"就能概括的，它的背後有一整套供應鏈體系在支撐。脫離開這種供應鏈體系，當然還是能生產出鋼捲尺，但是沒法把成本控制到那麼低。中國經濟無可匹敵的能力恰恰隱藏在這裏。

中國的經濟奇跡，遠不是用我們過去常說的人工和土地的要素價格低便能夠解釋的，其背後有一個逐漸演化出的龐大的系統在支撐。進入 21 世紀之後，這個龐大的系統不斷高效地自組織、自演化，顯現出巨大的能量。如果把中國經濟比喻為一台計算機，中國龐大的基礎設施網絡相當於計算機的硬件系統，中國龐大的供應鏈網絡相當於計算機的操作系統，各種具體產品的強大生產能力，相當於我們看到各種應用軟件在這個計算機上跑分。在跑分的軟件既可能有最簡單的撲克牌小遊戲，也可能有龐大的數據庫軟件。但無論什麼軟件，在強大的硬件系統和操作系統的支撐下，都會有出色的表現。

平時我們討論問題，最關注的往往是各種應用軟件，而忽視了硬件系統和操作系統。但不要忘了，應用軟件之所以能跑出很高的分,絕不僅僅因為這個軟件本身設計得當,它更需要底層的一整套系統來支撐。

所以,泰興小提琴製造業的案例,以及其他一系列牛氣沖天的小鎮的案例,反映出的並不是一個或幾個企業的力量,而是中國製造業作為一個體系或一個系統的力量。尤其是在中國的人力和土地成本已經不比很多發展中國家有優勢的情況下,這些低技術行業仍然保有了超強的成本控制能力。這種強大的競爭力,更能反映出體系本身的力量。這個體系當然不可能脫離開世界獨自運轉,它必須融入世界經濟秩序當中才能存活。但反過來,我們不能光看到世界經濟秩序,而忽略了中國經濟本身演化出的這個體系。否則,對於問題的判斷就會出現差錯。

接下來,讓我們把目光從低技術行業挪到高技術行業,你就更能體會到中國體系所具有的獨特力量。[1]

高技術行業首先依賴於創新。在可預見的未來,美國的創新能力仍然是最強大的,它在知識產權的保護、資本市場的效率、創新的激勵、對人才的吸引等諸多方面都有著壓倒性的優勢。但很有趣的一點是,進入 21 世紀之後,有一個越來越明顯的趨勢,就是美國的創新能力必須結合中國大規模製造的能力,才能把創意真正產業化。這個趨勢簡單化的表述就是:美國創新,中國生產,全球

---

1 下面所討論的內容,相當部分在拙著《樞紐》〔三聯書店(香港)有限公司 2019 年版〕的第七章中已有更深入的討論,這裏只是做了一些提綱挈領的框架性討論。

銷售。[1]

之所以會出現這樣一個趨勢，是與全球經濟秩序的大轉型緊密相關的。而這個轉型的首要拉動力量，又是西方國家，尤其是美國主導的創新經濟的轉型。

在美國經濟中，以往的創新都是掌握在大公司手裏的、硬核技術層面的創新。但是由於美國在 1980 年通過了《拜杜法案》，對於科技發明的知識產權做了一系列新的規定，其直接後果是，刺激了小公司在技術層面的創新，大公司反倒不再有這方面的優勢了。

今天我們知道的很多特別酷炫的技術，其實都是在特定領域裏擁有獨門絕技的小公司裏開發出來的。小公司再把技術賣給其他公司用來開發產品。比如蘋果這樣的大公司，就是購買那些小公司開發的技術，然後整合出新產品的。對那些小公司來說，最優策略不是自己去進行整合，而是吸引更多的公司來購買自己的技術，這才是它們真正的比較優勢所在。

所以我們可以看到，大公司能做各種產品上的創新，但是由於沒有壟斷技術，就沒法阻止其他人來模仿自己；而有技術的小公司希望吸引更多公司來購買自己的技術，這進一步刺激了很多公司去模仿大公司的產品創新。

由於大小公司在創新上的不同運作邏輯，最終的結果就是，很多市場佔有率很大的大公司，它們的創新不是技術層面的創新，而

1 感謝王煜全先生在這個問題上與我的多次探討，他用大量的案例幫助我驗證並進一步完善了相關思考，尤其是他在《拜杜法案》上的討論，對我有重要啟發。

是產品層面的創新。我們甚至可以說，這種產品創新就是觀念創新。而觀念創新無法杜絕被模仿。因此，大公司只能從追求技術壁壘轉為追求速度壁壘，讓自己創新的速度比別人快，才能確保自己的優勢地位。而為了確保創新效率，這種類型的大公司就必須將自己的生產流程外包出去，不能放在自己手裏。因為只要把生產流程握在自己手裏，一旦有了新的創意，就得調整整條生產線，轉型成本非常高，這會嚴重拖累創新效率。所以，大規模外包便構成了西方這一輪創新經濟的內在需求。

這個時候，中國就成為一個很重要的變量。大規模外包需求的出現，正好跟中國一系列經濟演化的節奏匹配上，中國形成了強大的承接外包能力，順勢獲得了超高速度的經濟增長。中國的高速經濟增長在相當程度上是由西方的創新經濟拉動的，脫離世界大勢就無法獲得解釋。

而中國承接外包的強大能力的奧秘，就在前文所說的龐大的供應鏈網絡上。

外包的承包方必須同時滿足效率與彈性這兩個要求。生產流程中倘若沒有效率，就拿不到訂單，要有效率就得專業化；如果過於專業化又會被鎖死在特定的需求上，上游的需求一變，下游的小企業就死了，所以整個生產流程中又必須有彈性，能夠迅速調整適應變化，但是如果有彈性就難以專業化。效率和彈性這兩個要求本身是矛盾的，在同一個企業內部沒法同時實現。

中國則通過供應鏈網絡把效率與彈性這兩個要求放在不同位階

上同時實現了。供應鏈網絡中的單個中小企業都極度專業化，只生產被拆解到作為極為基礎元素的零件。由於已經被拆解得極為基礎，這些產品的通配性特別好，可以和許多別的工廠生產的其他零件形成各種各樣的配套組合。打個比方，這就相當於每個中小企業只生產一個特定形狀的樂高積木，無數個中小企業就有了無數種形狀的樂高積木，這些企業結成了一個龐大的網絡，它們生產的產品可以以各種各樣的方式被組合在一塊，拼搭出各種東西來。

這樣一來，高度專業化的單個中小企業保證了效率，中小企業不斷動態重組的配套關係令整個網絡有了彈性。這樣的供應鏈網絡不是誰計劃得出來的，而是在市場過程中自生地演化出來的。中國加入 WTO，更順暢地進入世界市場，則加快了供應鏈網絡演化的速度。

這些中小企業是在市場發展過程中自發成長起來的民營中小企業，而非國企。那國企在這個供應鏈裏，應該扮演什麼樣的角色呢？國企應該作為讓供應鏈運轉起來的廣義基礎設施存在，提供交通、通信、原料供給等基礎服務。這是因為，如果沒有這些廣義基礎設施，供應鏈網絡的運轉效率就會大受影響。而廣義基礎設施的建設，是在一種產業政策的引導下出現的。這種做法並不符合我們對於市場經濟的完美理解，但它讓中國成為世界上唯一擁有聯合國產業分類目錄當中所有工業門類的國家，讓中國擁有了完整的工業體系。從另一個角度看，真實世界中並不存在完美的、理想的市場經濟，一如國際大宗商品的定價機制並不完全是由市場決定的，而大宗商品是其他產業能夠市場化運作的基礎。

所以，我們對於國企的關注角度應該是，它們是否會越出自己作為廣義基礎設施的定位，直接或間接地進入應該由市場起主導作用的經濟領域當中去。中小型民營企業所組成的供應鏈網絡，毫無疑問屬於市場起主導作用的領域，也只有在市場機制下，最有效率的供應鏈網絡才能夠成長起來，這些領域是國企不應涉足的。

我們在分析供應鏈網絡時，需要關注一個重要的變量，那就是規模。規模越大，網絡裏的中小企業就越多，分工就越深，效率也就越高；同時，網絡裏各個節點動態組合的可能性就越多，彈性就越大。一旦網絡的規模超過某個臨界點，在成本控制能力上就會出現一種質的變化，開始從全球吸納對供應鏈有需求的製造業。中國在規模上是舉世無雙的，供應鏈網絡的發展也已經過了那個臨界點。結果就是，全球的中低端製造業都向中國轉移。

在未出現實質性的技術變遷的前提下，這種轉移差不多是終局性的，就是說進得來出不去。除非是對供應鏈需求很低，並且對於遠距離物流成本很敏感的產品，比如玻璃、水泥等。這類產品適合在靠近市場的地方生產，因此能夠從中國轉移走。

但這並不排除中低端製造業有可能從中國外溢到鄰近的東南亞國家。之所以說是外溢而不是轉移，在於東南亞國家在供應鏈網絡的規模優勢上同樣無法與中國相比，所以它們可能承接從中國供應鏈中溢出的一部分生產環節，但無法取代中國製造中心的地位。既有的一些研究也支持了這一假說。依據世界銀行在 2007 年的一份研究報告，中國與東盟之間的貿易品主要是零部件與半成品。[1]
這種貿易只有在同一個供應鏈網絡內部才有意義，網絡之外需要的
不是零部件和半成品，而是終端產品。這就意味著，製造業從中國
向東南亞的外溢，是以中國為中心的供應鏈網絡的規模在進一步擴
大 —— 東南亞國家和中國的生產流程之間是各種互相補充關係，
它們構成了一個更龐大的供應鏈網絡。既然如此，中低端製造業向
東亞製造業集聚區以外的地方轉移就會變得更加困難。

　　實際上，如果動態地看全球貿易品結構數據，我們會發現，進
入 21 世紀後，全球的經貿格局不再是以國家為單位的產業分工格
局，而是形成了以全球為單位的產業分工格局，甚至可以說，形成
了以全球為單位的、生產工序跨國分工的格局。20 世紀 90 年代，
國際貿易中 70% 是成品貿易，各國彼此間的需求更多還是在貿易
層面的；到 2010 年，國際貿易中 40% 是成品貿易，60% 是零部
件、原材料等中間品的貿易；到 2018 年，國際貿易中 70% 以上都
是中間品貿易 —— 這就意味著，各國之間已經是在生產環節上相
互需求了。[2] 中間品貿易還包括服務貿易。近些年來，全球服務貿易
差不多是每五年翻一番。

　　在這個背景下，製造業向東南亞轉移的過程讓西方國家越來越

1　Mona Haddad, "Trade Integration in East Asia: The Role of China and Production Networks",
　　World Bank Policy Research Working Paper 4160, 2007.

2　數據援引自黃奇帆先生 2019 年 4 月 9 日在復旦大學發表的 "新時代，國際貿易新格
　　局、新趨勢" 演講。

去工業化，這會不斷放大它們在創新產業上的比較優勢，同時也直接表現為西方國家在服務貿易上的規模放大。中國的比較優勢在中低端製造業上。中國通過聯合起整個東亞製造業集聚區，形成一個龐大的共生生產網絡而獲得這種優勢。其他不發達國家的比較優勢則集中在第一產業的原材料這個層面。

中國[1]的製造業與西方的創新產業、高端服務業之間形成一個經貿循環，中國的製造業又與不發達國家的第一產業之間形成另一個經貿循環。由於產業結構的落差，不發達國家的第一產業和西方國家的創新產業、高端服務業很難直接形成經貿循環，它們必須得以中國的製造業為中介。由此，全球經貿就形成了一種"雙循環"結構。中國處在連接兩個經貿循環的中間節點位置，中國也在這個意義上成為"樞紐"。說得更準確些，很可能是中國與若干東亞、東南亞國家加在一起，構成這個"樞紐"。

由此我們可以看到一個雙向影響的結果。世界經濟轉型的大勢拉動了中國經濟的成長，中國經濟反過來也深刻地改變了世界經濟秩序，引發國際經貿形成一種"雙循環"結構（見圖 1-1）。

1　下文所謂的"中國"，實際上是包含整個東亞製造業集聚區在內的，只不過中國是其中有主導力的核心國家，簡便起見，用"中國"來指代整個東亞製造業集聚區。

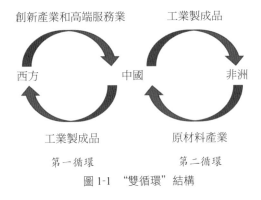

創新產業和高端服務業　　工業製成品

西方　　　　中國　　　　非洲

工業製成品　　　　原材料產業

第一循環　　　　　第二循環

圖 1-1　"雙循環"結構

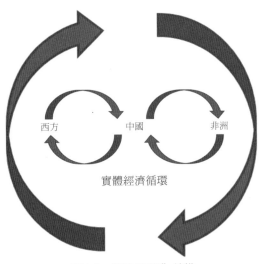

美國主導的全球資本循環

西方　　中國　　非洲

實體經濟循環

圖 1-2　"雙層循環"結構

如果我們觀察得更仔細的話，會發現在橫向的"雙循環"結構之外，還存在一個縱向的"雙層循環"結構（見圖 1-2）。美國所主導的全球資本循環是"雙層循環"當中的上層，覆蓋在各種類型的實體經濟循環之上；"雙循環"則是在全球資本循環之下的、有某種從屬性質的實體經濟循環。對這樣的縱向、橫向多元複合的全球經濟循環結構的把握，是我們真正理解世界經濟秩序的前提。

在這種多元複合結構的視野下，我們還會發現，世界經濟真正的發動機仍然在西方，尤其是美國。一方面是因為"雙層循環"中具有主導性的全球資本循環，是完全掌握在美國手裏的；另一方面則是因為前文談到的，全球創新的發動機也在美國。只有創新，才能帶來經濟上質的增長，否則只有量的擴張。在給定技術條件下，資源是有限的，單純依靠量的擴張，遲早會陷入一種內捲化的困境。基於前文的分析你會知道，中國的經濟成長在相當程度上是被西方新模式的創新經濟拉動起來的。

雖然發動機在西方，但發動機需要傳動軸，整輛車才能跑起來，而中國就是傳動軸。中國這個傳動軸的出現，會對全球經濟秩序造成深遠影響——現有的全球經濟治理秩序會遭遇挑戰，國際經貿秩序以及很多國家的內部秩序也會出現失衡。今天我們看到的貿易摩擦等問題，其根源也都在這裏。

先來說說全球經濟治理秩序遭遇的挑戰。

以 WTO、IMF（國際貨幣基金組織）、世界銀行為中心發展出來的全球經濟秩序都是在中國經濟高速成長之前設計出來的，最晚成立的 WTO 出現在 1995 年，IMF 和世界銀行是 1945 年成立的。而中國經濟在這十幾年的高速增長，深刻改變了全球經貿結構。這就意味著，全球經濟的治理秩序和它要治理的對象之間已經嚴重不匹配，由此會引發一系列在現有機制下不易處理的貿易衝突。這些衝突也會引出世界對中國的一些要求，它們希望中國做出一系列改革。如果我們不能有效理解這些要求，而僅僅是做出比較強硬的回應的話，就會造成中國在國際上的困境。

我們還可以看到，西方在這個過程中大規模進入去工業化的階段。歷史上，新的工業中心崛起的時候，老的工業中心會出現傳統產業衰敗、工人失業的現象，社會問題由此產生。但是，過去的發展節奏不像今天這麼快，新老工業中心的交替可能是在四五十年間完成的。這麼長的時間足以讓兩代人完成交替，這就意味著，老的中心有相對充裕的時間來把失業人口消化掉。而中國經濟崛起、美國傳統產業衰敗，發生在短短十幾年的時間裏，令美國來不及消化失業人口，這就引發了各種各樣的社會問題。

不只美國這樣，歐洲國家的很多傳統工業城市也面臨相似的境遇。非西方國家和地區的情況也是如此，再加上它們的國家能力本來就比較弱，當地的秩序就會陷入更加脆弱的狀態。這些失衡會進一步引發各國在政治上的民粹化轉向。最近幾年西方國家和一些非西方國家都有一系列支持民粹主義的領導人被選上台，其實都是這樣一個經濟背景下的政治反映。

2018 年開始的中美貿易摩擦，也是"雙循環"結構對國際經貿秩序衝擊的一個表現。而美國之所以手上能有特別多的籌碼，原因之一又在於它處於"雙層循環"中的優勢地位。

"雙循環"結構給全球經濟秩序帶來的挑戰已經越來越不容忽視。不過，任何挑戰都同時是機遇。要把握住機遇的前提是，我們必須正確地認識挑戰。

在前述大背景下，再來觀察當下的貿易摩擦，就有兩個值得仔細探討的問題。

第一個問題，美國前總統特朗普力圖通過一系列的貿易摩擦、高關稅的手段，讓製造業回流美國，是否做得到？我基本上可以有把握地說，在技術條件沒有出現實質性的躍遷之前，就製造業流程而言，中國龐大供應鏈網絡所具有的規模效應是無法被超越的。2019 年 9 月，一部名為《美國工廠》的紀錄片在網上發佈，引起了廣泛關注。這是由美國前總統奧巴馬主持拍攝的紀錄片，主要講的是 2014 年赴美辦廠的福耀玻璃集團這些年的起伏經過。從片中可以看到，即便是玻璃這種對供應鏈沒有什麼需求、對遠距離物流成本很敏感、原則上可以從中國遷廠的產品，向美國的遷移過程實際上都非常艱難，更何況其他對於供應鏈有需求的產品。

第二個問題，也是更值得面對的，就是在貿易摩擦背景下，中國製造業向東南亞的遷移，是否將在實質上顛覆中國的世界工廠地位？2019 年以來，隨著貿易摩擦不斷升級，我們在網上可以看到越來越多的討論，都在說東南亞，尤其是越南，極大地受益於貿易摩擦，經濟在飛速發展。由於這些國家在人力和土地方面的成本便宜，大有機會崛起為下一個世界工廠。在這樣一種焦慮的氛圍中，似乎我在《樞紐》一書中所談到的"雙循環"結構即將坍塌，中國在實體經濟領域的"樞紐"地位也很難保持得住了。

未來真會是這樣嗎？

儘管從理論推演上看，我不認為中國能夠被替代，但我在《樞紐》一書中也提出，"雙循環"結構要想延續是有前提的，那就是中國在內部進一步推進市場化改革，在外部進一步融入世界經濟秩序。

貿易摩擦是否會讓這些理論前提全都坍塌？是否會讓中國經濟的輝煌不再？

要回答這些問題，急需到越南實地考察一番。

於是，我和研究團隊的同人一起，在 2019 年夏天踏上了越南考察之旅。

第二章

為什麼是越南

《樞紐》還成立嗎

2018 年年中，最引人注目的事情大概當屬中美貿易摩擦。2018 年 7 月 6 日，美國正式對從中國進口的約 340 億美元商品加徵 25% 的關稅，中美貿易摩擦由此拉開序幕。此後，摩擦愈演愈烈，涉及的貿易品價格逐漸攀升到數千億美元之巨，成為有史以來規模最大的貿易摩擦。

剛發生貿易摩擦的時候，我覺得自己在《樞紐》一書中的預言命中了。這個預言我在上一章也提到了，就是中國經濟崛起造成全球秩序以及其他國家內部秩序出現一系列失衡，失衡的結果是：一方面，其他國家可能會出現民粹主義反彈；另一方面，如果中國不能有效理解失衡帶來的問題，並積極主動地與其他國家合作解決這些問題的話，很可能會引發一系列貿易摩擦。[1] 對一個學者來說，這麼快就能看到自己的理論被現實驗證，是很難得的事情。然而，事

1　施展：《樞紐：3000 年的中國》，三聯書店（香港）有限公司 2019 年版，第七章第二節。

態的發展很快就令我感到震驚 —— 貿易摩擦的規模遠遠超出了我的想象。

震驚之餘，憂慮浮出水面：中國經濟在這種規模的貿易摩擦衝擊下，是否會遭遇重創？網上各種各樣的負面信息越來越多，光是標題就讓人冒冷汗，比如"中美貿易摩擦將長期化，多家企業從中國撤出工廠"、"多家日本企業因中美貿易摩擦轉移在華生產"、"關閉中國最後一家手機工廠後，三星重金押注越南！"、"越南驚現巨變，老鄰居會一騎絕塵？"……這些文章都言之鑿鑿地聲稱，大量產業從中國遷走，越南的出口規模劇增，而中國出口衰減得很嚴重，中國世界工廠的地位即將不保。很多讀過《樞紐》的朋友開始質疑，"雙循環"的假說還能否站得住腳。

儘管從純粹的理論推演上來說，我認為假說仍然成立，但是越來越多的負面消息讓我不敢再那麼理直氣壯。我亟須從書齋裏走出去，去中國東南沿海、去東南亞做一番實地調研，去看看真實的世界到底是什麼樣子，看看貿易摩擦導致的製造業轉移到底是怎樣的邏輯，才能驗證或否證我之前的一系列理論假說。

《樞紐》一書雖從歷史寫起，但指向的是未來。書中理論建構的核心是在回答一個問題：何謂中國？這看上去是個純理論的問題，但實際上和實踐有著極強的關聯。如果說不清楚"中國"究竟是誰，就無法說清楚我們到底期待它成為什麼樣子，也無法說清楚什麼才是它的核心利益，甚至對現實中各種具體實踐的判斷，都喪失了統一連貫的標準。

可 "何謂中國" 是個極為複雜的問題：從空間維度看，對內有中原與邊疆關係的問題，對外有中國與世界關係的問題；從時間維度看，既有歷史與現實關係的問題，又有當下與未來關係的問題——這一切，都還沒有統一連貫的歷史敘述將其整合起來。而歷史敘述標示著一個共同體的心理認同邊界。有了共享的歷史敘述，共同體才會有共享的未來。所以我在書中反覆強調，"歷史學才是真正的未來學"。

《樞紐》上篇討論的是中原與邊疆的 "多元互構" 歷史演化，從而生成多元一體的中國，這些歷史分析不會受到貿易摩擦等影響，仍然有夠強的解釋力；而下篇討論的是中國與世界關係的問題，如果我在下篇中的理論構想被貿易摩擦否證了，即使並非意味著這種構想失敗了，至少也是令《樞紐》變得殘缺。這些都催促著我，一定要走出去看一看。

不過，去哪裏呢？所謂中國製造業向外轉移，這個 "外" 過於宏大，既包括近一些的泰國、印度尼西亞、越南等東南亞國家，又包括遠一些的印度，甚至非洲。據報道，這些國家都有從中國遷入的製造業，我應該把哪個國家作為重點考察對象呢？

在與多位學者以及實務界的朋友反覆討論後，我決定把考察的重點國家定為越南。因為無論從理論分析上判斷，還是從新聞報道、實際的經濟發展情況看，越南都是當下中美貿易摩擦最大的受惠國。如果列舉中國世界工廠地位的競爭對手，當下最強勁的候選國家大概就是越南。

先從理論分析上來判斷。

印度的規模很大，但是基礎設施較差，而要發展大規模製造業，良好的基礎設施是最基礎的前提。此外，印度政府效率太低，基建效率也很低。再加上印度追求出世的宗教信仰讓國民內心比較恬淡，發展慾望也不是特別強烈。這些都導致印度難以在短期內成為一個重要的製造業大國。泰國的製造業實力是東南亞最強的，但它的經濟太成熟了，成長性會比較一般。越南則不一樣，其經濟的成熟性比泰國差很多，意味著成長性會遠大於泰國。文化上，越南在大的儒家文化圈之內，越南人因此有著比較強的入世取向，會有相對較強的發展慾望，再加上近一億的人口數量，不容小覷。此外，越南的政治體制和中國比較接近，政府效率相對較高 —— 政府效率高雖然是把 "雙刃劍"，但對製造業發展而言是個加分項。

再從具體的數據入手，看看越南實際的經濟發展情況。

進入 21 世紀以來，越南近二十年的 GDP（國內生產總值）年增長率基本保持在 6%—7%，偶有跌落到 5% 左右的時候。不過，自 2015 年至今，這一數字則穩定保持在 6.5% 以上。中美貿易摩擦讓越南頗為受益。據美國國際貿易委員會的數據顯示，2019 年的頭 4 個月，美國從越南的進口同比飆升近 40%，這是美國前四十大進口來源國中增幅最大的；同期，美國從中國的進口下降

13%，這是自 2009 年以來的第二大收縮。[1] 據野村證券的研究，截至 2019 年 3 月，越南因為中美貿易摩擦實現的經濟增長已經佔到越南 GDP 的 7.9%。[2] 英格蘭及威爾士特許會計師協會在 2019 年第三季度的報告中也預估，因中美貿易摩擦的影響，東南亞國家的 GDP 增長率會從 2018 年的 5.1% 跌至 2019 年的 4.5%，但越南的 GDP 增長率會穩定在 6.7% 左右，越南是整個東南亞發展最快的經濟體。[3]

抽象的數據背後，是各行各業工廠的轉移。在中國設廠的服裝、鞋帽、傢具等產業都已經在越南佈局很久了，高科技產業也在陸續向越南轉移。比如，英特爾多年前就在胡志明市設立了其全球最大的封測廠；再如，韓國電子巨頭三星於 2019 年 10 月關閉了在中國的最後一家手機工廠，轉移到越南，三星出口全球市場的手機中的絕大部分已經是在越南生產的了。

大量的數據和事實都在把越南推向舞台中央，因此在 2019 年夏天，我與幾個學術夥伴一起，有生以來第一次踏上了越南的土地。

---

1 John Reed, Valentina Romei, "US-China Trade War Gives Vietnam a Winning Streak", *Financial Times*, https://www.ft.com/content/4bce1f3c-8dda-11e9-a1c1-51bf8f989972.

2 "US-China Trade Diversion: Who Benefits?", https://www.nomuraconnects.com/focused-thinking-posts/us-china-trade-diversion-who-benefits.

3 "Economic Update: South East Asia", https://www.icaew.com/technical/economy/economic-insight/economic-insight-south-east-asia.

越南初印象

　　越南的國土很狹長，南北距離長達 1650 公里，東西非常狹窄，最窄的地方只有五十公里。這種狹長的國土形狀與中南半島的地理結構有關。中南半島上有一段長一千多公里的長山山脈（又叫安南山脈），近乎中國大西南橫斷山脈的餘脈，自西北向東南斜貫中南半島，把東部沿海平原地區和西部山地區域分開，構成了越南與老撾兩國的天然分界線。

　　長山山脈在越南中部的重鎮峴港一帶直達海岸，並貼著海岸繼續向南曼延。這樣一來，它就把越南分成南海水系和湄公河（在中國境內的河段叫作瀾滄江）水系這樣南北兩個區域。圍繞兩大水系的三角洲形成的人口密集區 —— 位於紅河三角洲的河內及周邊區域，以及位於湄公河三角洲的胡志明市（舊稱西貢）及周邊區域，正是越南最富庶繁華的兩大經濟圈，集中了越南九千多萬人口的絕大部分。兩大區域之間的中部地區，則交通不便，人口相對稀少，民風也更彪悍。

　　要考察製造業，得深入南北兩大經濟圈。我們考察的第一站是河內。

　　河內給我們最初的印象是，很像 20 世紀 90 年代的中國大陸。從機場坐車往城內開去，筆直寬闊的高速公路給人強烈的現代化國家的感覺。越往裏走，呈現出來的則越是老城區那種亂糟糟的狀態：一座座殖民時代風格的老房子，各種臨時亂搭亂建的違章建築，還有一些新蓋的現代化高樓大廈，三者欠缺章法地混雜在一塊兒。現代化大樓周邊是新建的規劃得整齊有序的寬闊馬路，略微往旁邊走一點，就是擁擠狹窄、有著多年歷史的街道，川流不息的摩托車在各種街道上呼嘯而過。

　　這個樣子的城市，當然沒有精心規劃過的幾何美感，卻讓我想起美國人類學家詹姆斯・斯科特在《國家的視角》一書中所說的話題。斯科特說道，城市裏歷史悠久、曲折狹窄的古老街道，對土生土長的人來說是非常清楚熟悉的，但是會讓第一次來的陌生人或者商人感到迷惑，因為這些街道"缺少使生人可以自己找到方向的、在各地被重複的抽象邏輯"。這種城市與街道更重視的是地方性知識，而不是外來知識，包括外來的政治權威。地方性知識"如同半滲透膜一般，它使城內的人可以交流，而不在本地長大、不會說本地方言的人卻根本不懂……對相鄰城市的外來者……保持相對模糊性可以提供政治安全的邊界，從而不被外來精英控制……模糊性意境，已經並仍將是保持政治自治的可靠資源"。與此針鋒相對的是，"國家和城市的規劃者努力克服城市空間的混亂，使之具有從外面看來的清晰透明"。[1]

對一個社會來說，真正的生機與活力來自其自生秩序的活動，而不是自上而下的整齊規劃。而一個城市的自生秩序，恰恰依賴各種外人難解的地方性知識。所謂的雜亂，往往只是外人的視角，它對本地人來說恰恰是一種保護層，同時，它意味著政府壓制社會之能力的限度，意味著社會自組織能力的基礎。河內的雜亂並未讓我感覺到不適，反倒令我感受到各種煙火氣，讓我有了一種好感。

到了夜晚，河內的生機進一步呈現出來。我們住在市中心著名景點還劍湖的旁邊，大致相當於北京王府井附近的位置。夜晚在還劍湖邊信步遊走，會看到路邊有大量的小攤販兜售著冰水、椰子和各種鮮榨果汁。攤販旁就站著警察，雙方相安無事。

攤位周邊擺放著一排排的塑料小板凳。這些小板凳已經融入越南人的日常生活，馬路邊、店門口、平常人家的門口，到處都是。人們一排排地坐在上面，吃著水果，喝著椰子汁，或抽煙，或聊天。

一開始我以為這些只是屬於越南底層人民的休閒生活，富豪、權貴們的生活應該是另一番奢侈景象。但在越南待了一段時間才知道，越南的權貴階層也一樣會坐在路邊攤的小板凳上聊天、吃飯，而且這完全不是出於"親民"的考慮，僅僅是因為他們喜歡。越南不同階層人的消費是混雜在一塊的，沒有斷然割裂開的圈層。我曾在胡志明市旁邊的同奈省和一個越南副總理的姪子一起吃一個又髒

1　[美]詹姆斯·斯科特：《國家的視角：那些試圖改善人類狀況的項目是如何失敗的》，王曉毅譯，社會科學文獻出版社 2004 年版，第 67—68 頁。

又破、生意卻很火的路邊攤。看他擺弄自助燒烤的熟練勁兒，肯定是經常來這種路邊攤吃東西。

後來我好奇地問當地人，如果富豪、權貴們也喜歡在街邊坐小板凳的話，那些非常豪華、現代化的大商場又是給什麼人消費的呢？答案是，基本都是給外國人消費的。

還劍湖邊到處都是從古代留下來的有著幾百年"房齡"的老建築，上面還掛著中文寫的牌匾、對聯，甚至一扇大門上會貼著幾副對聯作裝飾。雖然文采多半馬馬虎虎，但看到這些東西，還是讓人感覺不像是出國了。還劍湖邊有個景點叫玉山祠，建於 18 世紀黎朝末年，裏面供奉著關帝、呂祖、文昌帝君等很多神像。我們隨處都能看到的小店面裏，絕大多數都會供著一個土地爺。

從玉山祠出來走了沒多遠，我們聽到有人在唱《月亮代表我的心》。歌手的中文發音有些滯澀，走近一看，竟然是個白人姑娘。河內街頭、中文歌曲、白人女孩，三種元素混搭在一塊，深刻折射出越南面向世界的多元開放性。一個國家要想發展，必須具備這樣一種多元開放性。

總體來說，越南給我的初始印象還不錯。鬧哄哄的氛圍讓我感覺似曾相識，城市看上去雜亂無章，卻充滿活力和人情味。在這種地方生活，你或許會感覺不那麼光鮮，但能卸下很多防備，感到舒適愜意。

這樣一個讓人感覺舒適的地方，在經濟上是否真的能夠取代中國呢？這就得到它的工業園去看看了。

工業園的野望

　　我們考察的第一站是越南—新加坡工業園（Vietnam-Singapore Industrial Park，以下簡稱 VSIP）。這個工業園建在離河內不遠的北寧省，是新加坡與越南政府合作建立的。

　　越南的省規模很小，畢竟全國面積不到 33 萬平方公里，還被分成了 58 個省。出了河內沒多遠，我們就開始跨省。去往工業園的路上途經的便是紅河三角洲，一路河網縱橫，肥沃的土地遍佈著一望無際的稻田。但是，與紅河三角洲肉眼可見的豐饒相比，這裏的公路顯得很寒酸，路比較窄，質量也很一般，摩托車轟鳴著在各種汽車之間穿梭。從河內到工業園大概 25 公里的路程，我們花了整整一個小時才走完。

　　實際上，這是越南省道的常態。在除南北兩個中心大城市之外的交通基礎設施的建設上，越南還有不短的路要走。比如，物流要想把貨物從河內運到胡志明市，選擇一號公路的話，1,700 公里的距離，兩個司機倒班，也要不眠不休地走上 48 個小時。而且路上有很多地方是單車道，一旦出了事故就可能造成交通堵塞，要堵上很長時間。但除非走航空，用汽車連接這兩個城市算是最快的了。火車要走上四天，海運的話，加上兩邊的陸地聯程，大概要七天。

在省道上顛簸了一個小時後，我們進入了 VSIP，眼前的景象立刻變得很不一樣。園區裏的道路很平直，建築也都非常規整又現代化，和蘇州的新加坡工業園在氣質上非常像。

接待我們的是一個越南小夥子，中文很好。他告訴我們，1996年，新加坡在胡志明市附近的平陽省建立了第一個 VSIP，2007年在北寧建立了第二個，到 2019 年，新加坡已經在越南已經建成了八個 VSIP。北寧的 VSIP 佔地面積大約七平方公里，至今已有 120 家企業入駐，投資總額達 25 億美元，園內有三萬名工人。

我們追問，是什麼吸引新加坡在越南建工業園？又是什麼能吸引這麼多企業入駐呢？他回答我們，最重要的原因是越南針對工業園所制定的一系列招商引資政策。

首先，工業園中的企業可以享受非常優惠的稅收政策，俗稱"兩免四減半"。越南的企業所得稅稅率是 20%，而在中央政府批准的工業區裏設廠的企業，頭兩年所得稅全免，接下來的四年只用繳一半的稅。為生產出口產品所進口的原材料的進口關稅、出口貨物的增值稅、利潤匯回稅，在所有階段全部免除。為了平衡地區發展，越南還設置了一些特別經濟區，那裏的政策更加優惠，企業所得稅頭四年全免，接下來的九年減半。企業如果在經濟落後地區投資時間跨度較長的項目，土地的使用期限可以超出通常的五十年租期，延長至七十年；如果得到主管部門的批准，甚至可以加簽更長時間。

其次，越南各個工業園給出的投資優惠政策基本上是一樣的，由越南中央政府統一制定。從 2005 年開始，越南每年都會公佈全國各省的競爭力指數（The Provincial Competitiveness Index，以下簡稱 PCI）報告。這份報告由越南工商會（VCCI）和美國國際開發署（USAID）聯合製作，全面體現越南各省的經濟治理水平、商業環境的便利性和友好性，以及行政體制改革的效果。PCI 報告已成為外國投資越南的重要參考，各省會在這個指數上進行競爭。

VSIP 給我們的觀感很好，園區外的破舊和園區內的整潔形成了鮮明對比。而這種對比，對親身經歷過中國這些年高速發展的人來說，一點兒都不陌生，這是我們再熟悉不過的發展路徑。

幾天後，我們又參觀了深越工業園，它位於河內東部的海防市——河內跟海防的關係有點兒類似於北京和天津的關係。深越工業園是由深圳市投資控股有限公司（以下簡稱 "深投控"）投資建設的，早在 2008 年就立項了，但是出於各種原因，直到 2016 年下半年才真正開始推動建設。鑒於對越南多年的了解，深投控雖然覺得越南應該很有潛力，但對於這個潛力究竟何時能夠兌現，他們心裏也沒底。因此，一開始他們對工業園並沒有抱特別大的期待。

深投控在剛剛開始建設工業園的時候比較謹慎。沒想到，工業園剛剛建成了一部分，中美就發生了貿易摩擦。突然之間，很多企業開始尋找往越南轉移的機會，深越工業園一下子變得炙手可熱，每天都要馬不停蹄地接待大量的考察團。深投控的投資，也以比預期快了一個數量級的速度收了回來。深投控因此大受鼓舞，開啟了下一步投資計劃，準備把工業園的面積進一步擴大，以便迎接更大規模的製造業轉移。

從這兩個工業園了解到的一系列數據和政策，都很直觀地呈現出越南想要發展經濟的決心。但是，與他們的交流也在驗證著我之前的另一個假想，那就是如果有大量製造業企業迅速湧入越南，就會推高越南土地和勞動力的價格，它在這方面的優勢就會遭到削弱。

根據美國老牌地產租賃顧問公司世邦魏理仕（CBRE）在 2019 年 5 月發佈的數據，就建成工廠的租金價格來說，越南南部最大的城市胡志明市的月平均租金是每平方米 4.1 美元，月最高租金是每平方米 8 美元；越南北部經濟圈（集中在河內、北寧、海防等地）的月平均租金是每平方米 3.5—4 美元，月最高租金是每平方米 5.5—6 美元。[1] 而在中國蘇州地區建成的廠房的月租金大概在每平方米 4.2 美元，東莞地區大概是每平方米 3.6 美元，成都約為每平方米 2.5 美元。與中國的很多地方相比，越南在這方面已經沒有優勢。

但越南的勞動力價格有著明顯的優勢。2018 年，中國工人的人均月收入為 807 美元。在越南，直到 2019 年上半年，勞動力的

1　Hong Nhung, "CBRE: Vietnam Well Placed in Industrial Land", http://vneconomictimes.com/article/vietnam-today/cbre-vietnam-well-placed-in-industrial-land.

平均月薪才達到 288 美元，而普通勞動者的平均月薪只有 206 美元。[1] 但越南有一個政策，就是國會每年都會立法上調最低工資標準。前幾年的上調幅度是每年 12%—13%，對企業造成相當大的壓力，所以最近幾年有所回落，2019 年的上調幅度是 5.3%。但由於這幾年遷移過來的企業越來越多，勞動力供不應求，技術工人和管理人員更是緊俏，企業給的薪酬通常比最低工資高不少，每年也會有相應幅度的上調。

越南的土地和勞動力價格的抬升速度超過了我的猜想。越南政府對此也比較警惕，擔心過快湧入的企業讓要素價格抬升太快，使越南迅速喪失競爭力。一旦這些企業再迅速轉移，越南經濟就會遇到大麻煩。所以政府開始進行控制，對於投資的審批也比過去謹慎了一些。

越南不僅工廠租金比中國貴，而且水電成本也高過中國，中國的水電費用價格大約是越南的 2/3。總體來說，越南主要是在勞動力和稅收政策方面比中國有優勢，其他方面則基本上是處於劣勢的。那麼，單從比較優勢的角度來看，唯有人工成本和稅收成本（包括對美關稅成本）比較高，同時對於供應鏈的依賴度不是那麼大的產業環節，才會傾向於遷移到越南。實際上，中國不僅和越南的成本對比是這樣，和其他東南亞國家的對比，在大部分時候也是如此。

1　光大證券研究報告：《東南亞能承接多少製造業？》，2019 年 9 月。

由此來看，越南取代中國世界工廠地位的路似乎沒那麼順暢。

　　來越南之前，我們就聽說日本、韓國的企業在這裏的影響力非常大，所以我們預約拜訪了日本駐河內的貿易振興會（Japan External Trade Organization，簡稱 JETRO）。會長北川浩伸先生和他的助手拿出厚厚的一摞資料，幾乎要把整張桌子鋪滿。

　　這些資料是日本貿易振興會多年來收集整理的關於越南經濟發展的各種信息及數據，極其詳盡，諸如越南的全國物流網數據、各省人口數量及年均收入、國際直接投資總額、歷年外國投資數據的增長比例、各國的投資佔比、越南歷年進出口商品佔比變化等，一目了然。日本人一向擅長做這種非常扎實的調研工作，相當令人佩服。

　　我著重關注了資料中的一項，就是從 2006 年到 2018 年年底越南接受國際直接投資總額的變化。就 2018 年年底的數據來看，各個國家或地區在越南投資總額的排序是：韓國（626.3 億美元）、日本（573.72 億美元）、新加坡（467.18 億美元）、中國台灣地區（314.06 美元）、英聯邦諸島國（207.94 億美元）、中國香港地區（198.45 億美元）、中國內地（134.14 億美元）——只排到第七名，而投資額僅是第一名韓國的 1/5 左右。

　　中國內地的排名讓我有些意外，不過我馬上就想到了，新加坡、英聯邦諸島國和中國香港地區的投資，很可能有相當大的比例來自在那裏註冊的中國大陸的資本，中國大陸在越南投資的實際排名應該是個很複雜的問題。

我們問北川會長："您覺得越南發展的前景如何？越南有沒有可能發展為新的世界工廠？"

北川會長搖了搖頭說："這個恐怕很難。目前我們看到的繁榮景象都是外來投資拉動的，越南沒有本土的企業家。"

"沒有本土企業家？這是什麼意思呢？您說的是管理能力跟不上嗎？中國剛剛改革開放的時候，管理能力也跟不上，但是外企讓中國人受益良多，中國人很快就學會了如何管理企業。越南人需要的可能只是時間而已。"

"也許吧。十年後越南本土可能會浮現出一批能幹的管理者，但企業家不僅僅是管理者。"

北川先生說的這個區別我當然明白，職業經理人和企業家是不一樣的。北川先生說越南沒有本土企業家，肯定不是說越南不會出現個體性的能創辦了不起企業的精英人物，而是說個體性的精英人物不具備統計學意義，越南沒有一個企業家群體。如果沒有企業家群體，越南內生性的發展力量就會不足，會過度依賴外部世界的拉動。

企業家群體的出現似乎是與文化有關的事情，不同文化對世界、對人的價值的理解方式很不一樣。有些文化可能會令其中的人在面對世界時被激發出特定的態度，並能在一定比例的人口中激發出企業家精神。馬克斯·韋伯的《新教倫理與資本主義精神》一書就在討論這個問題。不過這樣一種文化決定論似乎太像玄學，爭議很多。

但無論如何，北川先生的說法都提示我需要進一步深入了解越南的歷史和文化。只有通過對這些精神要素的了解，我們才能知道，越南這個國家的自我意識是什麼樣的。而這種自我意識會通過它的歷史敘述表達出來，並進一步落實為國民的身份認同。

如果一個國家的自我意識很不清晰，甚至是內在撕裂的，它的國民就會因身份認同的衝突陷入內耗，而不是尋求發展；如果一個國家的自我意識清晰，國民便在最底層的身份認同上有了基礎共識，國家的發展也才有必要的精神動力。

我們通常說東亞是儒家文化圈，但實際上，中國、日本、韓國三國有著不小的文化差異。越南也屬於儒家文化圈，而且今天由一個共產黨政權執政，它的文化又有什麼不同的特性呢？

越南史簡述

　　其實，籠統地說越南是個儒教國家，這是過於含混的。

　　我們今天所熟悉的這樣一個自北而南領土狹長的越南，是在 17 世紀末才初步形成的。此前，它由北向南分成三塊，大致對應後來所稱的 "北圻"（以紅河三角洲為核心）、"中圻"（以長山山脈區域為主）和 "南圻"（以湄公河三角洲為核心）。[1] 三圻的歷史各不相同，文化傳統也有頗大的差異。

　　從西漢直到唐末，北圻曾有千餘年斷斷續續被中國王朝統治的歷史，基本屬於儒家文化圈。而且，在被法國殖民統治之前，北圻都是屬於漢字圈的。

　　北圻在宋初脫離了中國王朝的統治，後來自稱 "大越"。大越常年面臨來自北方的壓力，所以相對其他兩圻，它的政治、軍事能力都比較強。它有著類似於古代中國的科舉制、官僚制，中央逐漸

1　三圻的劃分是 1834 年越南阮朝皇帝做的疆域劃分。

形成六部制，地方是州府縣制 —— 這些都與古代中國很相似。大越的統治者對內稱帝，在儒家文化意象中，這本身就是對於獨立性的一種強烈表達。大越在儒家世界秩序觀之下，力圖將周邊小國整合進自身的朝貢體系，但它又對中國稱 "藩"，把自身整合進中國王朝的朝貢體系。這種 "外王內帝" 的身份隱約透露著大越的獨立意願與其現實實力之差帶來的無奈。

137 — 1697 年，大致相當於後來中圻的區域是被占婆國統治的。中圻丘陵眾多，交通不便，所以占婆國難以組織起類似於北圻大越的那種比較成形的官僚制、州府制的行政體系，它的政治結構更接近部落聯盟，文化上則更多地受到印度婆羅門教、佛教的影響。占婆國曾經先後有過多個朝代，與大越戰爭不斷。但由於中圻的地理特徵，大越即便在戰爭中獲勝，也難以統治中圻。直到清康熙三十六年（1697 年），占婆國才最終被大越滅掉。

南圻從 1 世紀開始，先後被扶南國、真臘國（吳哥王朝）統治，到 15 世紀，又被占婆國統治。占婆國滅亡後，就一併被來自北圻的大越統治。南圻的文化基本上受到印度文化的影響。這個地方河網縱橫，自然資源豐富，湄公河三角洲又極易謀生，所以南圻的人生活恬淡，容易滿足，南圻的社會結構也比北圻甚至中圻鬆散很多。

越南由北圻自北向南統一後，僅僅過了一百多年，就遭到了法國自南向北的侵略，漸次落入殖民統治。法國強行讓越南脫離了大清的宗藩體系，也將其剝離出漢字文化圈，為越南創制了拉丁化的文字。法國對於南圻是直接統治，對於中圻和北圻則是間接統治。

在攻佔南圻的時候，法國一併攻佔了柬埔寨，後來又在與暹羅的戰爭中割佔了老撾，然後把這三塊土地合併組成法屬印度支那聯邦，在河內設置首府。

在這兩千年來一系列複雜的歷史演變中，越南受儒家文化影響的程度自北向南越來越淺。而文化影響與社會結構是相互塑造的，越南社會的組織成熟度也是自北向南遞減的。在這種情況下，北方當然處在政治的主導地位。

但正是因為南方相對於北方的文化和政治成熟度更低，反倒更容易接受外來文化。越南受西方文化的影響程度，便是自北向南越來越深。一眼望去，胡志明市的城市規劃透露出濃濃的法國風格，不愧在殖民時期被稱為"東方小巴黎"。再加上南方的社會結構原本就比北方鬆散，自然更容易被現代經濟改造，所以在近現代的越南，南方又理所當然地處在經濟的主導地位。

南北雙方各有優勢，也有了相互抗衡的籌碼。

二戰期間，法屬印度支那一度被日本佔領。二戰結束後，法國試圖在那裏重建殖民統治，隨即遭遇反抗戰爭。剛剛走出二戰的法國無法再負擔長期殖民戰爭高昂的成本，便於 1954 年在《日內瓦協議》中同意越南、老撾、柬埔寨三國獨立。之後，越南北方在共產主義陣營支持下，越南南方在美國支持下，分別建立了政權，南、北雙方很快陷入對抗。看了前面的歷史你就知道，南北方這兩個政權的對峙，除了體現出冷戰格局的政治對抗外，還有著深遠的歷史與文化基礎。這些基礎也讓北方的戰鬥力遠勝南方。1975

年，北方戰勝了南方，實現了國家統一。

二戰結束之後，很多國家都開始建設經濟，越南卻深陷戰爭。花了三十年的時間，越南總算實現了國家的自主和統一，但很快進入與中國的敵對關係。此時的越南仍然要把軍事問題擺在最優先地位，無暇顧及經濟。直到 1991 年中越關係正常化，這種狀況才得以終結。

長期的戰爭讓越南的經濟變得一塌糊塗，也令它錯過了日本通過"雁陣模式"所帶動起來的東南亞國家的經濟起飛。

不過，長期的戰爭在越南打造出了東南亞第一強的軍隊。戰爭從來都是塑造國家能力的根本要素，越南的國家能力因此在東南亞國家中也是首屈一指的。就後發國家的製造業發展而言，較強的國家能力無疑是個加分項。

但光靠戰爭還不夠，戰爭還必須獲得正當性，才能轉化為強大的國家能力，否則就會落入一種單純的暴力壓制與反抗的動盪之中。一個文化如此多元、歷史又如此複雜的國家要想賦予戰爭以正當性，還需要有一種統合性的觀念。

所謂的統合性觀念，實際上就是一個國家的自我意識：它究竟如何表達自身？它認為自己是誰？它未來想要成為什麼樣子？我在《樞紐》一書中強調過，這種具有統合性的自我意識，實際上是通過這個國家的歷史敘事表達出來的。只有國家的歷史敘事能夠做到對內整合內部的多元性要素，對外恰當地安頓自身與世界的關係，才能令戰爭結果轉化為強大的國家能力。

南國山河

自我身份通常包含兩部分——基於過去的"我是誰"和朝向未來的"我想成為什麼樣子"。所以，更準確地說，一個國家的自我身份就是：用政治理念表達出自己的價值觀，即"我想成為什麼樣子"；用歷史敘事講述"我是誰"，進而表明"我如何理解那個樣子"以及"我為什麼想要成為那個樣子"。

現代越南在自我身份上的政治表達是三個詞——獨立、自由、幸福。越南政府會在各種場合強調這三個詞，甚至小學生寫請假條時，都要先在抬頭位置寫上"獨立、自由、幸福"，然後才進入正文，"阮小七同學生病了，要請假"。

那麼，越南這個國家是如何理解這三個詞的呢？這就要看它的歷史敘事了。

要了解一個國家有什麼樣的表達自我身份的歷史敘事，有兩個辦法：一個是看它的國民教育是如何講述歷史的；另一個是看它的國家歷史博物館，博物館的展示方式就是其歷史觀的表達。越南的國民教育我們是沒法兒體驗了，便專門安排出半天的時間去參觀越南的國家歷史博物館。

我們能從博物館的策展思路中一眼看出，它是北圻的人設計的，因為中圻和南圻的歷史在其中都是作為補充性的外圍內容出現的，真正貫穿性的主線索是圍繞北圻歷史展開的。

但北圻的歷史裏，有一件事情很難處理。在有文字記載的前一千年裏，北圻基本都處於中國王朝的統治之下，越南本國稱其為"北屬時期"。如果明確說自己的文明和歷史是通過中國王朝的統治發展起來的，越南在面對中國的時候注定會抬不起頭來，甚至越南人有可能會不認同本國，而更認同中國，那越南就談不上什麼"獨立"了。可不承認那段歷史，也說不過去，這一千年畢竟是抹不掉的。因此，我進入博物館後，最先關注的就是它是如何處理這個問題的。

意料之外卻也在情理之中的是，博物館裏第一個展區講述的是石器時代的歷史，而且這段歷史在整個展覽中的佔比異乎尋常地大，遠遠超過我在其他國家的博物館中看到的佔比。

這是一種非常有趣的敘事策略。

任何一個民族國家要想讓國民對自己的國家、民族產生強烈自豪感的話，通常都會追溯到一個很古遠的傳統上去。而且，這個傳統必須是獨立發展出來的文化。只有是獨立發展出來的，這個國家應該獨立自主的理由才充分，而古遠悠長的歷史會帶來某種神聖感，自帶正當性。

　　對越南來說，有文字可考的歷史起於中國王朝的統治，那它就必須把自己的起源追溯到有文字記錄以前的時期，也就是石器時代，強調這才是越南歷史真正的本源。而之後的歷史，只不過是自身獨立性的某種中斷而已。因此，它當然要多加敘述那個"真正"的本源，讓"獨立"的說法成立。

　　越南的這樣一種歷史敘事策略並不是孤例，就後發國家而言，幾乎是個通例。典型的例子是土耳其在一戰之後由其"國父"凱末爾主導制定的歷史敘事策略。

　　凱末爾構想的國家目標是，努力讓土耳其擺脫伊斯蘭教的束縛，然後全面西化，迅速進行現代轉型，重獲在世界上應有的地位。但問題是，土耳其是從奧斯曼帝國脫胎而來的，而奧斯曼帝國的榮光與伊斯蘭教緊緊捆綁在一起。拒斥了伊斯蘭教，就意味著拒斥了奧斯曼帝國的歷史，那土耳其的歷史根基何在？說不清這個問題，就無法打造國族的政治認同，國家會陷入內在的精神分裂，進而帶來不斷的動盪，西化、現代化就只能是個夢。

　　要解決這個困境，只能找到比奧斯曼帝國更古遠的歷史來源。於是，土耳其的歷史敘事便表達為，人類文明的起源在中亞地區，由於氣候變遷的壓力，創造文明的先人們開始向各個方向遷徙，並與當地的土著相遇，進而發展出了各個地方的文明，諸如中華文明、波斯文明、印度文明、歐洲文明。遷徙的隊伍中有一支來到了小亞細亞一帶，這就是土耳其人的祖先，他們可是保留著重要古代文明內核的人群。後來這群人歸信了伊斯蘭教，才有了奧斯曼帝國這段歷史。但是這群人並不是通過伊斯蘭教獲得自己的身份定義的，他們仍然通過來自中亞的古老傳統獲得身份定義。所以，凱末爾讓土耳其擺脫伊斯蘭教對一切事務的籠罩，並不是要國民放棄自己的歷史身份，而是要回歸到更古老、更本質的那個歷史身份。[1]

通過這樣一套歷史敘事，土耳其的身份認同困境就解開了，伊斯蘭教也從一種本質性的身份屬性轉化為一種附屬性的身份屬性。有了這種新的身份共識，現代化的政策才能相對順利地推展開。

在這套敘事中，人類文明起源於中亞這一點，就當時的歷史研究而言，並不是無稽之談，但起源於中亞的文明和當時小亞細亞的這個人群的關聯，基本上就只是通過一種歷史敘事建立起來的。它是不是一種歷史真實並不重要，重要的是它構成了一種政治真實，就是一種共享的歷史身份被打造出來了。共同體身份便隨即形成，而凱末爾的核心目的就在這裏。

這種歷史敘事的價值與意義，完全不適合用學術標準來評價。任何一個政治體要想成立，打造共同體身份都是第一步，因為它是後續所有價值追求、制度設計的基礎前提。沒有共同體身份，其他東西都無法找到自己的現實載體。土耳其在今天是伊斯蘭世界裏現代化最成功的國家，由此可以看出，凱末爾的目標基本達到了。以此為標準來評判，他所構造的歷史敘事基本上是成功的。

---

1 參見昝濤：《現代國家與民族建構：20世紀前期土耳其民族主義研究》，生活・讀書・新知三聯書店2011年版。

　　這樣做的還有墨西哥。墨西哥曾經是西班牙在美洲最重要的殖民地，但是殖民者的後裔在發動獨立戰爭的時候，把西班牙描述為壓迫墨西哥人的外來侵略者，同時把本國的歷史追溯到瑪雅文明，視瑪雅人為祖先。即便很多墨西哥人身上確實混有瑪雅人的血統，但他們的歷史、文化、語言主要是西班牙人塑造的，與瑪雅人沒多大關聯。然而，若不把歷史追溯到瑪雅文明，墨西哥的所有歷史都只能來源於西班牙的統治，要追求獨立便欠缺歷史根基。所以，追溯到瑪雅文明的歷史敘事，是不是歷史真實並不重要，它所能帶來的政治真實，也就是打造出共同體身份，才是最重要的。

　　再回到越南。它先是通過石器時代的歷史，證明自己有獨立自主的起源。然後，把西漢到宋初的 "北屬時期" 表達為獨立自主的越南被北方強鄰統治但不斷反抗的一段歷史。這一千年間，在中國王朝天下大亂、無力直接統治北圻地區的間歇期，就是越南反抗的短暫成功階段；沒多久，中國王朝恢復穩定，重新統治了北圻地區，越南就進入繼續反抗的階段。

　　北圻地區在唐末一度脫離了中國王朝的統治。等北宋一統中原之後，又試圖重新征服越南，一共發生過兩次戰爭。第二次是發生在宋神宗時期的熙寧戰爭（1075—1076 年），宋軍一路南下，連戰連捷。就在越南士氣低沉快要崩潰的時候，其大將李常傑作了名為《南國山河》的詩："南國山河南帝居，截然定分在天書。如何逆虜來侵犯，汝等行看取敗虛。" 據說越南上下受此詩鼓舞，士氣大振，奮力反擊，最終擊敗了大宋的軍隊。中國王朝從此基本放棄了直接統治北圻的想法，越南第一次獲得了持久的獨立。

《南國山河》因此被稱作越南歷史上第一個獨立宣言，被翻譯成越南現代語寫入越南七年級的語文教科書中，後來還被配上音樂，由越南歌手演唱。《南國山河》構成了現代越南人自我意識的一個基本範型，也是"獨立"從理念成為現實的第一個標誌性意象。

之後的歷史敘事就是越南君主帶領人民不斷反抗北方強鄰威脅，保障得來不易的獨立自主。特別有意思的是，展覽中有一幅亞歐大陸的地圖，展示的是蒙古帝國崛起之後，蒙古騎兵征服了幾乎整個歐亞大陸。從圖示來看，蒙古大軍朝各個方向全都是銳不可當的箭頭，代表蒙古大軍所向披靡，但唯獨在越南遭遇了牢固的一堵牆 —— 蒙古鐵騎在這裏失敗了。姑且不去管蒙古大軍在各個方向的征戰過程實際上是怎樣的，僅就這兩種區別化的圖示而言，毫無疑問是很容易激起越南人民的民族自豪感的。

在元朝之後，越南又經歷了明代初年一段短暫的北屬時期 —— 明成祖朱棣征服了北圻，將其納入明朝的直接統治。二十幾年之後，越南人再次趕走了明朝的軍隊，建立了後黎朝。後黎朝的開國君主發佈了《平吳大誥》—— 因為明朝征服北圻之際仍定都南京，所以越南稱其為"吳"。文中說道，大越"自趙丁李陳之肇造我國，與漢唐宋元而各帝一方"，意思是大越自視為與中國王朝平起平坐的"南帝"。

　　《平吳大誥》被稱作越南的第二個獨立宣言，在越南後世有“千古雄文”的稱譽，後來也被翻譯成現代越南文，以《我大越國》的題目被節選收錄到越南的初中語文教科書中。這是“獨立”的第二個標誌性意象。

　　之後不久，明清易代，此時周邊幾個儒教國家都面臨一個如何理解“中國”的問題。

　　“中國”原本是指天下的中心，內在包含著文明的中心的意涵。在儒家文化中，中原有著一種雖未明言卻心照不宣的特殊地位 —— 只有佔據中原的政權才會被默認為文明的中心，也就是“中國”。但是清朝入關，曾經的“蠻夷”佔據了中原，這讓周邊的儒教國家陷入一種觀念困境。它們直覺上會認為，“蠻夷”無論如何不應該被承認是文明的中心，大清也就不應被稱為“中國”，否則，它們就墮落為比“蠻夷”還不如了。但大清畢竟佔據著中原，按照那心照不宣的共識，這已經被視作“中國”的代名詞，不承認也說不過去。

　　在這種左右為難的困境中，這幾個外圍儒教國家發展出一種策略。雖然中原的特殊地位是心照不宣的，但儒教經典中畢竟未曾明言，那乾脆就不再認這個沒有明言的心照不宣，只從抽象的文明角度來理解何謂“中國”。既然中原已經被“蠻夷”統治，那麼佔據中原的政權也不再自動擁有“中國”的身份，誰能保持文明，誰才是"中國"。日本由此發展出"華夷變態論"[1]，主張統治中原的王朝已經變為"夷狄"，今後的日本才是"中國"。

越南也發展起類似的觀念。博物館中有一幅越南人在 18 世紀畫的《外國圖》。圖的核心位置是"中國"，周邊圍繞著一系列前來朝貢的外藩，比如高麗國、日本國、大琉球國、小琉球國、爪哇國、暹羅國、浡泥國、呂宋國、哈密國等，以及穿胸國、女人國等《山海經》中描寫的國度。但它們投奔而來的"中國"，實際上是越南。因為越南人認為，在明清易代之後，越南才是文明的擔當者，進而是天下的中心，是"中國"。

這樣一種觀念反映出越南北圻地區對於儒教秩序的深刻信念，這在河內的文廟中也有清晰的表達。文廟建於 11 世紀，是一座規模很大的中式建築。我們走過若干進院之後，來到大成殿。殿正中供著孔子，兩邊配享著四大聖人，也就是復聖顏子、宗聖曾子、述聖子思和亞聖孟子，格局與中國一模一樣。從大門到殿內，到處都是中文對聯，大殿正中的主聯更是氣象非凡 —— 上聯是"一元磅礴周流天地所生天地小"，下聯是"萬代褒封尊敬帝王而後帝王師"。對聯的意思是，帝王只不過是世間權力的載體，他們也必須服從於文明的秩序，一介布衣，倘能養成磅礴浩然之氣，便可為天下範。在儒家看來，這是一個政治體超脫於簡單暴力、達於文明的

---

1 "華夷變態"的說法，來自日本江戶時代上報給德川幕府的中國形勢報告書（即所謂"唐船風說書"）的文件彙編，這本彙編後被命名為《華夷變態》，收錄文件的起止年代是 1644 —1724 年，正是清朝從入關到統治穩定下來的時期。

根本表現。越南認可這種理想，並認為自己在努力實踐這種理想。反過來，它認為大清是以力取勝，所以自己更有資格成為"中國"。

參觀博物館的展覽時，我時時可以感受到，越南不斷以中國作為他者來確認自身，表達著很強的主體性意識。在誰是"中國"無從質疑的時候，越南的主體性表現在對"獨立"的強烈追求上；在誰是"中國"似乎可以爭議的時候，這種主體性甚至表達為越南要自封為"中國"。

可以說，文化上的"中國"理念給了越南較強的主體性追求；而現實中有了中國這個強大的他者，又讓越南的主體性追求只能表現為對"獨立"的追求。現代越南所表達的"獨立"，很大程度上是對其古代表達的重釋而已。

古代越南的"獨立"，是君主帶領人民一起追求的，但在近代，君主成了法國殖民者的傀儡。越南的歷史敘事就此轉為，君主背叛了人民，投靠了殖民者，越南人民開始面對君主統治者和殖民統治者這兩座大山的壓迫。既然君主背叛了人民，人民就要憑藉自己的努力去追求"獨立"，而且還要追求不受兩座大山壓迫的"自由"，以及能夠按照自己的意願生活的"幸福"。

如何成功推翻兩座大山呢？越南人民必須自主地組織起來。這就意味著要不斷地去發動群眾，尤其是底層群眾。要發動群眾就需要一系列新的理念，西方所提供的民族主義理念因此成了越南人重要的思想武器；西方還提供了另一種更高效的底層動員的意識形態，那就是共產主義。最終，正是共產主義革命把君主統治者、殖民統治者（包括後來接替法國人的美國人）都推翻了，從而建立起"獨立、自由、幸福"的國家。

由此，越南的歷史敘事就可以無縫對接到它的共產主義革命這段歷程。也因此，越南人有了他們的第三個獨立宣言，就是越南共產黨領導人胡志明於 1945 年在河內發佈的《獨立宣言》。

從《南國山河》到《平吳大誥》，再到《獨立宣言》，這三個"獨立宣言"接續下來，越南就打造出一個自己不斷反抗強鄰和殖民者、追求自主的千年歷史，而"獨立、自由、幸福"這三個觀念，作為現代越南的自我意識，也在其歷史敘事中（古代越南反抗北方強鄰，近代越南反抗殖民帝國）不斷被現實化、被直觀化，在方方面面滲透到現代越南人的日常生活之中。

值得注意的是，在"獨立、自由、幸福"這三位一體的觀念裏，佔第一位的是獨立。獨立一定是有一個對象的，也就是我相對於誰獨立。這個對象肯定是身邊的強者。越南作為一個中等規模國家，身邊永遠會有強者，也就永遠會有能夠清晰識別出來的他者。在這個意義上，越南從古到今的所有努力，從根本上來說都是一種民族主義的努力，其他的觀念都只是用來達成民族主義目標的手段。

手段是可以為了目標讓步的。如果想要改革，更好地實現"獨立、自由、幸福"的目標，手段是不會對改革構成實質性阻礙的，最多只會構成一些需要處理的技術性問題。所以，越南在改革中的彈性和自由度都相對較大，這也是它在最近幾年能夠取得一系列令人矚目的成就的重要原因。

梳理到這裏，越南的幾個值得關注的特點就浮現出來了。

第一，越南通過歷史敘事，打造出了一個有著較強自尊心和獨立意識的民族。第二，現實的國際處境讓越南的各種政治追求在根本上都是一種民族主義追求，任何意識形態都是幫助它實現民族主義追求的外衣，所以它在改革問題上、在觀念層面有更大的靈活度、自由度。第三，強大的獨立意識讓越南在二戰後陷入了長期的戰爭，但這個過程也鍛造出東南亞首屈一指的強大軍隊，從而帶來了東南亞國家中最強的國家能力。第四，強大的國家能力，再配合越南龐大的人口數量、年輕的人口結構、優秀的人口質量，以及儒家文明較強的入世取向，都促使越南在機會來臨時比其他東南亞國家更能夠把握住機會。

這樣一系列認知，讓我們對於越南有了更加立體的理解。那麼，它究竟會對中國的世界工廠地位造成什麼樣的影響呢？製造業向越南的轉移，究竟是什麼意義上的轉移？越南的發展前景又可能是什麼樣的呢？

我們還想再了解下越南人自己是怎麼看這些問題的。帶著這樣的疑問，我們前往越南河內國家大學。

第三章

「因為我們有廣州！」

"胡志明"的回答

坐在我們對面的這個人身材瘦小，面容清癯，眼神透徹，留著一縷山羊鬍，冷不丁一看，簡直就像是越南"國父"胡志明。

"你們可以叫我 Felix（費利克斯）。""胡志明"這麼自我介紹，他的越南名字叫阮德成。他於十多年前在日本拿到了發展經濟學的博士學位，現在是河內國家大學下屬經濟大學經濟與政策研究院的院長，還擔任《越南經濟年度報告》的主編，在越南媒體上也很活躍。Felix 常來中國，對中越兩國的狀況都很熟悉。

談到越南最近這些年的高速發展，他的一系列分析相當專業。我問他："越南正在大力吸引各種各樣的製造業進來，那麼越南有沒有自己的產業政策呢？"產業政策是發展經濟學中經常會觸及的問題。

讓我大吃一驚的是，Felix 斬釘截鐵地說："我們不需要產業政策，因為我們有廣州！"

我暈掉了："什麼叫你們有廣州？"

　　"我們生產時缺什麼東西到廣州去買就好了，不需要產業政策。"

　　當然，他所說的"廣州"只是一個意象，實際上指的是整個中國東南沿海——我很快就讀懂了他的潛台詞。一方面，中國東南沿海製造業體系完善，能夠提供越南企業需要的各種原材料和零部件。而且越南與中國接壤，從河內到廣州，走陸路和海路都只需要不到兩天時間，甚至比從胡志明市到河內還快。因此，越南缺什麼去中國買就可以了，不需要自己的產業政策。另一方面，越南規模太小，"廣州"規模太大，後者的外部性效應對越南有著極深的影響。即便越南有自己的產業政策，一旦"廣州"有了什麼新動作，或發生什麼變化，越南所依託的外部環境就變了，它的產業政策也就作廢了。

　　我讀出的潛台詞很快就得到了 Felix 的驗證。

　　我追問他："你認為越南會發展到什麼程度呢？是發展成下一個中國台灣，下一個韓國，還是……咱們大膽想象下，會不會發展成下一個日本？"

　　"這些都不可能！越南能夠發展的最佳狀態，就是介於中國台灣地區和馬來西亞之間的水準。"

　　"中國國內有很多討論，說越南發展飛快，未來很可能會取代中國世界工廠的地位。"

　　Felix 回應得更加堅決："怎麼可能取代得了中國！越南的規模太小了。我們能做到的最好程度，就是在和中國的經濟聯繫中找到越南的比較優勢，把自己嵌在一個合適的位置上，搭上中國的順風車發展起來。"

坐在 Felix 旁邊的是河內國家大學下屬的經濟大學的副校長阮安秋，她也是從日本畢業歸國的發展經濟學的博士。聽了 Felix 的觀點後，她微笑著點頭表示同意。

好吧，這是"胡志明"說的，那我就信了吧。

為什麼是"廣州"

　　Felix 把中越經濟關係的核心放在了規模差異上。我們先簡單看一下中越經濟規模的對比。

　　越南在 2018 年的經濟增長率是 7.08%，快過中國的 6.6%。如果僅僅看增長率對比，你可能覺得越南會對中國構成挑戰；一旦把規模考慮進來就會發現，增長率能說明得很有限。2018 年，中國的 GDP 是 13.6 萬億美元，越南則是 2425.5 億美元，後者大約是上海的 1/2，深圳的 2/3，不到蘇州的 9/10，大致相當於山西或黑龍江的水平，略低於雲南和內蒙古，略高於貴州。如果把越南 2018 年的 GDP 和中國各城市的 GDP 放在一起排序，越南能排在第八名，介於蘇州和成都之間。

　　越南經濟中還有個特殊的結構性風險，就是三星公司。越南三星佔了三星集團總產值的 30% 左右，但越南三星的產值近幾年都佔越南 GDP 的 25% 以上，其出口額也佔了越南出口額的近 25%。越南三星的經營近乎一種"半體外循環"的狀態，經營結構是"兩頭在外"的——零部件、半成品的供應主要來自海外，製成品的主要銷售市場也在海外。除了就業，越南三星和越南本地的經濟聯繫相對有限。

進一步的數據顯示，"兩頭在外"並不是三星這一家公司的特徵，而是越南經濟的結構性特徵。表 3-1 是 2014—2018 年這五年來越南進出口貿易的數據，[1] 從中可以看出，越南的進出口增速較快，越南的外貿依存度（進出口總額 /GDP）原本就很高，現已逐年攀升到接近 200%，[2] 但越南的順差率（順差額 / 進出口總額）很低，始終在 1% 上下徘徊，也就是說，進出口過程中完成的增加值很有限。

進一步考察越南的貿易結構後，我們發現，越南進口的主要是機器設備和中間產品（零部件、半成品等），出口中則有較大比例是終端產品。

據越南統計總局的報告顯示，2018 年，越南的進口品主要包括三大類：機械設備為主的資本性貨物（佔比 30%）、中間產品（佔比 60%）和消費品（佔比 10%）。該年的進口中有超過六成是

---

1 數據源於越南統計總局網站（https://www.gso.gov.vn）。

2 對出口型經濟的小國來說，外貿依存度可能會大於 100%。因為 GDP 是國民經濟各行業的增加值，GDP= 消費 + 投資 + 政府購買 + 淨出口（出口額－進口額）；進出口總額是所有進出口商品合計的銷售價格，而不是增加值。外貿依存度大於 100% 並不是罕見現象，據統計，2017 年有大約二十個國家的外貿依存度大於 100%，諸如新加坡、斯洛伐克、比利時、荷蘭、馬來西亞、泰國等。外貿依存度最高的新加坡達到 216.4%。

表 3-1　2014—2018 年越南進出口數據

年份	GDP	進出口總額	外貿依存度	出口額	進口額	順差額	順差率
2014	1862.1	2980.7（12.9%）	160.1%	1502.2（13.8%）	1478.5（12%）	23.7	0.79%
2015	1932.4	3277.9（10%）	169.6%	1620.2（7.9%）	1657.8（12.1%）	-37.6	-1.15%
2016	2052.8	3515.6（7.3%）	171.3%	1765.8（9%）	1749.8（5.6%）	16	0.46%
2017	2237.8	4283.3（21.8%）	191.4%	2151.2（21.8%）	2132.2（21.9%）	29	0.68%
2018	2425.5	4808.8（12.3%）	198.3%	2437（13.3%）	2371.8（11.2%）	65.2	1.36%

注：上列各項（除外貿依存度、順差率以外）的單位為"億美元"；進出口總額、
　　出口額、進口額三列括號中的數字是相對於上一年度的增長率。

由外商投資企業完成的。中國是越南最大的進口來源地，其次是韓國，東盟國家排在第三位。而 2018 年越南的出口品中，最主要的是手機、紡織品、電子產品、鞋子等面向終端消費用戶的產品。出口中則有超過八成是由外商投資企業完成的，越南本土企業只在水產品和木製品的出口上佔據主導地位。出口市場中最大的是美國，其次是歐盟，中國排在第三位。

　　基於越南超高的外貿依存度、極低的順差率，以及上述這種貿易結構，我們大致可以看出，越南做得更多的是對進口的中間產品進行簡單加工然後再出口，這一過程中能夠實現的增加值比較有限。並且，進口、出口中壓倒性的比例是由外資企業完成的，在這個意義上，甚至可以把越南的大規模進出口理解為一種特殊意義上

的轉口貿易。東亞國家的製造業企業將生產流程中的最後環節放在越南完成，並不是以在當地形成足夠大的增值為目的的，而是為了兩點：第一，利用越南較為便宜的勞動力，完成勞動力佔比較高的生產環節；第二，借用越南優越的外貿環境，完成其出口目的。[1]

表 3-2 是 2017—2018 年越南與其主要貿易對象的貿易數據。[2]可以看到，越南對中國大陸、韓國、東盟、中國台灣地區都存在巨額貿易逆差，來自這幾個地方的進口超過了越南進口總額的 2/3，對美國、歐盟則都是巨額貿易順差，這種貿易對象的結構進一步驗證了前面的推論。

再看看越南的領土和人口。

越南國土面積為 33 萬平方公里，約為中國的 1/30。但是，越南領土上的基礎設施建設還有很長的路要走，具體可以參看我在上一章提到的物流效率。我們在河內還拜訪了越南河內交通大學的 Kien（健）教授，他同樣是在日本拿到的博士學位。Kien 教授告訴我們，越南交通部下設港口局、公路局、鐵路局，彼此之間的配合性比較差，基礎設施的水平本來就不高，行政管理上的問題則進一步降低了物流運轉效率。

---

1 越南享受美國的最惠國待遇，又與歐盟在 2019 年 7 月簽署了自由貿易協定，會逐漸免除 99% 以上的關稅。越南加入的全面與進步跨太平洋夥伴關係協定（CPTPP）也開始生效了。這些都讓越南的外貿環境變得非常有吸引力。越南政府規定，進口的半成品必須在本地完成 30% 的增值，才可以貼上越南的原產地標籤。但從數據上看，要真正達到 30% 的增值，越南還有不短的路要走。

2 數據源於越南統計總局網站（https://www.gso.gov.vn）。

表 3-2　2017—2018 年越南與主要貿易對象的貿易數據（億美元）

	2017 年				2018 年			
	總額	進口	出口	順差	總額	進口	出口	順差
中國大陸	939.2	585.3	353.9	-231.4	1069.4	655.7	413.7	-242
韓國	617.5	469.4	148.1	-321.3	658.7	476.3	182.4	-293.9
美國	508.7	93.4	415.3	321.9	602.8	127.5	475.3	347.8
東盟	500.4	283.6	216.8	-66.8	566.9	318.4	248.5	-69.9
歐盟	504.9	122	382.9	260.9	559.4	139.5	419.9	280.4
日本	337.1	169.2	167.9	-1.3	379.4	191.1	188.3	-2.8
中國台灣地區	152.8	127.1	25.7	-101.4	163.9	132.4	31.5	-100.9

　　越南 2018 年的人口大約為 9,600 萬，這些人口主要分佈在南北兩大三角洲。但是 Kien 教授告訴我們，越南的兩個主要港口（北部紅河三角洲地區的海防港和南部湄公河三角洲地區的胡志明港）彼此之間的聯繫較少，兩地的聯繫甚至遠少於它們分別與世界其他地區的海運聯繫。雖然南北之間也可以通過公路和鐵路聯繫，但是受制於較低的基礎設施建設水平，反倒是越南北部地區與中國在陸地交通上的聯繫比較緊密。這就意味著越南內部在經濟上的整合性還不到位。在某種意義上，越南內部可以被分成兩個半獨立的經濟圈，各自有三千多萬人，其餘的人則住在經濟落後的山區或中部區域。不過，這種兩個半獨立經濟圈的狀態目前並未對越南的經濟發展構成實質性影響，因為越南當下還是一個具有高外貿依存度

的經濟體，主要進行的是簡單加工。

對照之下可知，越南的人口規模、領土規模、經濟規模、高質量基礎設施的規模、優秀工程師的規模，以及每年培養出的合格大學生與熟練工人的規模（下一章對於優秀工程師和大學生、熟練工人的問題還會有深入討論），與中國相比，都差著一個甚至兩個數量級。考慮到這樣懸殊的實力差距，越南確實是不可能取代中國世界工廠的地位的。

我們做個假想，如果東莞地區的製造業在短時間內都轉移到越南，越南會發生什麼變化呢？東莞的產值大約相當於越南整個國家的一半，並且東莞的工業佔經濟結構的比重遠遠大於越南。這意味著越南的製造業會一下子膨脹一大半。隨即，越南的土地價格會暴漲，合格工人不夠用，人力成本會暴漲，大量熱錢也會湧進來，這將導致越南出現嚴重的資產泡沫。可是，要素價格上漲過快令越南喪失了原本的比較優勢，熱錢又會迅速跑掉，越南百姓的財富可能會在資產泡沫中被洗劫一空，從而引發嚴重的經濟危機、社會危機，乃至政治危機。這對任何一個國家來說都是極為可怕的經濟高燒及後遺症。

而這還僅僅是東莞的製造業轉移到越南而已。考慮到這些，便可知道 Felix 關注 "廣州" 的規模的力量，認為越南發展的最佳狀態是介於中國台灣地區和馬來西亞之間的水準，完全不可能取代中國，確實不是謙虛。

供應鏈網絡的力量

　　我在第一章裏分析過，美國最新一輪的創新對經濟的拉動，以及一系列非常有趣的政治經濟學過程，讓中國發育出今天全球規模最大的製造業供應鏈網絡。這個網絡中的分工越來越細，單個企業的專業化分工可以達到令人匪夷所思的程度；網絡中無數個企業彼此之間互為配套關係，而且配套關係可以依照訂單需求不斷動態重組，以生產出各種各樣的產品；中國龐大的工程師群體和熟練工人群體，則為供應鏈網絡供給著龐大的人力資源；中國高度競爭性的環境、中國人強烈的發財致富的慾望，都讓這個供應鏈有了無與倫比的效率。

　　供應鏈的這種運轉效率使中國獲得了一種獨特的競爭優勢，哪怕是生產一個低技術產品，除非這個產品對供應鏈的需求很低，並且人工成本在總成本中的佔比很高，否則其他國家不大容易與中國競爭。因為中國有能力把產品的綜合生產成本控制在一個非常低的水平，這種成本控制能力依託的是一個龐大的供應鏈系統，而不是哪個廉價的生產要素。

　　而且，中國龐大的供應鏈，並不僅僅依託世界市場的拉動，還依託中國內部龐大消費市場的拉動。近年來，國內消費市場的拉動效應越來越明顯。

　　可以簡單看一下中國自改革開放以來外貿依存度的變化，圖3-1 是 1978 — 2014 年的變化過程。[1] 1978 年，中國的外貿依存度只有 9.73%；隨著中國逐漸融入世界，外貿依存度到 2000 年發展到 39.36%；在 2001 年加入 WTO 後，中國的外貿依存度迅速升高，在 2006 年達到了歷史最高的 64.77%。在這個階段，世界市場對於中國經濟和供應鏈的拉動效應很大。在這之後，中國的內需市場逐漸發展起來，外貿依存度開始下降，2018 年已經下降到 34% 左右，而中國經濟發展並未成比例地降速。這意味著內需對中國經濟發展的拉動力量越來越大。

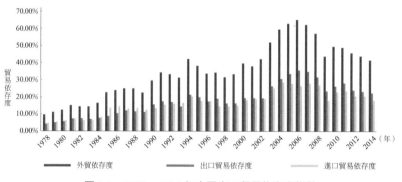

圖 3-1　1978 — 2014 年中國出口貿易依存度趨勢

1　穆學英、任建蘭、劉凱：《中國外貿依存度演變趨勢與影響因素研究》，《工業經濟論壇》2016 年第 4 期。

據國家統計局的數據顯示，2018 年中國社會消費品零售總額同比增長 9.0%，達 38.1 萬億元，同期美國全國社會消費品零售總額是 6.04 萬億美元，同比增長 5%。按當年匯率計算，中國消費市場的規模相當於美國的 95.36%。到 2019 年，中國已經超過美國成為全球最大的單一國家消費市場。

這些數據意味著中國的供應鏈網絡並不會因一部分生產能力的外移而出現萎縮，因為內需的成長可以填補上來。

就算越南在未來的發展過程中發展起自己的供應鏈網絡，但它自身的體量過小，能夠支撐的供應鏈規模是完全無法與中國相比的；雖然它面向全球市場，但由於其過小的體量，所能支撐的供應鏈規模還是與中國有著巨大的差距。那麼，越南供應鏈內部的分工深度和配合彈性，即供應鏈的運轉效率，也是遠遠比不上中國的。

這也就意味著，轉移到越南的製造業企業，如果是對供應鏈有較高需求的，那麼從中國供應鏈進行採購，尤其是從中國採購生產流程上游的各種標準件，還是會比從越南採購更高效。這樣一來，向越南轉移的製造業能力，就不是從中國轉走了，而更多的是與中國的供應鏈形成一種嵌合性關係。

當然，這裏有個前提，那就是中國與越南的通關成本不能太高。隨著中國與東盟的自由貿易夥伴關係的推進，中越兩國的通關成本在不斷下降。我從在廣西的調研中也得知，中越兩國的通關效率正在大幅提升。幾年前，即便是資質比較優良的發貨商和承運商，在中越最大的陸上口岸廣西憑祥友誼關口岸要為一輛貨櫃卡車辦理通關，順利的情況下也需要四個多小時；現在，順利的話只需一個多小時就夠了。區域全面經濟夥伴關係協定（RCEP）有希望在不久的將來正式簽署，如果能夠順利簽署，則東盟與中國、日本、韓國、澳大利亞、新西蘭等國之間會結成更大的自由貿易夥伴關係。這些都會繼續降低通關成本。

我們在越南的調研還發現，籠統地說有哪些公司把工廠搬遷到越南，意義不大。因為現在的全球經濟已經是在工序層面的跨國分工，生產者會在各國尋找有比較優勢的要素，將生產環節配置在合適的地區。就越南相對於中國的比較優勢來說，一方面是生產要素價格上的優勢，尤其是勞動力價格，另一方面是與其他國家進行貿易時在關稅上的優勢。

考慮到這些，我們就可以發現往越南轉移的生產企業的一些特徵。

這些企業不是把完整的生產線搬過去，而是把生產流程中特定的工序轉移到越南。基於前面的數據分析可知，轉移到越南的特定工序往往是最後的組裝工序。因為這道工序只需要把零部件裝配在一起，而不需要再對零部件做複雜的處理，對於供應鏈的需求相對較低，人工成本佔比相對較高，越南在這方面是有比較優勢的。但越南在前段環節（對零部件做相對複雜處理）的能力還不大跟得上，相應的製造業便很難轉移到越南。

在這種生產能力轉移的邏輯中，用傳統的劃分方式對不同產業做技術的高低之分已經不合適了。同樣一種產品，其不同生產工序或環節的技術含量是很不一樣的，不同工序的增加值也是很不一樣的。在生產工序進入跨國分工的階段後，傳統的生產概念就已經被打破，傳統的分析框架便也遇到了適用性邊界的問題。

甚至就一道工序而言，該工序所需的中間產品本身在生產流程上也有著複雜的跨國分工。我們採訪了 2000 年就開始在越南創業的傢具廠老闆任澤忠先生，他向我們提供了一個非常好的案例。

任澤忠先生說，傢具產業供應鏈包括五金、油漆、板材、皮革、紙箱等十幾種配套產業。越南已經發展起傢具行業配套所需的本地供應商，但這些供應商進行生產時所需的原材料仍然要從中國進口。比如，在越南生產一張沙發，其中 90% 的皮革材料來自江蘇，80% 的海綿原料也來自中國；生產傢具時所用的夾板，90%以上來自山東臨沂；與傢具行業配套的五金產業，其中大約 60%的鐵要從中國進口，再在越南本地加工成五金。就連用來包裝傢具的紙箱這個配套產業也離不開中國。雖然紙箱本身是從越南當地直接採購的，但製作紙箱的原材料 —— 紙板還是要從中國進口。要生產紙箱，先要有原始木材做成的原漿，然後再用回收的廢紙打成次漿，次漿混在原漿裏做出紙皮。紙皮只有一級廠能夠生產，接下來二級廠會把紙皮加工成紙板，最後三級廠把紙板加工成紙箱。由於資源和規模的限制，越南目前只有三級廠，所以只能從中國進口紙板再加工成紙箱。[1]

在我們通常認為技術含量很低的傢具業，越南的產業與中國乃至世界上的供應鏈網絡都有著這樣複雜嵌合的關係，更不用說技術含量高很多的電子行業了。我們在越南考察時也獲得了大量相關案例，它們表明製造業從中國向越南的轉移，並不是從中國轉走，而是中國供應鏈網絡的一種外溢。

這個外溢過程有一部分是因為市場規律的作用。要麼是企業要找特定生產環節比較優勢更高的地方，比如在對供應鏈要求不高、人工成本佔比比較高的生產環節，越南具有比較優勢；要麼是企業在佈局全球市場時有某些考慮，比如我們考察到的海爾、TCL 等家電企業。

還有一部分是國際政治方面的原因。訪談中有若干企業談到，如果不是因為中美貿易摩擦，它們很可能不會遷移到越南來。因為對它們來說，在越南生產並不如在中國生產划算。雖然越南的勞動力價格低，但是工人的工作效率也低。而且，越南的土地價格並不

---

1 在根據此書改編的音頻課程"中國製造報告 20 講"於 2019 年 12 月 20 日在得到 App 上線之後，有收聽了課程的用戶指出，任澤忠的這個說法可能對最新動態跟蹤不夠。越南的造紙業正在發展，比如玖龍紙業、理文造紙在 2017 年就去越南投資，可以生產箱板瓦楞紙，2018 年也有中國台灣和日本的一些造紙企業在越南投資擴產。在此我對用戶的細心指正表示深刻的感謝，出現這個瑕疵與任澤忠先生無關，畢竟他不是造紙行業的，沒必要去跟蹤最新動態；問題只出現在我這邊，是我在調研後的信息核實工作做得還是不夠細緻，因此我在文中引用的說法也需要修正。但是我寧願在書中仍保留這個小瑕疵，只是通過這個注釋來彌補一下。因為這個小瑕疵並不會影響本書理論框架的整體解釋力，卻可以把我在調研中的現場感保留下來。

便宜，生產方面也沒有足夠完備的供應鏈支撐，大多數原材料都要從中國進口，這又增加了物流成本，還有語言不通增加的管理成本……但它們的產品主要是出口美國市場的，遷移到越南就成了一個無奈的選項。不過，遷移之後它們仍然與中國的供應鏈網絡有著千絲萬縷的聯繫。

日、韓路徑與澳、加路徑

由這些出於國際政治原因遷移的企業出發，我們可以牽引出一個值得分析的問題。

美國對越南的關稅政策比較友好，中國卻要面對美國的高關稅，在一種特定的意義上，越南與美國可以被視作一個關稅區，而中國處在這個關稅區之外。這就相當於越南的製造業在與中國進行競爭時被動地獲得了一種關稅保護。這種保護還有個好處，就是越南會被美國的政策進一步刺激為出口導向型國家，而不是像通常的保護貿易那樣成為一個追求進口替代的國家。我在第一章講過，縱觀各國追求現代化的歷史，奉行進口替代政策的基本上沒有成功的，成功的國家都是奉行出口導向政策的。說得更準確些，雖然追求出口導向未必一定成功，但僅僅追求進口替代有很大概率會失敗。

更多奉行出口導向的日本、韓國與更多奉行進口替代的拉丁美洲國家，它們不同的經濟發展結果就是現成的歷史經驗。那麼，如果給定足夠長的時間，越南在前述的貿易環境下，是否有機會發展成類似日本、韓國那樣的經濟強國呢？

且把越南放一放，我們進一步分析一下日本、韓國。與英國、美國這種先發國家不一樣，日本、韓國都是由後發國家發展而成的富國，但是略加比較就會發現，日本、韓國與澳大利亞、加拿大這種後發富國又有著較大區別。日本、韓國都有自己完整的工業體系，澳大利亞、加拿大則沒有自己完整的工業體系。這雖然不會阻礙澳大利亞、加拿大成為富裕國家，但它們變富裕需要一個前提，就是它們要主動把自己的經濟嵌入美國主導的經濟秩序之中，在其中找到一個能發揮自己比較優勢的特定位置，並在一定程度上放棄經濟的自主性，進而放棄安全自主性。日本、韓國這樣有完整工業體系的國家，則有著一定程度的經濟自主性。雖然日本、韓國現在還是嵌在美國的安全秩序之中，但做個極端的假想，如果它們遇到特殊情況，需要在安全上自主，它們迅速發展起安全自主性的能力肯定遠遠好過澳大利亞、加拿大。

不過，我們不能僅僅抽象地比較日本、韓國和澳大利亞、加拿大兩種類型的優劣，畢竟兩種類型都帶來了較高水平的國民福利。這兩種類型背後對應著兩種不同的政治、經濟、外交策略選擇，它們可能會以不同的方式影響國民福利分配結構，從而也要求著不同的制度安排以便消化不同的社會後果。那麼，如果一個國家要在這兩種不同的策略中做選擇，影響選擇的根本因素是什麼呢？是這個國家身處的國際安全環境。

　　按照這種分析思路，我們就可以把前文關於越南的問題換一種問法：目前看來越南是頗有機會發展起來的，但它未來發展所走的更可能是日、韓路徑，還是澳、加路徑呢？也就是說，越南有願望、有機會發展起自己完整的工業體系嗎？它身處的國際安全環境，會給它的策略選擇帶來什麼樣的影響呢？

　　這些問題的答案影響著越南在全球經濟秩序中的結構性位置。目前看來，答案很可能是這樣的：在技術條件不出現實質性躍遷的情況下，越南難以發展起完整的工業體系，主要原因在於越南面對著國際安全環境中的一種結構性困境。

　　要解釋這個答案，我們還是得暫且放下越南，先來看一下日本、韓國是怎麼發展起完整的工業體系的。

　　一個國家要發展出完整的工業體系，就必須發展出重化工業，否則就發展不出現代工業經濟所必需的原材料生產能力和機器生產能力，國家在底層工業基礎上就必須依託其他國家。重化工業相當於工業經濟中基礎設施性的產業，日本、韓國都是先發展出重化工業，才有機會發展出自己的工業體系的。

　　但就後發國家來說，依照市場經濟的邏輯，重化工業並不是一種很好的投資。一種產業在作為創新產業剛剛出現的時候，會有很好的利潤空間，但是在它出現了幾十年之後，隨著技術的擴散，效益會跌到平均利潤率的水平，這是創新經濟的一種常態。重化工業是 19 世紀後期德國、美國率先發起的第二次工業革命的產物，還是資本密集型產業（投資規模巨大，回收周期較長），效益早就落到了平均利潤率的水平。對資本本就匱乏的後發國家來說，發展重化工業不符合市場環境中的比較優勢。另外，就重化工業的資本規模而言，它吸納就業的能力相對較低，[1] 而後發國家通常都處於勞動力過剩的狀態，這就更不符合它們發展重化工業的市場邏輯了。

但一個國家需要關注的並不僅僅是經濟問題，還有國家安全問題。如果它的國家安全環境不是很好，就有可能選擇不顧市場規律，由國家主導來推動重化工業的發展。然而，這種推動方式通常會造成國民福利受損，極端情況下甚至會扭曲、敗壞這個國家的社會。因此，需要一些制度安排消化這些問題，否則會把國家捲入糟糕的狀況之中，最終要麼崩潰，要麼被迫經歷痛苦的涅槃才能重生。

日本、韓國都經歷了這樣的發展過程，[2] 但它們都不是通過國家直接投資，而是通過國家扶持一些大財閥發展重化工業的。之後它們又經歷了一段痛苦的轉變，才修復了財閥制度帶來的問題。

先看日本。它在明治維新之後有著強烈的脫亞入歐情結，要把自己發展為和西方一樣的強國。在一戰之後，它感覺自己並未受到

1　據學者對中國經濟發展的統計，在中國經濟以輕工業為主的發展階段，GDP 每增加一個百分點，就能安置三百萬人就業；而在重化工業階段，GDP 每增加一個百分點，能安置的就業人數下降到七十萬人。具體參見劉世錦：《我國正在進入新的重化工業階段及其對宏觀經濟的影響》，《經濟學動態》2004 年第 11 期。

2　關於財閥問題，我從與劉慶彬教授的討論中獲益頗多。

西方世界的平等對待，又生出強烈的整合起黃種人對抗白種人的情結。這些都讓它在國際安全層面有一種精神緊張，也就亟欲發展起自己強大的工業能力。這種工業能力是現代戰爭能力的基礎。

明治維新之後，日本政府曾經直接投資一些重化工業企業，但沒過多久就發現國有企業的運營效率大有問題，遂把這些企業以很低的價格甩賣出去，轉而著力培養民間的大財閥。後來，日本逐漸形成了著名的三井、三菱、住友、安田"四大財閥"。這些財閥不僅以很低的價格拿到了政府甩賣的國有企業，而且從政府那裏獲得一系列特許經營授權和低息貸款。相應的條件是，財閥要配合政府所做的一系列經濟規劃，發展政府所需要的產業，並接受政府時不時對其具體運營的直接干預。幾大財閥差不多屬於一種官督民辦的邏輯。

在政府的大力幫助下，財閥都發展到富可敵國的程度，並在一戰後開啟了日本的第一次重化工業發展。但是，財閥體制嚴重扭曲了國家內部的資源配置，造成國民福利的大量損失，倚重財閥的政府還會出手壓制民間的不滿。與財閥深度捆綁的政府，因此成為民間力量眼中的邪惡存在。

在日本極具影響力的民間組織黑龍會[1]，便致力於改造體制，追求用政治手段推動財富向社會中下層的分配。意識到國內資源的不足後，黑龍會又進一步支持軍部壓制文官政府，以實現日本追求海外資源的目標。軍部最終架空了文官政府，與黑龍會達成了民間組織與法西斯政權的合謀。

在開啟現代轉型半個多世紀之後，日本發展起自己的工業體系，並成為二戰的亞洲策源國。二戰中，日本為了應對戰爭，把整個國家改造成戰時統制經濟。弔詭的是，這種統制經濟與對國民經濟有巨大操控力的財閥體制有著很好的契合性。日本戰時統制經濟背後的操盤手，就是從三井財閥走出來的大掌櫃。自此，民間組織、軍部法西斯政權、財閥體制聯起了手。

我們可以從整個過程中看到，財閥體制雖然促成日本實現了工業化，但嚴重扭曲了日本的財富結構和社會結構。財閥體制與日本政經秩序的深度同構，也敗壞著日本社會。所以，在二戰之後，美

1　黑龍會成立於 1901 年，是在 19 世紀下級武士的組織玄洋社的基礎上改造而成的。"黑龍會" 係以黑龍江命名，旨在經營黑龍江流域。一方面有著侵略性的意圖，意在使中國東北地區成為日本海外帝國的基礎；另一方面有著實驗性，要在中國東北做一系列社會改造的實驗，再將其應用於日本本土。所以，初看上去黑龍會似乎是個帝國主義的組織，但細看其綱領，會發現它是個民粹主義的組織。黑龍會追求改造文官政府，振興外交，積極謀劃海外，並且革新內政、增進國民福利、推動現代教育、確立社會政策、解決勞動問題。為了達成這些目標，黑龍會推崇統制性的手段，以皇國精神為宗旨，追求以軍人的精神來改造社會，實現全民皆兵，促成上下同心，最終實現亞洲民族的興隆。1931 年黑龍會進一步改組為大日本生產黨，社會基礎是大阪中小企業者和國粹主義分子 —— 這些雖然都是深受財閥體制壓制的群體，但追求用一種更具統制性的手段來解決問題。1946 年 1 月，大日本生產黨被解散。

國除了要打掉軍部，還要極力把日本的大財閥徹底拆解，消除日本的重化工業能力，從而把日本經濟還原為一種依附性的經濟。

但是，在三井剛被拆散，其他幾個財閥還只被拆散了一部分的時候，朝鮮戰爭爆發了。美國重新定位了日本在遠東的作用，決定把它發展成冷戰的重要堡壘。這樣一來，日本就需要保有以重化工業為基礎的完整工業體系。於是，剩餘的財閥保住了，只是在日本新憲法的架構下，經受了民主化改革。這是二戰後日本能夠迅速發展起來，重建重化工業，形成完整工業體系的前提。

戰後的日本在美國的主導下，發展出了消除財閥負面效應的制度安排。經過民主化改革的財團，僅僅是一種特殊的公司組織邏輯，不會造成國民福利的嚴重損失。而且，這些財團裏有跨越各種領域的成員公司，這些公司基於傳統淵源，會在市場上相互扶助。再加上美國對日本進行了大規模的經濟扶持，朝鮮戰爭和越南戰爭給了日本企業大規模走向國際市場的機會。這些都被日本的財團組織有效利用起來，令日本真正成長為經濟大國。

再看韓國。整個朝鮮半島在近代以來都面臨地緣安全困境。東北亞地區集中了中國、日本、俄國這幾大強國，同時，二戰前的英國、二戰後的美國，作為全球秩序的主導者，也始終在這裏保持存在。處在幾大強國夾縫中的朝鮮半島，還有過被直接殖民的歷史，天然有一種不安全感。二戰後的朝鮮半島雖然獲得了獨立，但是分裂為兩個國家。這讓韓國在傳統的地緣安全困境之外，還要面對雖然同宗同族但在意識形態上尖銳對立的朝鮮，它的國際安全環境進一步惡化。這些因素加在一起，讓韓國對於自主的工業經濟體系有著強烈的追求。

建立工業體系的具體過程始於 1961 年朴正熙發動軍事政變上台。在此前的開國總統李承晚時期，韓國經濟基本上是靠美國駐軍經濟勉力維持的。不過，這段時期韓國還是發展起了若干個財閥，它們與政府之間有各種說不清道不明的關係。朴正熙上台之後，為了整肅，就把大多數財閥的負責人都抓了起來。但是，他很快就發現，在經濟基礎極為孱弱的情況下，脫離這些財閥，國家經濟沒有辦法發展，只好陸續把他們放了。不過有個前提條件，就是這些財閥必須服從朴正熙所主導的國家工業化的戰略。

朴正熙陸續推行了一系列政策來扶持財閥的發展，比如給它們特許經營權、低息貸款等。1963 年，朴正熙開始推行出口導向政策，財閥每年都會領到出口任務。能夠完成任務的，政府會給予獎勵；不能完成任務的，會受到處罰。為了支撐財閥的出口，政府還有大量的補貼政策。

對財閥來說，有政府的扶植政策和低息貸款，再考慮到韓國通貨膨脹率的話，貸款的實際利率已經為負，因此他們就願意去借債，並在政府的支持下追求更加多元化的發展，跨入各種彼此不相關的行業，這顯然屬於非市場化的投資決策。

1973 年 1 月，朴正熙發佈了韓國《重化工業宣言》。各大財閥迅速跟上政策的引導，開始競相發展自己的重化工業。當時的韓國

政府對重化工業的支持達到了什麼程度呢？一旦發現哪個財閥經營
狀況很糟糕，有可能會破產，政府就會要求銀行給它更多的貸款強
行"續命"。

　　這讓財閥們發現了秘訣 —— 只要規模發展得足夠大，政府怎
麼都不會讓自己倒閉。於是，他們就更加肆無忌憚地借貸發展。這
些過程是嚴重違背市場邏輯的，儘管韓國憑此發展起重化工業，有
了完整的工業經濟體系，但是大量資源被低效地浪費掉了。圖 3-2
是 1962 — 1997 年韓國企業的借款利率和資產收益率的變化曲線，
它很直觀地反映出了問題 —— 除了 20 世紀 70 年代的兩次石油危
機令財閥們獲得了一些意外的機會外，他們的資產收益率是長期低
於借款利率的。

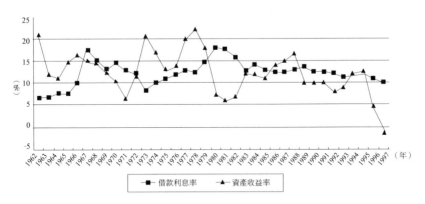

資料來源：劉洪鐘：《韓國趕超經濟中的財閥制度研究》，光明日報出版社 2009 年
　　　　　版，第 5 頁。

　　　圖 3-2　1962 — 1997 年韓國企業借款利率和資產收益率

　　財閥帶來國家經濟的成長，使政府和財閥捆綁得越來越緊密，國民則要被迫面對財閥帶來的各種失衡問題，韓國因此有了風起雲湧的社會運動。在朴正熙的時代，這個強人還有能力一手壓制財閥，一手壓制社會運動，但是到了後朴正熙時代，政府逐漸被財閥綁架，只有能力壓制社會運動，針對財閥的制度調整則越發難以出台。終於，在 1998 年的金融危機中，韓國經濟遭遇重創，一系列綁架國家的大財閥轟然倒地。

　　韓國政府被迫向國際貨幣基金組織求助，也要被迫接受國際貨幣基金組織的一系列改革條件。適逢此時就任韓國總統的金大中一直反對財閥，他說："韓國經濟……受到寶貴資源被無效率配置的折磨……（這是）政府干預市場功能的幾乎所有方面的結果，包括定價、信貸分配、產業定位決策和勞資關係。這種干預已使韓國經濟處於一種嚴重的失衡狀態。"[1] 危機就此成為一個契機，韓國對財閥進行了大規模的拆解和重建，制定了各種制約財閥的法律規則，並改進了針對財閥的治理機制，終於解決了財閥帶來的困境，同時保留了財閥留下的果實，從而重新站了起來，成為經濟強國。

　　我們再來看一下澳、加路徑為什麼和日、韓路徑不一樣。

　　澳大利亞、加拿大兩國之所以不去追求完整的工業體系，有著歷史傳統與安全環境兩個層面的原因，而且，這兩個原因是互為條

1　劉洪鐘：《韓國趕超經濟中的財閥制度研究》，光明日報出版社 2009 年版，第 161 頁。

件的。

從歷史傳統看，它們都是在英國傳統下形成的國家，保留著大社會、小政府的結構。在這種結構下，政府就算想主動做些什麼，能力也比較有限，社會自生秩序是國家內部更加主導性的力量。日本、韓國則不一樣，相對而言都有著大政府、小社會的傳統，令國家主導的產業政策有機會成為可能。

在大社會、小政府的結構下，澳大利亞、加拿大的經濟秩序主要由市場經濟的邏輯驅動，不會刻意追求完整的工業體系，而是順應了自己的比較優勢，發展起相應的產業。如果它們有重化工業，那也是因為自身有相關的比較優勢。比如，加拿大產石油，才發展出了石化產業。

此外，澳大利亞、加拿大、英國、美國都是盎格魯—撒克遜國家，民間有著千絲萬縷的聯繫。澳大利亞、加拿大與英國、美國經濟秩序的嵌合關係是自然而然的結果，無須刻意追求，也沒有什麼困難或不適。

就安全環境而言，澳大利亞、加拿大的條件也很好，並不像日本、韓國那樣要面對各種複雜的國際環境。安全環境的優越不僅僅是因為它們在地理上相對隔離於其他強國，更是因為它們在價值觀念上，也就是對於世界正當秩序的想象上，與英國、美國是一致的，而價值觀念上的一致又與它們的歷史傳統有著分不開的關係。

這一切使得澳大利亞、加拿大沒有發展自主經濟體系的強烈需求，只要簡單地嵌合在英、美的經濟秩序中，發揮自己的比較優勢即可。在這樣的發展邏輯下,國民經濟內部更容易達到一種市場化的均衡,並且各個經濟部門都是在一個遠大於本國的市場空間中達成均衡的。一旦經濟與社會出現問題,輾轉騰挪的空間比僅在本國市場中運轉大很多。於是,澳大利亞、加拿大的發展歷程以及所需要的制度安排都比日本、韓國更簡單。

比對之後,就可以對兩種路徑做一種大致的類型學提煉了。[1]

第一,在我們所討論的意義上,各種產業部門可以劃分為兩類:一類是不在國家的政治關注範圍內的,各國通常都會將這種產業交予市場;另一類是在國家政治關注範圍內的,國家會以非市場化的政策扶持這種產業。不過,這種扶持政策在根本上並不能改變市場的邏輯,只會改變該國內部小環境的均衡。而小環境運轉得如何,還是要受制於世界市場這個大環境。

第二,不同國家的政治關注的範圍與重心是不一樣的,進而會形成兩種經濟發展路徑——市場導向和政策扶持導向的發展路徑。而政治關注的範圍與重心在哪裏,取決於該國的國際安全環境。國際安全環境由兩種要素共同塑造:一是該國所處的地緣政治環境;二是該國的價值觀念,也就是它對於正當世界秩序的想象。不同的地緣處境留給國家的政策選擇空間大不一樣,而且難以改變,但是價值觀念會發生改變。所以,即便是同一個國家,在不同

1　這段類型學的思考,我頗受益於與張笑宇博士的討論。

時代，政治關注的範圍與重心也有可能是不一樣的。當然，這些討論的前提都是 —— 成熟國家。

第三，對於政策扶持導向的國家，在給定其政治關注範圍後，哪些產業部門會被納入政策扶持的範圍，既與工業經濟的體系結構相關，也與時代相關。體系結構對政策扶植的影響，主要體現在工業經濟中的基礎設施性產業。如果國家欠缺某種產業就難以發展起完整的工業體系，比如重化工業，這個產業就可能獲得扶持。時代因素的影響則主要體現在某個時代背景中推動不同梯次工業革命的核心技術。從這些技術中衍生出的產業對國民經濟具有基礎性的拉動效應，比如第三次工業革命時期的電子技術，以及由此衍生出的計算機相關產業，再如當今的第四次工業革命時期的信息技術，以及由此衍生出的通信相關產業等，也可能獲得扶持。

第四，在以政策扶持導向為主的國家內部，政府一系列非市場化的努力會帶來資源配置的扭曲，進而造成國民福利損失、社會不公，其中甚至潛藏著動盪的可能性，因此需要設計相應的制度安排，化解這些負面效應。但政策扶持往往會將政府與財閥捆綁在一起，所以恰當的制度安排經常是危機倒逼的結果。

越南的結構性困境

做了這一系列分析之後，我們再回到越南本身，看一下它面對的國際安全環境的結構性困境是什麼樣的，以及我為何認為它難以發展起自己的完整工業體系。

在地緣環境上，越南北方緊鄰著強大的中國，因此，它有著一種與生俱來的焦慮感，這是越南人做任何決策的第一前提。這種焦慮是無法靠努力發展化解的，畢竟中國壓倒性的體量優勢擺在那裏。作為中國人，可能很難感受到周邊小國的那種焦慮感，因此，我們非常需要換位思考，才能理解別人到底是怎樣一種感受。

對越南來說，要化解這種焦慮，唯有與另一個大國 —— 美國聯盟。越南的共產主義意識形態，原本是有可能構成與美國結盟的障礙的。但從越南的歷史敘事可以看出，越南人理解世界秩序時，最底層的範式是民族主義的（這同樣是因面對中國而本能性獲得的），其他意識形態都是用來實現民族主義的手段。既然如此，越南在意識形態上的靈活度實際上是很大的，並不會在與美國結盟上有什麼無法克服的障礙。比如，近年來，越南與美國走得越來越近，與美國、歐盟、日本等簽訂了一系列的自由貿易協定。

但也正是這一點讓越南遇到了結構性困境。

面對中國而產生的安全焦慮，會讓越南有動力去發展完整的工業體系。即便越南的工業體系與中國相比仍然會有數量級上的差異，它也能更有底氣一些。也就是說，越南有一種走日、韓路徑的內在衝動。那麼，越南就需要發展重化工業，需要通過國家主導的一系列經濟政策推動，需要通過扶持國企或者財閥落實。

但是，要與美國聯盟，就必須接受那一系列自由貿易協定對越南經濟政策的約束，接受對於國企的各種限制，接受對於不符合市場經濟原則的政策扶持的限制等。當年韓國可以用各種非市場的手段扶持大財閥，卻並不影響與美國的結盟關係，原因在於那是冷戰時代，政治因素的權重壓倒了經濟因素。但是，在 21 世紀，一個國家走何種經濟路徑（是市場導向為主的，還是政策扶持導向為主的）是美國用來識別盟友身份的政治標籤。所以，越南不大有機會複製韓國路徑，更大的概率要走市場導向的路徑。

越南這些年來已經對國企進行了大規模的私有化改革，目前剩下的一百多家國企，也在籌劃繼續賣掉。因為越南承諾要建立一個比肩國際先進水平的透明法律框架，要讓外國投資者與越南本國企業開展更加公平公正的競爭。這種競爭不會存在國企壟斷的情況，是自由經濟體的市場競爭。

我們在調研中似乎能看到越南扶持財閥的跡象。越南現在最有名的一個私企集團是首富范日旺的 Vingroup。20 世紀 90 年代，范日旺在俄羅斯留學，後在烏克蘭做食品行業，掘到了第一桶金。2001 年他回到越南發展，進入房地產業，現在越南各個城市的地標性建築都是他開發的。最近幾年，Vingroup 廣泛進軍各種領域，諸如教育、醫院、超市、便利店、電器賣場、手機、家電、汽車、航空學校、有機農業、製藥……幾乎滲入了與越南人生活相關的各個領域。[1] 不過，投資的產業如此之多，很多產業彼此之間沒有什麼關聯，是不符合投資規律的，這反倒和當年韓國政府扶持的大財閥的投資邏輯非常類似。調研中我們還注意到其他幾個規模小一些，但同樣有著不尋常的跨領域投資的私企集團。

這些有可能就是越南政府想要扶持的財閥，但是扶持政策究竟能走多遠，很難說。如果走得太遠，像當年的韓國那樣，越南很可能會被踢出那些自由貿易協定，它藉助西方化解自己地緣政治焦慮的努力就會失敗。進一步說，即便能走那麼遠，財閥能否幫助越南建立起完整的工業體系也很難說。畢竟，當年韓國起步的時候，近旁沒有中國這樣一個超大規模的供應鏈網絡，不會受到它的外部性

---

1 據 2019 年 12 月 3 日的新聞，Vingroup 做了重大的投資決策，將旗下的所有零售及農業板塊剝離出來，與越南的食品業巨頭 Masan 集團的一個子公司合組一個 Masan 控股的新公司。（Nguyen Kieu Giang, Mai Ngoc Chau, "Two Vietnam Companies to Merge Units to Create Retail Giant", https://www.bloomberg.com/news/articles/2019-12-03/vingroup-masan-to-merge-units-to-create-vietnam-s-retail-giant.）資料顯示，Masan 集團的創始人阮登光也是 20 世紀 90 年代在俄羅斯留學，之後在俄羅斯做食品行業賺到第一桶金再回到越南的，與范日旺的起家過程有類似之處。即便是去除掉零售板塊，Vingroup 的投資領域仍然多得驚人。

效應的影響。如果越南對財閥的扶持政策走不了那麼遠，它的重化工業就難以在自由市場的演化中發展起來，越南就無法擁有自己的完整工業體系。

兩種處境左右為難，無法兼得，這就是越南面臨的結構性困境。

在這種困境中，越南最有可能走的路徑是，繼續深化與美國、歐盟、日本的自由貿易關係。畢竟，這是它保障自己獲得外部支持、化解"中國焦慮"的基礎。然而，這也意味著越南政府對財閥的支持是有限度的。越南大概率只能順應世界市場上的比較優勢，把自己嵌合在一個恰當的位置。這是一種很弔詭的狀況：正因為它面臨和日本、韓國相似的處境，所以很可能走上更接近澳大利亞、加拿大的路徑。

此外，目前越南的比較優勢也有一種雙元特性。越南比較可能在貿易上嵌合在美國體系中，在生產上嵌合在中國體系中。於是，越南的製造業發展就更會成為中國供應鏈網絡的外溢，也成為中國供應鏈網絡通達世界市場的一個重要中介。

中越兩國近年來經濟一體化的發展也呈現出這樣的趨勢。圖3-3 是 1996—2015 年中越經濟一體化指數，[1] 我們從中可以看出，

---

1 該一體化指數的研究轉引自趙子龍：《中越經濟一體化程度量化評價與深化合作路徑分析 —— 基於中越"J"型海陸經濟一體化戰略的思考》，《廣西財經學院學報》2017年第 1 期。在該篇論文建立的統計模型中，衡量一體化指數的指標及權重為（括號裏為該指標的權重）：越南對中國商品進口依存度（35%），中國赴越遊客數佔訪越總遊客數比重（30%），越南對中國商品出口依存度（20%），越南對中國資本的依賴度（10%），對越承包工程佔中國對外承包工程比重（5%）；經濟一體化指數的取值範圍為 0～250，數值越大，經濟一體化程度越高。

雖然中越經濟一體化指數偶爾因為政治和經濟危機出現短暫下跌，
但總趨勢是不斷上升的，尤其是在 2011 年之後，經濟一體化指數
的上升態勢極為顯著。而且，一系列相關研究顯示，不僅中國與越
南之間的經濟一體化程度在加深，而且中國同整個東南亞國家的一
體化程度都有不斷加深的趨勢。

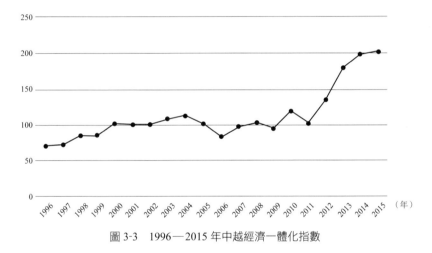

圖 3-3　1996—2015 年中越經濟一體化指數

"5·13" 的蛻變

我們在訪談中意外發現一件有趣的事情，那就是越南人對於中國與越南在經濟上日漸一體化的關係有著很直觀的體認，並且，這種體認是與 2014 年著名的 "5·13 排華事件" 直接相關的。

我們在胡志明市採訪到曾經親歷 2014 年排華事件，並參與善後事宜處理的中國商人 M 先生，獲得了很多一手信息。

M 先生告訴我們，越南的那次排華事件，南方的聲勢比較大，但是並沒有人員死亡，人員死亡的情況主要出現在中北部的河靜省。因為越南南方人性格比較溫和，當地經濟也更發達，老百姓對於政治沒有多大興趣；反倒是中北部的人比較彪悍，當地經濟又落後，容易被民族主義情緒煽動起來。南方主要發生了一些打砸搶和縱火的事件，後來警察抓住鬧事的人，發現他們多數是從中北部過來打工的。不過，打砸搶只是看著嚇人，實際造成的損失規模還是比較有限的。M 先生打了個比方："就像一個人打了架，滿臉是血，看著很恐怖，但洗把臉就看不見什麼了，因為實際上只有一個小傷口。"

　　然而，那段時間中國人還是普遍感覺壓力很大，但精神緊張和實際遭受的損失無關，而是來自"滿臉是血"的衝擊。M先生還談到了一個有趣的觀察。越南人普遍騎摩托車，摩托車的日常交通半徑遠大於自行車，能夠達到幾十公里，但又不像汽車，司機得坐在封閉的車廂內，司機之間也難以直接溝通交流。所以，摩托車騎手可以迅速聚集起很大一片區域的人，這些人又能夠在街上極為便捷地彼此溝通，幾句口號就能把人煽動起來，利於協同行動。街上的人激情一上來，聚在一起同時轟馬達，聲音可以傳出很遠，能夠對被抗議的對象造成極強的精神威懾力。因此，摩托車成了越南形成大規模抗議乃至騷亂的一個重要技術條件。

　　我們把這個有趣的現象稱為"摩托車政治學"。"摩托車政治學"不僅影響了中國資本的信心，而且使各國資本在轟鳴聲中感受到了壓力。這造成的最直接後果就是很多工廠停工，甚至直接撤離了越南。大批越南工人因此失業，越南這才意識到問題的嚴重性。

　　M先生觀察到，"5·13排華事件"讓越南政府和越南百姓普遍認識到，越南的發展建立在中越關係基本穩定的前提下，如果中越關係很緊張，越南經濟的前景就會很不明朗。所以，在"5·13排華事件"發生過程中，胡志明市政府就向中國領館和商會承諾：一方面，控制市內的局面，儘量減少排華事件造成的損失，並且派警察去保護中國工廠；另一方面，絕不讓外省的鬧事者進入胡志明市，會在各個進城的路口把他們攔住。在"5·13排華事件"之後，越南民間還發生過幾次小規模的排華事件，但鬧事者再也沒能成功地把事情煽動大，很快就不了了之了。

M 先生說："就是這次事件讓越南人真正知道了他們想要什麼，也知道了達成目標的條件是什麼。越南無法在實質上脫離開中國經濟 —— 上下都達成了這一共識。之後，就不再有什麼排華事件了。'5‧13 排華事件'可以被看作越南的一個成年禮。"

我們後來的一系列訪談，無論對象是中國人還是越南人，都驗證了 M 先生的觀察。最有趣的是，這次"成年禮"甚至改變了越南工人罷工的邏輯。

在越南調研的時候，幾乎所有在這裏投資的中國人都會和我們說到越南的工會。他們告訴我們越南工會的力量很強大，經常組織工人罷工。誇張的時候，工業園中一個工廠的工人罷工了，其他工廠的工人也會馬上跟上，最終導致整個工業園因罷工而癱瘓。在越南建廠比較早的台灣企業曾經頻繁遭遇罷工，苦不堪言。

工會具體是怎麼組織罷工的呢？聽到越來越多關於工會的故事，我們對這個問題就越來越感興趣。來越投資的中資企業 T 公司的總經理 D 先生幫助我們解答了這個問題。

D 先生曾經在河內附近的港資製衣廠工作過若干年，2018 年被 T 公司聘請來，負責在胡志明市附近的平陽省從零開始組建工廠。超過三個工人就需要組建工會，因此 D 先生看到了工會組建的全過程。

越南有一個全國總工會，下設各個省的省總工會，省總工會再向下分設各個市的工會。越南的市的規模相當於中國的鄉，政府系統的工會就到市這一級。這幾級工會都屬於政府公務員系統，經常與同級的政府部門打交道，這一點和中國比較像。由於外資企業只能在工業園中設廠，市工會便會通過工業園管委會對接具體的工廠。每當得知一個新工廠成立了，市工會就會過來指導成立工會。

成立工會的過程是，市工會先請工廠的人事部門或總務部門把員工分成若干個小組，分組的方式可以依照班組或其他簡便的原則。然後，每個小組內部先遴選出來若干個投票人——可以推薦或自薦，投票人的人數只能是單數，不能是雙數。這些投票人再對報名參選工會主席的人進行投票，參選者同樣可以是推薦或自薦的，沒有限制。如果工廠規模不大，通常只選一個工會主席；如果工廠規模較大，會再選出一兩個助手。當選工會主席的人還是繼續在原來的崗位上工作，但有了些新責任——負責徵收會費、組織活動，並作為工人與工廠管理層之間溝通的橋樑。參加工會的工人要繳納基本薪資的 1% 作為會費，這部分會費的 40% 留給本工會使用，60% 上繳上級工會；企業要支付工人基本薪資的 2% 作為會費，這部分會費的 69% 留給本工會使用，31% 上繳上級工會。工會用單獨的賬號管理會費，而不使用公司賬號。

我們進一步追問罷工的情況。D 先生說："一般情況下，陸資和台資的企業會較多地遭遇罷工；日資、韓資、港資和西方國家開設的企業則很少遭遇罷工，因為這些企業都有較強的企業社會責任（CSR）意識，會有比較多的相關活動，越南人對它們比較認可。"

看來，陸資和台資企業在這方面要走的路還不短呢。

我們繼續追問："工會具體是怎麼組織起罷工的呢？"

"罷工基本上沒有工會組織的。"

這讓我們吃了一驚，這和之前聽說的不大一樣啊。

終於，在 T 公司的越南僱員 Jenny（珍妮）這裏，我們聽到了更多的故事。

Jenny 於 1990 年出生在越南南部的小鄉村，在中國台灣、馬來西亞都有過長期工作經歷。在越南的工廠裏，Jenny 從基層做起，一直晉升至中高管理層的位子，對於工人的各種罷工組織邏輯很熟悉。

Jenny 說，罷工的發動通常是從工廠裏流傳的罷工消息開始的。說不定什麼時候起，工人們就會悄悄地彼此口耳相傳，今天下午兩點要開始罷工，到時候誰也不能去工作。然後，工人們去上廁所的時候，會發現裏面貼著紙條，上面寫著：下午兩點開始罷工，誰也不准去工作，否則，出門就打你。工人用的廁所和管理層用的廁所是分開的，所以管理層無法及時獲悉這些信息。紙條是誰寫的，罷工的消息是從哪裏最先傳播出來的，也沒有人知道。

到下午兩點的時候，工人們就會左顧右盼，看看身邊的人是不是還在工作。一旦發現有哪個人手裏的動作慢下來了，旁邊的人也會停下工作。罷工從一個點開始，像潮水漫延一樣，很快波及整個工廠。

　　資方不知道罷工是誰發起的，去問生產線的組長、工會主席，他們也都說不知道，很有可能他們是真不知道。他們只能告訴老闆，"聽工人們說是嫌工資低"，"聽工人們說是嫌伙食不好"，等等。如果老闆拒不理會，第二天工人還是會照常來到工廠，畢竟這是罷工而不是曠工，但到了工位就坐在那兒啥也不幹。

　　接連幾天，老闆受不了了，只好滿足風聞來的那些條件，工人就復工了。但是，有可能過了一段時間，在莫名其妙的情況下，工人又罷工了。這裏的工會主席並不是什麼罷工組織者的角色，而經常是勞資協調者。

　　對於 Jenny 的這種說法，我們後來從其他人那裏獲得了印證。從研究的角度出發，我們覺得這種組織過程很有趣。這樣一種分佈式的罷工邏輯，與越南相對鬆散的社會結構是一致的。

　　Jenny 以及接受訪談的其他幾位越南僱員告訴我們，越南越到南方，社會結構就越鬆散。北方還有類似於中國的族譜，可以上溯十幾代，社會基層還能以此形成一些大家族式的組織機制；而到了南方，很少有人家裏有族譜，一個人對家族的記憶，通常只能往上追溯到祖父那一代。於是，南方社會就沒有什麼大的宗族，小家庭的遷徙相對較多，社會結構因此很鬆散。南方人彼此間的組織機制不是靠宗族邏輯能夠把握的，而是以一些外人不太容易了解的地方性知識作為基礎。因此，越南的強國家邏輯與中國的強國家邏輯是很不一樣的，相對而言，分佈式的社會結構直接構成了越南國家能力的一個約束條件。

　　集中式的手段是無法應對那種分佈式的罷工過程的，因為公司高層既無法搞清楚工人的具體訴求，也不知道要想控制罷工，該去找誰，從而無法預防罷工。這背後需要的是一系列難以言傳的地方性知識，如果外資企業不能放低姿態，以一種平等的方式和當地工人打交道的話，雙方就只能處在一種相互消耗的關係當中。日資、韓資、港資企業的企業社會責任努力，未必能獲得更多的地方性知識，卻能引發越南工人的好感，於是，雙方就容易形成良性互動。這是很值得陸資企業學習的。

　　但是，Jenny 進一步告訴我們，那些罷工的玩法都是 2014 年以前的情況，在 "5 · 13 排華事件" 之後有個明顯的變化 —— 罷工越來越少了。現在罷工消息的傳遞已經不再靠往廁所貼紙條了，而是改成發短信、發臉書。但是，即便有消息傳遞出來，工人們也很少響應了。他們看到這種消息之後，一般只會撇撇嘴說，誰愛罷誰罷吧，反正我不去。

　　Jenny 說的變化印證了 2014 年這個節點的重要性。對越南人來說，在 2014 年以前，他們可能更多地被歷史遺留的民族情緒裹挾，傾向於用罷工來表達各種不滿，但在 2014 年之後，越南人開始正視並願意接受中越經濟一體化這個事實。D 先生告訴我們，在 "5 · 13 排華事件" 之後，上級工會會主動與工廠工會溝通，囑咐他們一旦發現廠裏有什麼動向，就要及時告知。一旦出現新動向，上級工會便會和同級政府的相關部門協調，提前把罷工的問題消弭掉。[1]

當然,這一系列變化的背後還有個重要因素,就是"5・13排華事件"導致陸資企業也開始改變管理方式。這個事件是越南經濟發展的成人禮,同樣也可能是在越南的陸資企業的成人禮,雙方是在不斷互動磨合中一起發展成長的。並且,"5・13排華事件"之後,越南經濟進入更快增長階段,工人的工資普遍增長較快,於是罷工的動因也就進一步下降了。

Felix關於"廣州"的回答,讓我們在越南的調研獲得了一個重要切入口,知道了該如何觀察越南。那麼,Felix所關注的"廣州"這邊又是什麼樣呢?它在中美貿易摩擦中又會有什麼樣的變化呢?

要回答這個問題,只調研越南已經不夠了。於是,我們又來到了珠三角地區。

---

1 據台灣學者在十幾年前所做的研究,至少當時越南台商工廠內的工會,在一定程度上就是與資方有著深度合作關係的,資方經常利用工會幫助自己管理工人,約束不聽話的工人,以及用成立工會來向越南政府表態,表明自己願意保護工人的態度。這份研究也顯示,越南的罷工並不是工會組織起來的。參見王宏仁:《照本宣科的演員:越南台商的廠內工會》,"中央研究院"亞太研究計劃2002年版;蕭新煌、王宏仁、龔宜君主編:《台商在東南亞——網絡、認同與全球化》,"中央研究院"亞太研究計劃2002年版。所以,在工會這個問題上,很可能"5・13排華事件"帶來的轉折性並沒有我的訪談中所聽聞的那麼大。

第四章

隠性知識

破敗廠區的背後

　　一排排廢棄了的破敗廠房和宿舍，聳立在我們眼前。開車繞著廠區外面兜上一圈，要二十多分鐘。廠區裏錯落的馬路、小湖、大樹，都能體現出當年規劃者的用心。現在仍可以看出，廠區裏當年設有醫院、幼兒園，甚至還有自設的消防站。僅僅打量這些附屬設施的規模，我們都可以想象出繁盛時這裏人聲鼎沸的景象。廠區裏的建築都有著灰色的高大牆體，在繁華時顯得厚重，在破敗時卻顯得很壓抑。巨大的廠區中，偶有幾個留守的人員無聊地閒坐著。廠區外面坑窪的水泥路邊已是雜草叢生。整個場景令我們彷彿來到了美國中部的"鐵鏽地帶"，來到了一個曾經輝煌，衰敗後卻無比落寞，讓人只能在殘跡中想象當年繁華的夕陽之城。

　　這裏是台資企業裕元集團設在東莞市高埗鎮的稍潭廠區。在20世紀90年代初就來到東莞，親眼見證了這個城市發展歷程的陳志軍先生，開車帶我們到稍潭廠區轉了好久。網上有很多聳人聽聞的報道——說東莞因製造業轉移，經濟瀕臨崩潰，工業區破敗不堪，用的都是這個廠區的照片。

裕元集團是世界上最大的製鞋業代工廠——台灣寶成國際集團在大陸設置的子公司。當年的寶成，頗有些今天富士康的感覺，投資規模和產能都十分巨大，建立一個廠區，就能拉動周邊龐大的供應鏈網絡，直接提供的就業規模也十分龐大。裕元集團在 1988 年進入大陸，先在珠海前山鎮設廠，1989 年又到高埗鎮設廠並發展出三個廠區，隨後在珠三角、長三角、江西、湖北等多個地區陸續設立工廠。巔峰時期，裕元在大陸合計僱用了二十多萬人，僅高埗鎮的幾個廠區就僱用了約十萬人。但是，從 2008 年開始，裕元的產能逐漸向外轉移，尤其是向同屬寶成旗下、設在越南南部的寶元集團轉移。產能的轉移必然伴隨著人員的裁減。到 2014 年，高埗廠區的工人被裁減了近一半；到 2017 年，高埗廠區的工人僅剩八千人左右——這個數字一直保持到今天，沒什麼變化。

高埗鎮原本是農村，到處都是農田，能夠發展成現代化城市，都是裕元拉動的結果。高埗鎮的常住總人口只有二十萬出頭，按理說，裕元的十萬工人被裁撤到僅剩八千，會對高埗鎮造成非常大的影響。然而，我具體查了一下高埗鎮在"十二五"規劃（2011－2015 年）期間的經濟統計數據（見表 4-1），大吃一驚。

表 4-1　高埗鎮 "十二五" 期間的統計數據

年份	2011	2012	2013	2014	2015
常住人口（萬人）	21.79	21.77	21.81	21.75	21.51
GDP（億元）	79.62	83.52	102.33	110.29	117.79
社會消費品零售總額（億元）	17.95	19.38	21.92	23.59	25.09
全體居民人均可支配收入（元／人）	21771	24137	28204	29572	33929

數據來源：東莞市政府網站。

2015 年，裕元已經裁員一大半，但數據顯示，高埗鎮的常住人口數量並未出現實質性變化——高埗鎮的戶籍人口在這幾年裏一直不到四萬，剩下的十幾萬都是外來人口，但他們並未因為裕元裁員而離開高埗鎮。而且，高埗鎮的 GDP 始終保持增長狀態，居民可支配收入和社會消費品零售額也都在穩步增長，這說明高埗百姓的日子過得都還不錯。

再看一下近十年來東莞的經濟統計數據（見表 4-2）——沒顯示出一點兒經濟衰敗的影子，始終呈增長態勢。

表 4-2　東莞 GDP 統計數據（2009—2018 年）

年份	2009	2010	2011	2012	2013
GDP（億元）	3811	4308.91	4815.31	5095.95	5590.57
年份	2014	2015	2016	2017	2018
GDP（億元）	5968.38	6374.29	6937.08	7582.09	8278.59

數據來源：東莞市政府網站。

　　為什麼裕元這麼大的廠都撤了，高埗鎮的經濟卻沒受影響呢？

　　循著問題，我們來到了東莞市的 K 公司。這個公司從製作鞋底起家，現在還進入了新材料領域，2019 年 11 月剛剛上市了。公司創始人 F 先生在 1992 年進入裕元工作，逐漸做到管理層，1997 年被寶成集團派往印度尼西亞工廠做高管，幾年後回國，曾兼管越南業務。2007 年，他離開裕元自己創業。

　　F 先生告訴我們，裕元被稱為製鞋業的黃埔軍校，培養出大量的熟練工人和有經驗的管理人員。當然，進入大陸設廠的台資鞋廠有很多，裕元只不過是最大的一家而已。國內各大鞋廠的技術人員、管理人員很多都是從以裕元為代表的台資鞋廠走出來的。這些台資鞋廠不僅為大陸鞋廠培養了人才，還傳授了很多管理模式，培養、拉動了大量的供應商廠家 —— 很多供應商廠家的創始人就是從台資鞋廠走出來的。而被台資鞋廠裁掉的工人，絕大部分都被這些供應商吸收了。

　　表 4-3 統計了廣東省和東莞市的民營企業與台資企業的數目變化。表裏雖沒有區分具體的行業，但顯示了整體性的大趨勢 —— 台資企業撤離之際，這裏的民營企業迅猛成長。尤其是在 2008 年金融危機之後，這一趨勢更為明顯。而廣東省民營企業的成長，是與台資企業的拉動和培育有深刻關聯的。[1]

1　相關研究參見鄭志鵬：《外生的中國資本主義形成：以珠江三角洲私營企業主創業過程為例》，《台灣社會學》第 31 期（2016 年第 1 期）。表格中的數據也轉引自該論文，數據原始來源是廣東省統計局和東莞市統計局。

表 4-3　廣東省與東莞市民營企業與港澳台企業的數目變化（2000—2014 年）

單位：戶 年份	廣東省民營企業	廣東省港澳台 投資企業	東莞市民 營企業	東莞市台 資企業
2000	—	—	8160	2717
2001	—	—	9260	3605
2002	—	—	12529	10830
2003	—	—	16820	10969
2004	208149	33473	23225	9450
2005	238141	35672	29017	10141
2006	283870	40510	38282	10271
2007	326032	46269	48955	10041
2008	358394	40664	63241	5122
2009	431298	43940	74229	5141
2010	503520	46278	88650	5417
2011	584709	49291	104689	6114
2012	656738	50696	122703	6435
2013	614292	43377	144794	9151*
2014	754589	49815	180829	8911*

注：—代表缺少該年份的資料；＊代表東莞在 2013 年之後將包含港澳台在內的所
　　有企業一起進行統計，以至於數字大幅上揚而呈現失真的情況。

　　隨著國產品牌的鞋廠崛起，那些供應商轉而為國產品牌供貨。
考察中國鞋業的一些數據會發現：2012 年，中國產鞋 135.4 億雙，
佔全球產量的 66.3% —— 這是佔比巔峰；2017 年，中國產鞋 126.2
億雙，佔全球產量的 55.8% —— 全球產量在上升，中國產量卻在
下降，而且，中國產量的全球佔比下降了十多個百分點。但是，

2012 年中國製鞋業的收入是 5719.8 億元，2017 年是 7442.16 億元。總產量雖然小幅下降，總產值卻大幅上升，這說明中國的製鞋業在向高端方向升級。

同時，中國的製鞋業並不是全流程都轉移到越南去了。製作出一雙鞋有上百道工序，轉移出去的主要是最終粘接成鞋的工序；生產鞋材的很多工序仍然對中國的供應鏈有依賴，所以這些供應商同時也面對著更大的出口市場 —— 越南。

由此，我們可以理解，為何裕元撤走了，高埗鎮的人口數量卻沒有發生實質變化，產值也在不斷上漲。

當然，高埗鎮的產值並不僅僅是靠開枝散葉的鞋業供應商撐起來的，還有更多的產業在不斷成長。比如，眼鏡業和製藥業都已經成為高埗鎮非常重要的新產業。因此，高埗鎮的人口數量雖沒有實質變化，但隨著產業的演化，具體的從業人員可能經歷過不少次置換。

至於裕元為何放任高埗廠區處於大規模空置的狀態，由於沒能約到裕元的高層做訪談，我們無法獲知確切的原因。據一些熟悉當地情況的人說，可能是因為當地政府對於廠區土地有通盤規劃，裕元仍在與政府商談的過程中，暫時未做其他處置。不過，廠區的土地這些年已經大幅升值。

製鞋這種技術含量相對較低的行業，在珠三角的演化歷程都如此複雜，那些高技術行業又是什麼情況呢？我以智能手機業為例，簡單梳理一下。

　　2019 年發生了一件非常吸引人眼球的事情：10 月 2 日，三星關閉了在廣東省惠州市的在華最後一家手機工廠。這家工廠是三星於 1992 年在華成立的第一家工廠，最輝煌的時候，它生產的手機數量佔到三星全球出貨量的近 20%。隨著惠州這家手機工廠的落幕，三星的手機產能全都轉移到中國以外，尤其是越南。那麼，中國在相關領域的製造業供應鏈也會轉走嗎？

　　要想知道這個問題的答案，有一個很簡單的考察方式，就是看中國的手機產量是否因此而顯著下降。圖 4-1 對比了 2007 年和 2017 年世界主要手機出口國在世界手機出口總量中佔的比例。十年間，越南的佔比從 0 增長到 16% 左右，這確實是個很驚人的數字。但中國（含香港）則從 37% 左右增長到 56% 左右，這個數字更加驚人。圖 4-1 對比的還僅僅是手機的出口量，如果加上內銷的部分，2018 年中國的手機總產量其實佔了全球手機總產量的 90% 以上。

　　但有一點需要注意，90% 這個數字反映的並不是中國手機品牌的產量，而是純產量。比如，蘋果手機主要是在中國代工生產的，相應的部分也會計入中國的純產量中。所以，這個數字反映的是中國的手機代工廠商及供應鏈網絡在世界手機製造業中的地位。進入 21 世紀以後，品牌和生產已經被分離得越來越開，不能被混在一起討論。我們一談到手機，通常說的是蘋果、三星、華為、小米等品牌廠商。它們面向終端用戶，經常做廣告，遂為人所熟知。

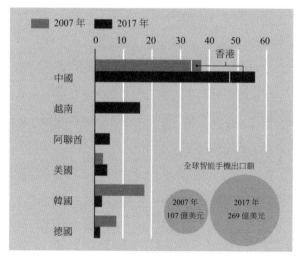

圖片來源："China's Grip on Electronics Manufacturing Will Be Hard to Break", *Economist*, 2018.10.11.

圖 4-1　主要手機出口國佔世界手機總出口百分比

但這些手機的生產過程，大部分是在提供 OEM 乃至 ODM[1] 服務的代工廠中完成的，諸如富士康、和碩、聞泰、華勤、龍旗、天瓏、與德、智慧海派等。但它們不面對終端客戶，只面對發包廠家，所以不太為人所熟知。

由前面的這些數據可知，三星手機工廠撤離中國，並沒有使中國的手機產量下降。其實三星把手機生產轉移出中國，主要是因

1　OEM，即純代工製造，是代工廠按照品牌廠商的設計方案生產並交付產品，代工廠基本上是被動完成任務，比如富士康為蘋果的代工就是這種模式。ODM，即代工設計製造，可以簡單理解為貼牌，即代工廠按照品牌廠商的要求，進行設計、製造並交付產品。ODM 模式相較於 OEM 模式，代工廠在產品研發上有更大的主動性空間。

為三星手機在中國市場上敗走。2013 年，三星手機曾經佔據中國手機市場近 20% 的份額，排名第一，這是它最巔峰的時期。但之後一路下跌，現在的市場佔有率已不足 1%，排名更是跌到十名開外。但三星在世界手機市場的佔有率仍然排名第一，在其他國家的銷量也依舊很好。這樣看來，它把生產基地轉移到對外貿易條件更好的越南當然是最優選擇。

即便如此，三星在越南的手機生產廠仍然與中國供應鏈網絡之間有著深刻的關聯。我們在廣西憑祥友誼關口岸找到了在這裏做報關代理以及國際物流的何加繼先生。何加繼從事這個行業很多年了，對於相關情況很熟悉。據他的粗略估計，就集裝箱貨櫃的數量來說，憑祥口岸的通關產品大約有 30% 是與三星相關的；就貨值來說，佔比則更大。最近幾年，每天下午四點都會有集裝箱運輸車輛在珠三角啟程，第二天早晨到達憑祥口岸，花幾個小時通關後，當天下午四點抵達越南北部的三星工廠，日日如此循環往復。何加繼從 2016 年年中開始為三星的一個屏幕玻璃供應商提供物流服務，僅僅半年時間，運輸的貨值就達到一億美元。而他所運輸的貨物，僅佔從珠三角發往越南三星工廠的貨品中非常小的一部分。更加耐人尋味的是，三星在從中國撤走生產廠之際，做了一個決策 —— 到 2020 年，要將自己 20% 的手機交由 ODM 工廠來生產。2018 年，這個數字還僅僅是 3%。[1] 而中國大陸的智能手機 ODM 產能在全球具有壓倒性優勢。

近年來，我們還經常看到蘋果公司將代工廠轉移到印度的消息。但仔細看數據的話，會發現一個很有趣的現象。圖 4-2 的統計數據顯示，2015 年，蘋果公司在全球一共有 33 家代工廠，其中有 3 家在中國以外，有 30 家設在中國；2019 年，蘋果公司在全球一共有 59 家代工廠，其中有 7 家在中國以外，有 52 家設在中國。據分析，蘋果在印度和巴西設置代工廠，主要是出於規避關稅的考慮——那裏生產的手機主要用於滿足當地市場。蘋果公司的供應鏈數據顯示，2019 年，蘋果 47.6% 的供應商位於中國，高於 2015 年的 44.9%。[2]

這些都從另一個角度告訴我們，Felix 關注的“廣州”，其力量和韌性確實是超出我們想象的。雖然它確實面臨很多問題，但很可能並不是我們在直覺上所想象的那些問題。無論你喜不喜歡，都必須直面“廣州”的供應鏈網絡的力量，理解它的內在機理，然後才能恰當地推想其未來走向。

1　Lee Shin-Hyung, "Samsung to Continue Making Phones in China", https://www.asiatimes.com/2019/10/article/samsung-to-continue-making-phones-in-china/. 韓國最大的科技新聞網站上有文章提出，三星手機 ODM 的比例在 2020 年有可能達到 30%，參見 Jihyeon Kim, "Samsung Aiming for 100m ODM Smartphones in 2020", http://en.thelec.kr/news/articleView.html?idxno=468。

2　Stephen Nellis, "Apple's Data Shows a Deepening Dependence on China as Trump's Tariffs Loom", https://www.reuters.com/article/us-usa-trade-apple/apples-data-shows-a-deepening-dependence-on-china-as-trumps-tariffs-loom-idUSKCN1VI29I.

蘋果手機的生產者在中國以外開設了一系列小的生產廠，以便應對進口關稅。但是蘋果在中國的生產規模還在繼續擴大，產品線擴展到了智能手表、智能音箱和無線耳機。

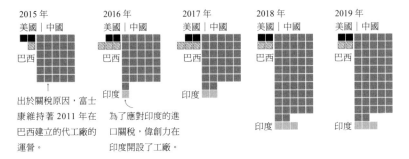

2015 年
美國 | 中國
巴西
出於關稅原因，富士康維持著 2011 年在巴西建立的代工廠的運營。

2016 年
美國 | 中國
巴西
印度
為了應對印度的進口關稅，偉創力在印度開設了工廠。

2017 年
美國 | 中國
巴西
印度

2018 年
美國 | 中國
巴西
印度

2019 年
美國 | 中國
巴西
印度

注：組裝廠的統計中，並未計入那些主要進行維修與保養的廠家。組裝廠包括富士康、和碩、仁寶電腦、緯創、廣達電腦。

圖 4-2　蘋果在全球的主要供應商[1]

1　圖片來源同上。

"智慧製造" 的兩重根

F 先生告訴我們，他的 K 公司現在面臨的一個很現實的困境並不是訂單不足，而是訂單太多，忙不過來，卻招不到足夠的工人，所以難以擴大產能。不只是 K 公司，東莞很多行業的很多工廠都面臨類似的困境。

怎麼解決這個問題呢？辦法就是更多地使用機器來替代人。當然，這會導致一些人失業。雖然有相當一部分失業的人會轉移到其他工廠和行業中（這屬於摩擦性失業），但還是會有一部分人由於技能原因，無法找到新的工作（這屬於結構性失業）。結構性失業需要通過一系列的社會福利政策來消化，而不是阻止機器替代人，否則，經濟陷在困局中，會引發更大的問題。

F 先生帶我們參觀了他的鞋底工廠，裏面已經上馬了若干台機器人。他說每台機器人可以替代四個工人。我們簡單地算了一下成本——上馬一台機器人的支出，半年之內就可以全部收回。這裏面蘊含著 K 公司的業務和技術升級的機會。

　　K 公司僅僅是一面小鏡子，把視野放大到整個東莞，我們會看到大量的企業都在做這種努力。東莞市政府也正在著力推動這樣一種產業升級，為此出台了一系列政策。諸如，在"科技東莞"工程中安排專項資金，用於推動企業實施"機器換人"；建立工業機器人智能裝備的推廣補助機制；建設針對工業機器人智能裝備企業的專業孵化器和加速器；搭建東莞"機器換人"融資租賃金融服務平台，為應用企業提供擔保、按揭、租賃等金融服務；對採用高端裝備和智能製造裝備的企業實施稅收優惠，把研發等方面產生的費用計入免稅部分。

　　市場和政府的這些努力，有了實實在在的效果。東莞的高技術製造業增加值佔規模以上工業增加值的比重，從 2010 年的 26.3% 增長到 2015 年的 37.2%；每百萬人發明專利申請量，從 2010 年的 382 件增長到 2015 年的 1338 件。東莞市的"十三五"規劃更雄心勃勃地計劃著，到 2020 年要讓高技術製造業佔規模以上工業增加值的比重達到 52% 以上。[1]

　　把視野進一步放大，會看到東莞也僅僅是一面小鏡子，整個"廣州"的企業都在努力進行類似的升級 —— 通過機器、信息系統等對人的替代，實現"智慧製造"。

---

[1] 相關信息可參見東莞市政府網站相關政府文獻，如《東莞市國民經濟和社會發展第十三個五年規劃綱要》、《東莞市戰略性新興產業發展"十三五"規劃》、《東莞市工業機器人智能裝備產業發展規劃（2015－2020 年）》、《東莞市重點新興產業發展規劃（2018－2025 年）》，等等。

但是，進一步的訪談讓我們注意到以前未曾留意的一些環節，也讓我們意識到，近年來大熱的"智慧製造"這個理念應該被拆解為兩個部分——"智慧"和"製造"。二者有著一些不引人注目但很重要的區別。

讓我們注意到這一點的，是位於東莞大嶺山鎮的港資企業冠威公司。陳志軍先生在 1993 年來到東莞之後，供職的第一家企業就是冠威公司，他在此工作了二十餘年才離開。

我們拜訪了這家公司的創始人葉仲倫先生。葉先生就出生在大嶺山鎮，1962 年輟學，隻身闖蕩香港。初到香港，他一沒技術，二沒文化，三沒人脈，只能一切從零做起。他想法子進了一間工廠做學徒，學習製作工業模具。憑著用心與刻苦，五年後他成為工模部的技術骨幹，之後一路升為高管。1977 年，葉先生獨立創業，在香港註冊成立了冠威公司，從事工模製造以及塑膠注塑加工。葉先生做企業極富工匠精神，這讓冠威公司在困境中堅持了下來，依憑過硬的技術和質量贏得了客戶。1987 年，葉先生回到家鄉大嶺山鎮開設工廠。他給冠威的定位是，儘量少做那些別人也能做的東西，一定要啃下來別人做不來的東西。經過二十多年的技術積累和工藝更新，冠威已經成為塑膠工模及注塑行業的領頭羊，是多家跨國企業在中國的指定供應商。冠威有許多獨門絕技，製造出的模具和產品連老牌模具強國——德國、日本的企業都做不出來。

葉先生帶我們從頭到尾參觀了模具生產的全流程，並為我們仔細講解。就冠威目前的生產過程而言，模具生產可以粗略分為研發、設計、編程、精密機械加工、組裝這五個環節。

在研發環節，由客戶提出要求。但客戶的要求經常只是一種功能性的描述，產品具體該是什麼樣子的，客戶也說不清。這就需要模具廠與客戶共同開發出框架性的方案。進入設計環節，模具廠會把這個框架性的方案細化為具體的操作方案。接下來是編程環節，操作方案會被轉化為數控機床上的程序。之後，數控機床開始對鋼材進行各種精密機械加工，做出模芯所需的形狀。最後，把機械加工出來的若干個模塊組裝在一起，完成一套模具的生產。

我在廠裏看到了高度自動化的精密機械加工環節，便問葉先生："隨著機器替代人的進展，隨著人工智能的發展，是不是模具的各個生產流程基本上都能自動化了？到那個時候，各個廠家都能用上差不多的生產母機，冠威引以為傲的技術、質量的優勢還在嗎？而且，到時候相關的機器被引入東南亞國家，它們也可以做出同樣質量的模具，冠威要怎麼辦呢？"

沒想到，葉先生告訴我，在精密機械加工和組裝環節，機器替代人的能力會越來越強，但是前端的研發、設計、編程環節對於生產經驗的要求非常高，機器是很難替代人的。

原來，模具的研發和設計中有一系列非常微妙的東西。比如，客戶想要在產品上實現某些功能，並對外觀有一定要求，模具廠就要與客戶探討，這種功能及外觀該用怎樣的結構設計才能夠實現。如果研發工程師和設計工程師對於具體的生產沒有經驗，就很難想到方案的很多細節是否有可實現性。這些細節諸如：注塑時該用什麼樣的材料，其物理屬性是否能實現那些細節；按照某種方案，模具材料的強度能否保證必要的使用壽命；模具的進膠點以及排氣孔位置該如何設計。要想將這些問題全都考慮周全，就需要工程師有足夠的生產經驗。

並且，這些經驗有很多是難以量化、無法言傳的。因為，對於各種材料的物理屬性，諸如膨脹率、縮水率、流動性、冷卻速度等，材料的生產廠家只能給出一個大致範圍，而不可能給出一個精確的數字。這就意味著每一種材料——無論是注塑過程還是模具本身所用的材料，在具體的生產過程中都會有誤差率；注塑過程中，進膠點和排氣孔位置的設計會影響誤差率的作用範圍；一系列生產環節的配合過程，也會產生或影響誤差率。所有這些，又都是要通過編程來落實的。複雜的結構設計，要涉及電子、機械加工、程序設計、化學、材料等多個行業，還涉及多種材料的使用、多個環節的配合。一系列誤差率疊加起來，生產出的實際產品就很可能和理想中的設計方案相去甚遠。

該如何通過巧妙的方案設計，來讓這一系列誤差率相互協調，最終將誤差率控制在可接受的範圍內呢？一方面，它需要想象力；另一方面，它需要老師傅豐富的生產經驗。但是，這種生產經驗高度依賴工匠的感悟力。這種感悟力類似於藝術直覺，無法通過簡單的講述來傳授，必須在長期的實踐中才能體悟出來。就像我們無法通過向另一個人講述如何游泳——哪怕把各種姿勢、角度、技巧講述得再好——來教會他一樣。這個人必須親自嘗試，跳到水裏，划水，嗆水，在實踐中才能學會。而且，在學會之後，他也沒法說清楚自己是怎麼學會游泳的。他能講出來的，只會是一些表面上的原理，而更深層的東西，他雖能體會到卻無法表達出來。

老師傅的生產經驗裏，有著一系列像游泳這樣的，存乎於心但無法通過講述傳達出來的知識。這種知識，學者邁克爾·波蘭尼稱其為默會知識或隱性知識（tacit knowledge），以區別於我們通常所關注的顯性知識（explicit knowledge）——後者是可以用書面文字、圖表、數學公式等進行表述的。[1]

隱性知識在本質上是一種個體化的理解力、領悟力、判斷力，鑲嵌在實踐活動當中，無法以規範化的方式加以傳遞，只能以師傅帶徒弟的方式，讓徒弟在學習過程中逐漸悟出來。但這種方式令隱性知識難以大規模地積累、傳播。波蘭尼進一步提出，隱性知識是顯性知識的前提，人類正是以一系列隱性知識為前提，才獲得學習

---

[1] 參見〔英〕邁克爾·波蘭尼：《個人知識：朝向後批判哲學》，徐陶譯，上海人民出版社 2017 年版。

顯性知識的能力的。[1]

　　規範化教育所傳遞的都是顯性知識，但正因為作為前提的隱性知識的存在，"人"才不會被規範化教育單向度地塑造，而是在學習過程中有著一種積極的主體性──通過隱性知識不自覺地決定該如何消化和理解顯性知識。這保障了"人"是學習的主體而不是客體，從而令"人"能夠突破給定知識，形成創造力。隱性知識與顯性知識在這個過程中不斷地相互作用、相互生成。

　　在這個意義上，正是隱性知識給了人以自由的可能性，把人塑造成螺絲釘的各種努力也因此在本質上都會失敗。隱性知識還有顯著的情境性和文化性。隱性知識的獲得、運用和特定問題所處的具體情景，以及主體對這一問題和情景的直覺性把握有關，也和主體所處的文化背景有關。隱性知識的這些特性，使得世界必然是參差多態的，不至墮入整齊劃一的命運，也讓人類在面對各種不確定性時，具有足夠的應對能力。因此，隱性知識對人類不僅僅有一種知

1　笛卡兒有句名言"我思故我在"，這句話裏面的兩個"我"是在不同位階上的。笛卡兒說，任何命題，只要它裏面有一點是可被質疑的，就要被暫時懸置起來，質疑到最後，發現有一個正在質疑的"我"的存在，是無法被質疑的。問題是，是"誰"發現了或觀察到了有一個"我"正在進行質疑呢？肯定是另一個位階上的"我"，這個底層的"我"觀察到了作為對象的、淺層的"我"正在進行質疑，但底層的"我"是觀察行為的主體，它本身去觀察而不被觀察；一旦你要觀察那個底層的"我"，一定有個更底層的去觀察而不被觀察的"我"作為主體，反思這個作為對象的次底層的"我"。追溯到最後，你會發現總有個最底層的"我"作為主體，它觀察一切而本身不被觀察。就像眼睛能夠看到一切，唯獨看不到自身，它最多只能通過鏡子看到自身的影像，這並不真的是它自身，只是那個次底層的"我"。這個最底層的無法被觀察、從而也無法被言說、只能被體會的"我"，就是隱性知識的載體，也是一切反思、行為的主體和前提；相對淺層的"我"，是各種顯性知識的載體。所以，隱性知識是顯性知識的前提。

識學的意義，更有著一種關乎人類命運的類神學意義。

考慮到隱性知識這個維度，我們就可以說，模具生產中精密機械加工、組裝這兩個環節是可以用自動化的機器來完成的，因為它們都屬於顯性知識的部分。而研發、設計、編程這幾個環節有著隱性知識的深度參與，僅僅靠機器或人工智能是無法完成的。

我把"智慧製造"拆分成"智慧"和"製造"這兩個部分。在通常的理解裏，"智慧"部分是可以用機器來完成的，這些都是用顯性知識能夠搞定的，我姑且稱這部分為"技術"；"製造"部分則不僅僅包括機器的工作，還必須包括人的能動性參與，需要一系列的隱性知識，我姑且把需要隱性知識的這一部分稱作"手藝"。依照這個區分，就可以進一步看出，"智慧"部分是可以用機器替代人的，"製造"部分則有相當部分是無法用機器來替代人的。

通過隱性知識和顯性知識區分出"智慧製造"當中所需要的"技術"與"手藝"這兩部分，是我們理解"智慧製造"時很重要的兩重根。[1]

過去我們討論供應鏈網絡的時候，關注的通常都是關於顯性知識的這一部分。我在分析中曾著重提出，在供應鏈網絡的規模超過某個門檻之後，勞動力成本和土地成本在綜合成本當中的佔比將大幅下降，網絡的效率才是成本控制的核心。而規模決定了效率，這就讓中國的供應鏈網絡難以被其他地方替代。納入隱性知識的概念

1　關於隱性知識與製造業關係的問題，與王劍利博士的討論給了我很多啟發。

後，這個分析還必須加入一個新的要素，那就是擁有"手藝"、掌握隱性知識的人群的規模。

"手藝"這種隱性知識是難以大規模傳播和積累的，它只能在實踐當中被體悟，而中國龐大的供應鏈網絡提供了最大規模的實踐機會。工廠能夠從中國遷走，但是這個人群的隱性知識無法跟著被遷走。遷入國的工人和工程師在"手藝"上本就不足，加上遷入國的供應鏈規模和中國差著幾個數量級，當地的工人和工程師就沒有那麼多機會發展起必要的"手藝"。這就意味著，只有那些對於"手藝"的依賴度比較低的環節，才有比較大的可能被遷移出去。這就從另一個角度解釋了，為什麼遷往越南的製造業，通常都是生產流程中最終的組裝環節，而較少是上游環節 —— 上游環節對"手藝"的依賴度會高很多。

我們甚至可以在創新層面上進一步區分出基於顯性知識的創新 —— 技術創新，和基於隱性知識的創新 —— 工藝（手藝）創新。後一種創新高度依賴師傅的經驗。有可能某個師傅在某個特定環節有著深刻的體悟，有著"一招鮮、吃遍天"的能力，從而可以在某個極小的細分領域擁有不可替代的地位，甚至自己出來單幹。但是，由於師傅的核心競爭力是一種隱性知識，無法大規模傳遞，只能通過帶徒弟，個體性地讓他們習得，師傅也就無法憑此建起一個大規模的工廠，最多只能建個小作坊。但如果供應鏈網絡的規模足夠大，網絡中就會浮現出大量擁有這種"一招鮮"的小作坊，反過來也會令供應鏈網絡擁有難以被替代的巨大活力。我們在東莞見識到了一系列這樣的"一招鮮"小作坊，它們在我們平常的視野之外，但這裏面潛藏著中國經濟活力的秘密。

隨著在冠威訪談的深入，我們又產生了新的疑問：既然研發、設計、編程這三個環節都需要師傅的經驗才能做到最好，而師傅的經驗又是從若干年前親自動手進行精密機械加工、組裝的過程中逐漸獲得的，那麼，隨著後兩個環節逐漸被機器替代，未來的師傅該到哪裏去獲得必要的經驗呢？

提到這個問題，葉先生面露憂色。他說："製作模具的技術學起來時間很漫長，現在的年輕人都不願意去下苦功夫學習技術了，更願意掙快錢。好的師傅在未來真的有可能青黃不接，這是真正讓人憂慮的。"他指著曾任冠威技術總監、坐在旁邊陪我們訪談了一整天的陳志軍先生，說："像二十多年前陳生這樣的大學畢業高才生，還肯在工廠裏從最基礎的技術學起的，現在已經很難找到了。"

陳志軍在旁邊摸著肚皮，露出了矜持而又驕傲的笑容。他確實有資格驕傲，我們在一路上聽到很多人講起有關他極高的技術水準的故事。他對於"手藝"這種隱性知識的深度理解力，想必與良好的受教育程度有著密不可分的關係。那麼，為什麼當年的大學生願意從最基礎的技術學起呢？

Overqualified

陳志軍給我們講述了當年他從湖北的國有單位南下廣東的故事。

陳志軍在 1986 年畢業於南京航空學院（南京航空航天大學的前身）的飛行器製造工藝專業，這是中國頂級的工科高校。畢業後，他進入位於湖北省荊門市的某國有研究所從事研究設計工作。1993 年，因為偶然的機會，陳志軍來到東莞，進入冠威公司工作。冠威給的月薪幾乎是他在荊門收入的十倍，如此之高的收入當然更有吸引力，陳志軍就留在了冠威。

聽到這裏，我們發現了因為特殊的歷史處境而浮現出的一種人口紅利。陳志軍受過一流的教育，有著強大的技術能力，但是在非市場經濟的條件下，他的高文化水平和能力都無法轉化為相匹配的收入。而到內地投資的外資企業是在相對市場化的條件下提供薪酬的。對陳志軍來說，即便是從很基礎的技術崗位做起，也可以獲得遠高過在國有單位的收入，所以他願意沉下心來認真學習。

　　而對冠威來說，即便給了陳志軍比在國有單位中高得多的薪酬，人力成本也比在香港低很多。而且，陳志軍的受教育水平和由此具備的技術潛力，是遠遠超過在香港能招到的同等職位的人的。陳志軍的水準相對於他在冠威任職的崗位，是遠遠 overqualified。overqualified 是說一個人的水準相對於他的職位來說過高，有些"大材小用"的意思。但我們在說某人被"大材小用"的時候，通常都會有一些為其抱不平的意思。而對"陳志軍們"來說，外資企業實際上給他們提供了巨大的機會，並不存在需要抱不平的問題，所以"大材小用"在這裏並不是個恰當的翻譯。可我實在找不到一個恰當的中文譯法，只好直接用英文來表達了。

　　陳志軍與冠威實際上是一種相互成就的關係。冠威給陳志軍提供了與自己的受教育水平相匹配的收入，讓他獲得了一種被承認的尊嚴；陳志軍 overqualified 的能力讓他雖在基層，卻可以獲得足夠多的關於生產技術的隱性知識，並憑藉自己的能力將其轉化為對冠威的更大貢獻，讓冠威獲得更好的成長，也能使自己晉升到更高的職位，獲得更好的薪酬。

　　冠威不僅招收到了陳志軍這樣受過良好教育的工程師，還招收到了內地不少高水準的技術工人。這些人在市場經濟的環境中都獲得了遠高於內地的收入，他們的能力相對於自己的職位，有很多都是 overqualified。他們與冠威一同成長，一個良性循環的過程就此展開。

　　冠威也是一面小鏡子，折射出一個大時代。內地的非市場經濟的環境，是新中國成立後幾十年的政治原因塑造出來的，它堰塞出了一個高水位的人才庫，但沒有一個恰當的市場環境讓這些人才的能量釋放出來。而外資企業進入內地、提供市場化的收入水平與發展機會，使這個高水位的人才庫找到了出口，奔瀉而下。在一般的市場環境裏，也許會有一些個體性的 overqualified 的人物存在，但他們很難構成統計學意義。而在當時中國特殊的歷史處境之下，一個龐大的 overqualified 群體出現了，並在巨大的水位落差下，爆發出難以想象的巨大能量。這是中國能夠出現經濟奇跡的一個重要前提。

中國的這種人才水位落差是一種特殊意義上的人才紅利，外資企業可以利用這一紅利獲得巨大的發展機會。我們通常談論人口紅利，都是在談論人口規模、年齡結構、人力成本等要素，卻很少觸及 overqualified 這樣一種特殊群體。這是因為這個群體有著太強的歷史特殊性，無法作為一個常規性的現象被討論。在討論中國的經濟成長時，這是一個很重要的角度。

1989 年的特殊歷史情境又塑造出另一個龐大的 overqualified 群體。那一年畢業的大學生，很多都無法去自己心儀的單位工作，只能服從國家的重新分配。我們採訪到的 C 先生，是從華南某名牌大學一個非常 "硬核" 的專業畢業的高才生，原本已經被一個心儀的單位接收，但是被這一年的大勢波及，失去了這個工作機會，被分配到根本不想去的地方。於是，C 先生索性辭掉這個工作，一咬牙去了剛剛在廣東成立的裕元公司。與他一同進廠的，還有一系列中國頂尖名牌大學的畢業生。

那個年代的大學生還很稀罕，頂尖名牌大學的畢業生更是絕對的天之驕子。若不是因為這一年的特殊歷史情境，他們多半會被分配到政府機關、銀行、大企業、大報社等很體面的地方，絕對不會想去一個鞋廠工作。裕元非常重視這些大學生，排工號的時候，不是按照先來後到的順序，而是先把這批大學生排起來，排到五十多號之後，才開始排工人的工號。當然，後來再進廠的人，不論什麼學歷都享受不到這種待遇了。

這群大學生絕對是 overqualified，並且，他們還有種特殊的情結。那就是，他們原本對未來有著巨大期待，卻被現實狠狠打擊，這種落差感遠大於陳志軍那一批人，所以他們多半還憋著一股勁兒，誓要闖出一條路證明自己。強大的內驅力再加上一流的受教育水平，他們很快就迸發出巨大的力量。儘管這 50 多個大學生在工作一年後流動走了一部分，但留下來的二三十個人都迅速成長為裕元內部極為重要的管理和技術人員，讓裕元獲得了意想不到的高速成長。裕元不過也是一面小鏡子，它折射出那個時候進入大陸的很多台灣企業的成長軌跡 —— 1989 年畢業的那代大學生的特殊歷程，令台灣企業收穫了一輪特殊的人口紅利。

因為政治原因而堰塞出的高水位人才庫，在中國形成了兩批龐大的 overqualified 人群。適逢他們的發展衝力與中國的市場化改革在時間上發生了耦合，讓當時的中國經濟奔瀉出難以比擬的發展動力。我在傾聽這些故事的時候，不由得想起四十多年前何彬的故事。經他親手調製的一把劣質琴，震驚四座，而在這琴聲背後，他有多少內心的鬱結，有多麼渴求心中的綠洲啊！中國在 20 世紀後半段，發生了太多這樣的故事。多少生動的靈魂，多少充滿力量的內心，都在沉寂中默默地等待機會。一旦突破口出現，澎湃的力量迅速爆發，沛然莫之能禦，這會成就多少奇跡。

這種政治因素導致的 overqualified 情況，太過非常規，不僅在其他國家無法複製，在中國本土也無法複製。對其他後發國家來說，這意味著它們在發展動力上與三十年前的中國有一個巨大區別。我們在河內訪談到的 JETRO 的會長說越南沒有企業家，其背後的機理也可能與此有關。

對中國來說，這意味著未來可能會出現某種人才危機。在訪談中，葉仲倫先生和陳志軍先生也都在憂慮可能出現的人才斷檔。他們在三十年前親身參與締造的經濟奇跡，那種邏輯確實很難被複製，因為歷史為此付出的代價實在是太大了。

然而，中國很有可能正在以另一種方式形成一大批新的overqualified 人群。1999 年，中國大陸開啟了高校擴招，接受高等教育的人口比例迅速上漲。1982 年，全國受過高等教育的人口僅為 443 萬，到 2015 年達到 1.71 億，佔全國總人口的 12.4%。2010年的統計結果顯示，70 後人口中有 23.1% 接受過高等教育，80 後人口中，這一比例提升為 44.8%。[1] 而美國人口普查局的統計結果顯

1　張銀鋒：《高等教育人口佔比提升至新水平》，《中國社會科學報》2017 年 5 月 3 日。

示，從 2000 年至 2018 年，美國 25 歲及以上人口獲得學士或更高學位的人數佔比僅從 25.6% 升至 35%。[1]

可以想見，再過十年，第一批 70 後開始退休，到那個時候，中國就業人口中接受過高等教育的人數佔比肯定超過一半。這一比例不僅超過世界大部分國家，也大大超過中國的經濟結構對人才的需求結構。於是，會有一大批接受過高等教育的人去做只需相對低教育水平即可完成的工作，他們顯然是 overqualified。

這群 overqualified 的人，跟前兩撥的歷史邏輯不一樣，他們會對中國經濟形成什麼樣的推動力量，我們現在還無法得知。但是，這種教育水平對於經濟發展，肯定會有一種特殊效應。它跟過去的路徑不會一樣，很可能是新的邏輯。

1　徐劍梅、劉陽：《數據顯示美國受高等教育人口比例增加》，http://www.xinhuanet.com/world/2019-02/22/c_1210065687.htm。

中國的工業化路徑

　　要探索這種新的邏輯，得先梳理清楚中國是如何走到今天的。近年來中國媒體經常引以為豪地說，中國現在是全世界唯一擁有聯合國產業分類當中全部工業門類的國家。上一章我談到日、韓路徑和澳、加路徑之分，中國作為後發國家，能擁有完整的工業體系，所走路徑顯然類似於日、韓，但方式比日、韓激進得多。[1]

　　中國在 1949 年之後的工業化進程是以計劃經濟開啟的，而計劃經濟的政治前提是共產主義革命。共產主義陣營對於世界秩序的基本理解是，要推動全球普遍進行共產主義革命，從而實現人類的最高理想，這個過程很可能會引發與西方陣營的戰爭，共產主義陣營要為這種戰爭做好準備。就當時的技術條件而言，戰爭需要的最重要資源就是煤和鋼，以及其他重化工業產品。所以，共產主義陣

1　我在下面關於中國工業化進程的討論，頗為受益於與張笑宇博士的討論。張笑宇的相關討論，可參見張笑宇：《技術與文明——我們的時代和未來》，廣西師範大學出版社 2021 年 3 月版。

營以國家力量推動工業化的過程，要先從重化工業開始。這和一般國家從輕工業開始，（如果有機會的話）再逐漸發展到重化工業的路徑很不一樣。

煤、鋼等重化工業都是 19 世紀後期發源於第二次工業革命的產物。如果我們仔細研讀經濟史，會發現幾次工業革命的邏輯差不多都是：生產技術和組織技術都發生了重大變革，生產技術上的革命需要找到恰當的經濟組織形態，才得以規模化地展開。非常粗略地說，第一次工業革命依託的是蒸汽機技術和工廠化組織技術，第二次工業革命依託的是重化工業技術和大財閥組織技術，第三次工業革命依託的是電子技術和跨國公司組織技術，第四次工業革命依託的是信息技術和分佈式組織技術。

對共產主義陣營的國家來說，第二次工業革命的生產技術已經有現成的了，學過來便是，重要的是推動組織技術變革，要把人口從傳統農業社會當中拔出來，將他們改造成組織化的現代產業工人，並把國家和社會都按照重化工業的要求改造成匹配現代化大工廠的組織模式。可以說，對後發國家而言，發展第二次工業革命的核心不是技術創新，而是組織效率上的創新。而共產主義政權的組織效率可以說是無與倫比的，因為傳統社會的結構是與重化工業所需的社會結構及文化秩序相拮抗的，而共產主義意識形態恰好會對傳統做最為激進的改造。經過重新格式化的社會，為計劃經濟的展開提供了最合適的土壤。

因此，共產主義國家以極高的效率發展出了自己的重化工業。

然而，就算不考慮倫理代價，以及過程裏國民福利的嚴重損失，這種發展模式仍然潛藏著一系列問題。

強行發展重化工業會帶來國民經濟結構的嚴重失衡，令經濟內部的生態系統存在一系列先天性不足。此外，由於重化工業不是基於輕工業的市場需求發展起來的，而是在政治規劃下發展起來的，其自運轉、自發展的能力便會很差，這反過來會讓經濟對指令性計劃有著更強的依賴性。而計劃經濟的這種綁定效應，又會抑制創新能力，因為創新的本質特徵就是不可預期性，它依賴於一種自由的環境。這種創新一旦產生，會對計劃構成嚴重挑戰，所以會被抑制。結果就是，一國在通過計劃經濟推動本國的工業革命，又吃盡其技術紅利之後——吃盡的時間與康德拉捷夫周期有關，通常是該國工業革命開啟之後三十年左右，經濟會陷入嚴重的低效狀態，國民經濟失衡的惡果到這時也會全面爆發。只有創新才能突破這種困境，但是計劃經濟恰恰抑制了這種自我迭代的經濟機制，從而走向自我否定。

中國就是在這樣一種困境之中，開始了改革開放。

實際上，共產主義國家的計劃經濟，在 20 世紀 80、90 年代，都經歷了轉型。學界將轉型路徑分為三種：第一種是自上而下的轉型，以蘇聯和東歐國家為代表，它們採取休克療法，試圖通過把國有經濟大規模私有化，迅速過渡到自由市場經濟及其所需的社會制度；第二種是由內而外的轉型，以匈牙利、捷克等中歐國家為代表，它們將國有經濟出售給跨國資本家，通過引進跨國企業來打造自由市場經濟及其所需的社會制度，並提供國內經濟與世界市場接軌的機會；第三種是自下而上的轉型，以中國與越南為代表，它們走的是混合式經濟的發展道路，在不放棄國有經濟的前提下，允許本土私營經濟以及外資經濟的發展。[1] 相比另外兩種轉型路徑，中國的路徑出人意料地創造了更為繁榮的市場經濟。這種路徑因為不觸及國有經濟體制的核心要素，被一些學者稱為 "從計劃外成長" 的模式。雖然基於國家意志的 "計劃" 在效率方面不能令人滿意，但 "計劃外" 的 "成長" 提供了 "計劃" 所沒有的自我迭代的創新能力。

1949 年之後中國經濟的發展，可以分為四個階段。先是 1949—1978 年的重工業優先發展階段，這個階段的發展邏輯深受蘇聯工業化經驗的影響，以計劃經濟手段強行推動了第一輪重化工業化，中國的重化工業實現了前所未有的發展，但造成國民經濟嚴重失衡；1979—1998 年是輕、重工業均衡發展階段，市場引導輕工業發展，開始彌補前三十年國民經濟的畸形發展；1999—2011 年是第二輪重化工業化階段，重化工業佔比再次大幅上升，這個階段的重化工業發展，與保留下來的 "計劃" 有關；2012 年至今是重化工業優化回調的階段，輕工業佔比明顯回升。[2]

重化工業相當於現代工業經濟中的基礎設施。隨著改革開放前

1　相關的學術研究已經有很多，參見鄭志鵬的《外生的中國資本主義形成：以珠江三角洲私營企業主創業過程為例》，《台灣社會學》第 31 期（2016 年第 1 期）。該文做了簡單的學術史梳理，本書在此處的簡述也是從該文中轉述而來。

2　鄧洲、于暢：《新中國 70 年工業經濟的結構變遷》，《中國經濟學人（英文版）》2019 年第 4 期。

半段輕工業的發展，過去的經濟基礎設施已不敷使用。於是，重化工業在市場引導下再度發展起來。隨著經濟基礎設施建設大致完成，輕工業在 2012 年之後的佔比再度回升。這些過程都屬於相對正常的經濟現象。

與第一輪重化工業階段相比，第二輪重化工業階段的增長機制有著深刻變化：增長的出發點和歸宿點具有較為可靠的市場導向基礎，適應居民消費結構升級的需要，技術含量和附加價值逐步提高，增長中基本形成了國有和國有控股企業、中外合資或外商獨資企業、民營企業三足鼎立的格局。[1]

而且，第二輪重化工業的發展，與第一輪之間有著很複雜的關係。我僅以大化工業為例，解釋這個問題。[2]

化工產業分為兩大類型。一類是大化工，也就是石油化工，它是生產初級原料的，比如乙烯。這類產業的特點是工廠規模和投資額都很巨大，後發國家很難純靠市場機制發展起來，就如日本、韓國只能通過財閥發展起來。大化工是現代工業基礎中的基礎，也是完整工業體系的前提。另一類是精細化工，比如生產藥品所需的化學製劑。這類產業的特點是生產流程長且複雜，每一步都需要穩定的工藝。沒有大化工的國家可以通過進口大化工的原料來進行精細化工生產，但這需要相對較好的國際貿易環境。

1　劉世錦：《對中國進入新重化工業階段的解析》，《經濟前沿》2004 年 Z1 期。

2　下面關於大化工問題的探討，相當部分是直接轉述了我與孫亞飛博士的討論，其中主要的知識貢獻都源自孫亞飛博士。

　　國際上，大化工的第一梯隊企業在西方有著名的"七姐妹"公司之稱，包括美孚、殼牌、BP（英國石油公司）等公司。它們都跟洛克菲勒有關，基本上控制了上游石油開採資源以及主流的加工技術。沙特阿美依靠當地豐富的原料，而位列第二梯隊。此外，中國的中石油、中海油、中石化等大型國企，也都屬於第二梯隊。第二梯隊的技術相比第一梯隊還是有一定差距的，但大化工對於市場規模的依賴度比較高，所以中國有著特殊優勢。

　　中國的大化工技術是分兩次引進的，第一次是在 20 世紀 50 年代引進了蘇聯的技術，第二次是在 20 世紀 70 年代引進了西方的技術。第二次技術引進早在 1972 年尼克松訪華之後就開始了，當時，美國出於牽制蘇聯的考慮，向中國輸出技術。但中國成體系地從西方引進技術，則是改革開放之後的事情了。中國的大化工真正起步，靠的就是第二次技術引進。

　　不過，儘管第一次引進的技術，到後來已經過時，從長期來看並沒能推動中國大化工的發展，但它有一個重要意義，就是讓中國對於大化工該如何發展有了基本的理解，從而使第二次技術引進有了相對的自主性。如果第一次引進沒能吃透，那麼第二次引進的時候，中國由於欠缺基本知識，就只能讓西方企業到中國直接建廠，中國也就沒法相對自主地決定要建什麼樣的工廠，要引進什麼樣的技術。也就是說，第一次技術引進雖然沒能讓中國發展起有市場活力的大化工業，但是讓中國擁有了關於大化工業是什麼樣子的必要的"隱性知識"，這樣一來，在第二次技術引進的時候，中國才有了必要的談判能力和籌碼。否則，中國的發展路徑就不會是後來的樣子，也就不一定能形成完整的工業體系了。

大化工業的案例讓我們看到，在中國，第二次工業革命的產業是如何靠國家意志推動建立起來的。這些產業屬於現代經濟的基礎設施，但僅靠基礎設施，經濟是沒法獲得活力的，真正的活力來自基礎設施上面運行的各種生機勃勃的其他經濟主體。

中國擁有較為發達的第三次工業革命的電子技術產業和第四次工業革命的信息技術產業，它們才是我們日常能看到的各種經濟活力的基礎。它們不是靠國家意志，而基本上是在市場力量的推動下發展起來的。正是它們的勃勃生機，才能反過來讓那些基礎設施性的產業獲得活力，否則，這些重型產業大概率會淪為與來自蘇聯的第一次技術引進所建成的產業同樣的結局 —— 如果光有公路卻沒有車，公路本身也就沒有意義了。同時，如果沒有基礎設施性的產業作為前提，中國後兩次工業革命的產業未必能發展到今天的高度 —— 如果沒有公路，車也跑不起來。幾次工業革命的產業，在中國經濟當中有著複雜多元的複合性關係，無法被單獨拎出來抽象討論。

"樞紐" 與 "雙循環" 的進階版

　　在現代工業經濟中，產業秩序是環環相扣的 —— 在此，我姑且用近代以來的幾次工業革命來指代產業秩序。每一次工業革命的核心產業在初起之際都能獲得超額利潤，隨著技術不斷擴散，這個產業的利潤率會下降到平均水平。但是，這個產業會構成下一次工業革命核心產業的基礎設施或者前提。比如，第三次工業革命的電子技術產業，其生產能力就是以第二次工業革命的重化工業產業為前提的；第四次工業革命的信息技術產業中，信息經濟的硬件生產是以第三次工業革命的電子技術產業為前提的。

　　基於上述一系列分析，我可以對《樞紐》一書做出的 "中低端製造業向中國的轉移具有終局性" 這一假說，以及由此衍生出的世界經貿 "雙循環" 結構的假說[1]做進一步的發展，形成 "進階版" 的假說。但要強調一下，以下討論的產業，基本上還是在中低端意

---

[1]　施展：《樞紐：3000 年的中國》，三聯書店（香港）有限公司 2019 年版，第七章第一節、第二節。

義上，高端部分仍然是由西方世界主導的。不過，世界上大部分產業顯然都是屬於中低端的。

　　第二次工業革命的核心重化工業產業要想發展起來，[1] 需要國家意志推動，並且，這個產業的效率對市場規模比較敏感。因此，這些產業大致是終局於中國的。第三次工業革命的核心電子技術產業又對重化工業有高度依賴性，這使得中國在電子技術產業上同樣具有巨大優勢。但這並不排除其中有些環節，尤其是對供應鏈依賴度相對較低、人工成本佔比較高的環節，會向其他國家，尤其是東南亞國家轉移。並不是每一個國家都需要有完整的產業結構的，一個國家完全可以通過國際貿易與其他國家形成協作關係，藉助其他國家的產業秩序作支撐，發展本國有比較優勢的產業。中國與東南亞國家之間很可能就是這種關係 —— 中國製造業向東南亞的轉移，在很大意義上是一種溢出，而不是轉走。

　　至於第四次工業革命的核心 —— 信息技術產業，還在發展中，其核心動力是創新。這一輪創新是由兩條腿來支撐的：一條腿是技術創新，它依賴的首先是足夠自由的經濟生態環境和法律生態環境，美國在這方面有著明顯優勢；另一條腿是商業模式創新，它依賴的首先是足夠大的市場規模，中國在這方面有一定優勢。

1　第一次工業革命的核心產業是紡織工業（通常說蒸汽機的使用帶來了工業革命，但蒸汽機只是一種新的動力來源，本身並不構成巨大規模的產業），紡織工業至今仍然是後發國家走上工業化道路時通常選擇的第一步。但是紡織工業屬於輕工業，它並不構成其他工業部門進行生產所依賴的基礎設施，所以這裏的討論就從第二次工業革命的核心產業重化工業開始，對第一次工業革命不做過多討論了。

　　與前幾次工業革命的技術相比，信息技術的應用徹底擺脫了空間的限制，完全穿透國界，進而對傳統的國際法權秩序提出了深刻挑戰。第一次工業革命以來的歷史告訴我們，在這種情況下，一定是法律、制度、企業組織形態和社會組織邏輯等發生演化，以適應技術和經濟的演化。嘗試用政治或法律手段去逆轉技術的演化邏輯是無法成功的，反倒會讓轉型過程充滿更大的不確定性。而且，信息技術的運行對物理硬件有依賴，仍然需要重化工業和電子技術產業所提供的硬件製造能力，這些製造業也會隨著信息技術的演化，開始改變自己的企業組織形式。

　　具體觀察中國經濟中這幾次產業革命的發展邏輯，我們會發現，依託國家主導的力量發展起來的重化工業，作為工業經濟的基礎設施，很可能不是效率導向，而是特定意義上公共服務導向的。電子技術產業和信息技術產業則主要是靠市場的力量，依託民營經濟發展起來的。尤其是信息技術產業，它的高速迭代反向拉動了電子技術產業的重構，電子技術產業也會高速迭代，這就要求這兩個產業領域的企業都必須有足夠高的經營效率和靈活性。而這一點，唯有在市場競爭中拚殺出來的民營企業才能做到。當然，這裏的討論都是框架性分析，不排除有特定的具體產業不在這個解釋框架裏。比如，電信運營商在很大程度上會受到國家意志的影響，因為它的核心資源 —— 通信頻段，並不完全由市場來分配。[1]

1　關於通信產業的問題，與劉天喜博士的討論給了我很大啟發。

綜上所述，中國的"樞紐"地位和世界經貿秩序"雙循環"結構這些假說的進階版就是一種多層級結構。

第二次工業革命的重化工業產業，對於國家意志和市場規模有著敏感性，中國大致能佔據樞紐地位。

第三次工業革命的電子技術產業，則會有一些產業環節（而不是整個產業）從中國轉移到東南亞。在這個意義上，中國與東南亞加在一起佔據樞紐地位。但中國在其中有較強主導性，這根植於中國供應鏈網絡的規模，以及中國在重化工業產業上的優勢。

第四次工業革命的信息技術產業，由美國主導，但中國在其中具有一定的影響力。一方面是因為，中國超大市場規模能帶來商業模式創新上的優勢。近幾年全球十大互聯網公司排名裏，基本上都是六家美國公司，四家中國公司，這就可以說明問題。另一方面是因為，中國在信息技術產業的硬件製造環節具備優勢。但中國的優勢都是處在從屬性地位的：信息技術的最核心技術——無論是硬件還是軟件，都還是掌握在美國公司手裏；信息技術會推動國際法權秩序發生一系列變遷，進而倒逼很多國內法權秩序、企業和社會組織形態發生一系列變遷，而美國在法權規則制定方面有很強的優勢。

基於中國（及東南亞）的"樞紐"地位，以及全球經貿秩序的"雙循環"結構這兩個假說，我們還可以識別出兩種類型的雙循環。一種雙循環結構與政策無關，純粹是由中國基於市場過程而形成的一系列比較優勢帶來的，姑且稱之為"雙循環A"；另一種雙循環結構是由於政策干預（人為改變特定的要素價格，令中國形成相對於其他國家的不對稱競爭優勢）帶來的，姑且稱之為"雙循環B"，雙循環B中蘊含著中國的國民福利損失。[1]

雙循環A源於市場過程，相當程度上是基於中國民間的動能，這是中國真正的比較優勢所在，也是全球經濟治理秩序在改革時需要順應的。各種內外政治層面的不確定性，會對雙循環A有所擾動，導致它出現某些變形，但隨著技術、公司和製造業邏輯等的演化，民間社會的經濟秩序演化路徑和主權國家的經濟—貿易政策所構想的路徑，會越來越走上兩條分岔的路向。

再來看雙循環B。一旦政策干預撤銷了，雙循環B是有可能坍縮掉的，所以貿易摩擦有可能改變它。從另一個角度來看，如果雙循環B真的坍縮，會有助於恢復被扭曲的要素價格，對於中國的國民福利是有好處的。

在對雙循環做出兩種類型的區分後，我們有必要重新審視貿易摩擦及其影響。

基於這一系列分析，我們就可以在新的角度上觀察中國的各種經濟政策。從全球角度看來，中國是少有的同時擁有全部四次工業革命產業的國家。但是不同梯次的產業具有不同的經濟邏輯，因此，對中國經濟及其與世界經濟關係的理解，必須分層次、分位階地展開。進而，中國經濟所需要的政策邏輯也是要分層次、分位階

---

1 我關於"雙循環A"與"雙循環B"的思考，受益於與張笑宇博士的討論。

制定的，不能籠統劃一。

然而，中國很微妙地處在一種政策慣性的風險中。中國較為成功地依憑國家意志推動了重化工業的發展，這種成功經驗會形成一種政策慣性，讓國家本能性地想象，第三次和第四次工業革命的產業也都可以仿照第二次工業革命的產業政策而獲得成功。但這無疑陷入了一個盲區，忽視了不同產業秩序有不同的政策需求。

尤其是第四次工業革命的信息技術產業，它對主權國家有著強大的穿透力。要想有效回應這種技術在政治、社會等各方面的挑戰，很可能需要一種新的去國家化的分佈式組織技術。重化工業時代的政策邏輯，是根本無法匹配信息技術時代的需求的。但這並不代表中國只需要匹配信息技術產業的政策就足夠了，這種理解是陷入了另一個盲區。中國需要的很可能是一種更多層次、更加複合性的政策。但這種政策的形成，要基於對不同梯次產業邏輯的恰切理解。

在這種多層次、複合性的政策中，針對第二次、第三次工業革命產業的政策，更多應該是守成性的。原因在於，這些產業構成了第四次工業革命產業的基礎設施，中國在這些產業領域已經是當仁不讓的世界工廠；它們目前多半已落入平均利潤率的階段，雖然能夠帶來正常的經濟回報、提供很多就業崗位，但我們不能期待它們帶來太多額外的東西。因此，守成性的政策更加合適，政府在這些領域應當扮演守夜人的角色。如果政府在這些領域有著過度進取的政策，大概率會造成資源的低效率使用，導致國民福利的損失。

　　而針對第四次工業革命產業的政策則應該是更富創造性的。這種創造性很可能表現為，政府退居幕後，民間力量更多地站到台前。因為第四次工業革命需要的分佈式組織技術具體會是什麼樣子，現在沒人能夠說清楚。但我們知道的是，政府更擅長集中式的組織技術，而分佈式組織技術的演化天然適合以民間力量為主。並且，我們在這個問題上還可以對跨國的民間力量抱有更多期待，因為信息技術對國界具有穿透性，新的秩序及新的法權原則的演化生成當中，需要一種有跨國視野的民間力量參與。

封裝式思維與商人秩序

　　基於前幾章的分析，我們可以看到，信息技術的應用以及製造業的生產流程正日益成為跨國性的存在。我在第一章裏曾經引用過一系列數據：在 20 世紀 90 年代，國際貿易中有 70% 是成品貿易，30% 是零部件、原材料等中間品的貿易，大部分生產流程都是在單個國家內完成的；到 2018 年，這個比例正好反過來，國際貿易中有 70% 以上都是中間品貿易，成品貿易的佔比下降為 30% 左右，大部分生產流程都是跨國完成的。由於技術和生產邏輯的演化，中間品貿易的比例在未來很可能還會繼續上升。從這些數據也能看出，由商人撐起來的經濟空間與國家主導的政治空間重疊的部分日益減少。簡單地以國家為單位來思考經濟問題，會越發與實際情況錯位；既有的以國家為參與主體、商人聲音很微弱的國際經濟治理秩序與其治理對象之間，也越發不匹配了。

　　經濟空間脫離政治空間的這種狀況是近十幾年發展出來的。而我們現在所熟悉的以政治空間為單位來觀察和思考經濟、社會乃至文化等各種問題的方式，則有著二三百年的歷史。這種思維方式會讓我們本能地把各種問題都封裝在一起思考，政治空間則是用來封裝這些問題的外殼——我稱之為一種"封裝式思維"，民族主義就是這種思維方式的典型表現。封裝式思維會簡化複雜的世界，以便塑造共識，並轉化出政治動員的效果。但它會遮蔽真實秩序，在這種思維模式下，我們對世界的理解和態度可能是扭曲的。不過，只要扭曲不超過某個"度"，封裝式思維帶來的簡化性還是有歷史效用的，因此，民族主義在近代以來一直是個歷史潮流。可一旦超過了某個"度"，封裝式思維就會帶來很大的問題。今天，封裝式思維讓我們越發無法看清楚經濟空間的實際邏輯，已經到我們需要突破它的時候了。

　　人的觀念轉換經常是滯後於實踐過程的，往往是實踐已經往前走了很遠，觀念還停留在上一個階段。由上一個階段的觀念形成的目標設定、政策規劃等，便都會是偏曲的。這些偏曲的目標與政策很難在實質上逆轉實踐演化的方向，但無疑會增大摩擦係數。封裝式思維引出的政策，是導致貿易摩擦的原因之一，封裝式思維還會讓我們在解讀貿易摩擦、思考產業轉移等問題時，陷入一種思維陷阱中。這是因為，封裝式思維作為一種思維範式，很容易從政治空間延伸到其他空間中去。比如，一種產品的生產有很多流程，我們在對生產流程進行想象時，很容易會把它們封裝在單個工廠的空間中，看到工廠的轉移，本能地就會聯想到整個生產流程的轉移。這種封裝的想象方式在過去也許是對的，但今天的情況已經不符合這個邏輯了。這種思維方式造成的扭曲在今天便突破了那個 "度"。

封裝式思維的政治外殼通常是民族主義,另一種思維嘗試以激進的方式突破這個外殼,便走向了世界主義。民族主義和世界主義看似彼此對立,但有一個共性,就是它們都是基於抽象的理念而有意無意地遮蔽了現實。在這個意義上,我們甚至可以說,世界主義是一種 "開放式的封裝"。而在這兩種抽象理念之間,還存在著一個廣闊的實踐世界。這個實踐世界雖然是真實的,但很容易被那些抽象的理念遮蔽掉。現代國家的國民教育就是隨著民族主義的普遍展開而逐漸形成的。[1] 因此,教育過程會強化這種或那種"封裝"對於觀念的塑造,以至於人們的頭腦裏存在著理念與實踐之間的隔閡,卻不自知。在今天,隨著政治秩序和經濟秩序的日漸分離,理念和實踐之間的隔閡也越發嚴重,我們越發需要一種觀察世界以及構想未來秩序的新視角。[2]

本書的前幾章仍是從宏觀結構角度展開思考和觀察的,嘗試從超越國家政治空間的角度來探討問題。但要真正把封裝式思維打開,還必須進入實踐世界中,看看真實的經濟空間是如何運作的。真正支撐經濟世界運轉的是商人,所以,我們對實踐世界的觀察必須要進入一種微觀視角 —— 觀察商人秩序。這會幫助我們打開因

1　關於國民教育與民族主義之間的關係,可參見 [美] 本尼迪克特・安德森:《想象的共同體:民族主義的起源與散佈》,吳叡人譯,上海人民出版社 2005 年版。

2　與林國榮教授的討論,給了我很多啟發。林國榮教授的相關思考可以參見他的待刊書稿《帝國、帝國主義與戰爭》。

封裝而帶來的盲區，揭示出以前注意不到的一些重要趨勢。

回溯歷史會發現，人類的秩序演化史長期以來都是兩種秩序——商人秩序和政治秩序纏繞著共生發展的。政治秩序作為封裝外殼遮蔽了商人秩序，成為唯一的顯性秩序，僅僅是最近兩三百年的事情。這期間商人秩序仍然在運作，只是不易被注意到，僅作為一種隱性秩序存在而已。技術和經濟的演化很可能正籲求著商人秩序以一種潤物細無聲的方式突破封裝外殼，重新浮現為顯性秩序。

所以，本書對宏觀結構的討論暫時告一段落，接下來幾章會轉向對商人秩序的觀察。尤其會以越南為例，嘗試通過對在越南的中國商人秩序的觀察，呈現出實踐世界的真實邏輯。這個實踐世界不被政治空間封裝，而是以各種方式穿透我們習以為常的國界。就像中微子無時無刻不在穿透地球，我們卻很少意識到一樣。

要觀察在越南的中國商人秩序，需要從兩個層面入手：一是在越南的中國企業，二是在越南的中國人。這些身處實踐世界一線的人，每天都要直面真實的問題。要回應這些問題，他們就必須不斷把自己從封裝式思維中強行拔出來。在這個過程中，他們會形成一系列在大眾視野之外的隱性知識，構成我們暢想未來可能的商人秩序的基礎。

第五章

全球化公司的正確姿勢

AQUA 是誰

在胡志明市的一家高檔餐廳裏，張守江拿出自己的名片，遞給了一同來參加晚宴的人。

接到名片的中國人看著這個陌生的品牌名字，問他："AQUA 是做什麼的？AQUA 是哪裏的？你是中國人嗎？"

接到名片的越南人說："你是 AQUA 的董事長呀！我家的冰箱、洗衣機都是 AQUA 的，非常好用，性價比很高，設計很先進。"

接到名片的韓國人說："你來自 AQUA 呀！我為三星做配套，他們很尊重你們，你們很強大。"

接到名片的日本人說："我知道 AQUA，這是中國品牌，松下就是你們的競爭者。我的公司與 AQUA 和松下都是合作夥伴，日本企業很重視與 AQUA 的競爭，拿 AQUA 當標杆來研究。"

張守江對我說到這段經歷時，苦笑著搖了搖頭。他是海爾（越南）公司的董事長，但是海爾在這裏有另外一個名字，就是

AQUA，這個名字極少為中國人所知。截至 2019 年，AQUA 只在三個國家做推廣 —— 日本、越南和印度尼西亞。

看到日本與越南、印度尼西亞並列，你可能會覺得很突兀，實際上，AQUA 原本就是個日本品牌。2011 年 7 月 28 日，中國海爾集團與日本三洋電機株式會社簽署併購備忘錄。海爾收購了三洋在日本、越南、印度尼西亞、菲律賓和馬來西亞的白色家電業務，包括 AQUA 品牌。2012 年 1 月，海爾集團旗下負責日本與東南亞業務的子公司 "海爾亞洲" 開始正式運營 AQUA。從 2012 年至今，AQUA 在越南已成為僅次於三星的高端白色家電品牌。

從海爾進入越南的時間點就能看出，它並不是因為貿易摩擦，而是出於全球市場戰略佈局的考慮。收購的方式可以幫助企業更快獲得對於當地市場的理解，更快建立起渠道。目前，海爾在全球一共有 122 家工廠，其中 54 家設在海外；在全球一共有十大研發基地，其中八個設在海外 —— 這些設置都是出於海爾全球化市場戰略佈局的考慮。實際上，不僅海爾如此，全球性的大企業一般都會有類似的考慮。它們拒絕被局勢推著走，習慣主動從全球佈局的角度來安排具體的生產與研發。中國的其他國際大企業也是一樣的，比如這次我們在越南採訪到的 TCL[1]，它在 1999 年就通過收購的方式進入越南。因此，對於大企業的這種佈局，我們不能用生產基地

1　TCL 集團為我們在越南的調研提供了非常多的幫助，但因時間所限，我們未能對 TCL 的越南案例也做出足夠深度的調研，以致無法將它在海外的一系列非常有價值的努力呈現出來，甚為遺憾，希望以後能有機會彌補。

"遷移" 的概念來理解。

AQUA 在越南白色家電市場最主要的競爭對手就是三星。前文提過，三星這一家公司就佔據了越南 GDP 及出口額的 1/4 左右。這當然存在一定隱患，但越南人似乎不覺得這有太大的問題，他們非常推崇三星的產品，因為他們對於日韓公司有著相對較高的信任度。這種信任度的背後是一種品牌力 —— 在越南人眼裏，日韓品牌代表的就是高質量。

海爾公司在越南使用 AQUA 而不是海爾這個品牌，與它對品牌力的理解有著深刻的關係 —— 它看到了中國公司在品牌方面摔過的大跟頭。

摩托車的滑鐵盧

　　這個大跟頭主要是中國的摩托車公司摔的。

　　越南是摩托車大國，全國有九千多萬人口，幾乎每兩個人就有一輛摩托車。在巨大市場的誘惑下，中國摩托車於 1999 年強勢進入越南市場。1998 年，越南摩托車市場幾乎是日本品牌的天下──日本摩托車在越南的市場份額達到 98%；三年後，中國品牌的摩托車後來居上，佔領了越南 80% 的市場。

　　但是，第一的位置來得快，去得更快。2003 年，中國摩托車在越南的頭把交椅就被日本摩托車搶回去了。之後，中國摩托車在越南全線敗退，徹底失去和其他國家摩托車競爭的能力。根本原因就在於，“中國品牌”的摩托車失去了越南人的信任。品牌力一旦喪失，再想重建是非常困難的。

　　為什麼中國摩托車的品牌力這麼快就喪失了呢？一大原因是，中國摩托車進入越南之後，側重的是價格競爭策略，而不是品牌競爭策略。

　　當時，越南市場上中國摩托車的平均價格比日本、韓國的摩托車普遍要低一半以上，在這種明顯的價格差距下，中國摩托車當然就會迅速搶佔市場。但是，這種策略在後來引發了惡果。

　　最初，只有少量中國摩托車品牌進入越南市場，它們與外國品牌打價格戰的時候，競爭仍然維持在某種限度之內。所以，中國摩托車的質量仍是有所保證的，中國品牌在越南人眼中是一個物美價廉的好形象。但是，由於越來越多的中國摩托車企業湧入越南市場，價格戰迅速升級。

　　中國企業彼此之間互相壓價、惡性競爭，而越南渠道商為了自身利益，煽風點火、挑動價格戰。越南市場上，中國摩托車的價格越賣越低，利潤被攤得極為微薄。在這種情況下，企業若想維持經營，只能從產品質量上動腦筋。結果就是，中國摩托車的價格遠低於日本摩托車，但使用壽命同樣遠短於日本摩托車。這個趨勢愈演愈烈，中國摩托車的質量越來越低劣，引發了多起交通慘劇。最終，中國摩托車品牌在越南成為劣質、低價的代名詞。

　　那些沒有品牌力、只能拚價格的中國摩托車企業，很快就敗退而去。可惜的是，那些原本有一定品牌力的中國摩托車企業，也在"中國品牌"這個帽子下，被越南人一併排斥。到今天還堅守在越南的中國摩托車企業在技術和質量方面是沒有問題的，但越南人就是不買賬。普通越南民眾認為，騎中國產的摩托車是一件很沒面子的事。

　　在中國摩托車企業的競爭壓力下，日本本田在 2002 年開始推出相對便宜的摩托車，但並未犧牲品質。隨著中國摩托車自毀長城，本田逐漸奪回陣地，重新佔領了越南 80% 的摩托車市場，中國摩托車在越南的市場份額則跌落到不足 5%。今天還有一些中國摩托車企業堅守在越南，但它們主要是給其他國家的摩托車企業提供發動機 —— 發動機的質量一流，生產商們都認賬，但是整車仍然很難獲得越南消費者的認可。

品牌力的影響蔓延到各種領域。韓國、日本品牌在越南人心裏就等於高品質、高質量，而中國品牌的低質量形象，則泛化到越南人對各種中國產品的印象中。

一個國家的品牌形象是個系統工程，文化的傳播則有著更加潛移默化的影響。

韓國品牌在越南的影響力無處不在。走在越南，隨處可見三星的廣告，市中心的地標建築是樂天瑪特的購物中心，街邊遍佈著新韓銀行的 ATM（自動取款機），韓國餐館更是隔幾步就有一家。越南很多年輕人的打扮非常有韓國範兒，從越南電視上播放的綜藝節目中也能看出韓國節目的影子。這些 "韓風" 的流行，得益於韓劇在越南的廣泛傳播。通過韓劇，韓國的一系列文化理念、價值理念、生活理念和品牌理念被越南人接受、追捧，反過來促成了韓國品牌在越南人心中的高端形象。

中國電視劇雖然在越南也挺流行，但是跟韓劇相比，有著類型上的差異。我訪談到的幾個越南人 —— 包括河內國家大學的年輕女教師 MAI（梅），平陽省 T 公司的越南僱員 Jenny，還有同奈省幸福中餐廳的老闆娘、嫁給一位定居當地的中國人的前越南空姐武孝幸，都告訴我，越南流行的韓劇主要是現代愛情劇，比如《花樣男子》、《秘密花園》、《繼承者們》、《來自星星的你》、《太陽的後裔》等，每年至少有一部韓劇會在越南大火。而越南流行的中國電視劇則主要是歷史古裝劇，比如常播常新的《還珠格格》、《西遊記》、《三國演義》、《新白娘子傳奇》等，再比如較新的《甄嬛傳》、《琅琊榜》、《羋月傳》、《延禧攻略》、《那年花開月正圓》等，個別的現代劇也會流行，比如《歡樂頌》。Jenny 甚至進一步細分，指出韓國現代劇的主要觀眾群體是年輕人，中國歷史劇的主要觀眾群體是中老年人。不過，武孝幸並不認為有這種代際差異。

　　無論有沒有代際差異，我們都可以看到，中韓兩種文化產品會在消費引導上帶來差異。韓國的浪漫愛情劇講述的都是現代故事，劇中演員和服裝都很漂亮，這些可以直接轉化為越南人對現實韓國及其文化風尚的想象。因此，韓劇對現實消費的拉動力非常強，進而會傳導到韓國品牌在越南消費者心中的形象。中國歷史劇雖然故事厚重、文化豐富，但是與現代生活有隔閡，無法轉化為越南人對現實中國的想象，也就無法拉動現實的消費風尚。越南人對於現實中國的想象，更多是通過國際政治獲得的，但中國對其而言並不是一個特別友好的形象。這反過來會進一步降低中國品牌在越南人心中的親和力。

為何 AQUA

海爾在進入越南市場的時候，就面臨這樣一種現實處境。

一方面，中國品牌在越南不是高端的象徵，如果強化自己的中國品牌身份，海爾在越南就很難發展到高端領域。另一方面，從國際政治角度來說，越南雖然意識到自己的發展離不開中國，但仍然會本能地擔心自己被中國控制，所以對於中國人和中國品牌的印象都不是特別好。

所以，海爾作為一個國際大企業，在越南發展的一個核心戰略就是品牌戰略。但這是個需要緩慢摸索的過程。

海爾在剛剛收購三洋之際確定了雙品牌的戰略：五年之內，同時運營海爾品牌和三洋品牌，同時在運營過程中培育三洋原有的一個產品系列子品牌 AQUA；五年後，運營 AQUA 品牌和海爾品牌。管理上也要先依靠原有的日本管理團隊，再慢慢過渡到中國的管理團隊。由於涉及日本、中國、越南多方的管理機制和企業文化的調適，所以過渡進行得比較緩慢，到 2017 年，管理團隊仍是日本人，產品在市面上也還是以三洋的面目出現。但意外的是，正因為過渡緩慢，反倒讓海爾躲過了一些越南反華運動的衝擊。

海爾在越南的管理團隊觀察到了這一系列過程，隨即提出建議：調整原先的品牌過渡戰略，將雙品牌戰略轉型為 AQUA 戰略，當地消費者對於 AQUA 有一定的認知，將其上升為主品牌的難度並不大。這個新方案很快就獲得了董事會批准。又過了三年多，當年在總部作為越南項目的核心負責成員之一、曾參與決策將品牌轉換到 AQUA 的張守江，來到越南擔任 AQUA 的董事長。他繼續推進這一品牌戰略，淡化 AQUA 的國籍屬性，讓用戶更多關注它的品牌屬性和產品屬性。

為了呈現品牌的高端定位，AQUA 在渠道上花了不少力氣。AQUA 盡力確保在主要的渠道門店有自己的展示牆，並且跟三星的產品牆並列，這能給消費者留下深刻的印象 —— AQUA 是三星的主要競爭對手。同時，AQUA 還精心設計自己的廣告視頻，洗衣機的波輪被呈現得像宇宙飛船一樣，充滿了時尚感和科幻感。AQUA 在臉書上有幾十萬粉絲，它在主頁上發佈了這個廣告視頻。

這些努力最終收到了成效，AQUA 成功地被越南人接受為中高端品牌。張守江帶我們去賣場切身感受了這一點。從越南最大的全國連鎖電器賣場 Điện máy xanh（綠色電器），到鄉鎮的小賣場，都能看到 AQUA 陳列在比較顯眼的位置。我們依照他的指點，比對了賣場裏同樣容量的各種品牌冰箱，發現 AQUA 的價格確實比其他品牌的更高，但略低於旁邊陳列的三星的價格，不過，二者相差並不多。可以看出，AQUA 品牌的溢價效應已經很明顯了。

參觀完賣場，我問張守江："你什麼時候會考慮把 AQUA 這個品牌改成海爾呢？"張守江笑了："海爾總部也問過我這個問題，我明確回覆，我就沒打算改成海爾，準備一直用 AQUA。除非到了某一天，我們在越南市場上佔據了不可撼動的壓倒性優勢，我也許會考慮推出全新的海爾品牌。但那時候的海爾，一定要定位成更高端的成套智慧家電的品牌。"

這個答案讓我意識到，我在提問的時候就已經進入了某種思維誤區，本能地從中國本位的角度來思考問題，認為海爾才是這個企業應該有的標識。然而，對於一個真正國際化的大企業來說，不應從特殊的區域本位出發來思考問題，而應從全球戰略的高度出發來形成並實施具體策略。

"海爾"是我作為一個中國人所熟悉的標識，但作為一個跨國企業，海爾不需要在全世界任何地方都以這個面目出現。因為全球化並不一定是把自己的唯一形象推向全球，成功的全球化反倒需要成功的本土化。否則，公司品牌可能會與當地的社會、文化產生非常多的排異反應，無法融入當地市場，最終導致全球化失敗。

企業在經營中倘若執著於國家屬性這種政治性，便會遮蔽掉本應聚焦的商業性。實際上，反觀歷史，政治性被提到前台，甚至在很多情況下被設定為第一優先排序，僅僅是最近這兩三百年的事情，這是民族主義理念塑造出來的結果。在此前的歷史上，政治與商業是有各自的領域的。兩個領域雖會相互影響乃至相互博弈，但不會相互設定邊界，處於一種"政治的歸政治，商業的歸商業"的狀態。而民族主義的敘事中隱含著要以政治為其他領域設定邊界的理念，也就是把各種領域都用"民族"這個意象給封裝起來。可是，政治、經濟、文化等領域的空間通常是不匹配的，由政治來設定各種邊界、進行封裝的嘗試，會給諸領域帶來很多不必要的摩擦。

在 19 世紀初民族主義初起之際，第一次工業革命尚未全面展開，各國的政治、經濟、文化等空間還勉強有著大致的匹配性，所以民族主義的敘事還不會帶來嚴重問題。但是到了 19 世紀後期，隨著第二次工業革命的廣泛展開，西方各國在經濟上的相互依賴關係越發深入，但各國因民族主義狂熱而在政治上越發尖銳對立，幾種空間的不匹配性最終引發了一戰。在一戰後的凡爾賽會議上，經濟學家凱恩斯發現，戰勝國的列強還是僅僅從民族主義政治的角度出發來設置和約，甚為震驚。他迅速寫了一本小冊子，極力呼籲必須從全球經濟空間的角度著眼，設置一種超越於民族主義之上的普遍秩序，否則必將帶來下一次世界大戰。[1] 很可惜，凱恩斯的呼籲沒有人聽，而他的預言在二十年後不幸應驗。到二戰行將結束，盟國開始規劃戰後秩序的時候，人們才想起凱恩斯在二十年前的倡議，終於以其為基礎設計了二戰後的世界治理秩序方案。

1　參見［英］約翰·梅納德·凱恩斯：《和約的經濟後果》，張軍、賈曉屹譯，華夏出版社 2008 年版。

　　在今天，第四次工業革命正在迅猛展開，技術、公司、產品、資源等一系列要素對於國界的穿透力前所未有地強，人員流動的程度也前所未有地高。在這種情況下，世界越發需要回歸"政治的歸政治，商業的歸商業"的秩序邏輯上。

　　當然，今天的經濟邏輯和工業革命以前的時代已經大不相同，政治和商業的內涵也與那個時候有了非常大的區別，兩個領域的邊界應該在哪裏，沒人能輕易地給出答案。但我們能夠肯定的是，以政治來封裝各種問題、統攝一切領域的觀念，在今天比在歷史上任何時候都更應該被超越。對大國更是如此，因為那些穿透國界的技術、公司、產品等，往往是在大國發展起來的；超越於政治，也符合大國的利益。

　　新的秩序邏輯很可能需要在各種新方案的提出中，在各種公司的活動中，乃至在各國的各種博弈中，逐漸被磨合出來。真實的博弈過程，很可能是要由公司作為前台選手來完成的，政治則僅應處在後方呼應、支持的位置上。如果政治試圖越俎代庖，是無法帶來有益的結果的。因為現代秩序中最有活力的空間已經是由公司來主導，而不是由政治來主導了。

越是全球化就越要本土化

從賣場回來後，張守江請我們在 AQUA 的公司食堂吃午飯。他還邀來一位越南同事與我們餐敘。

這個人高鼻深目，穿著一身合體的黑色西裝，頭髮打理得一絲不苟，整個人乾淨體面——他是 AQUA 公司的人力資源總監阮宮水。他操著一口印度口音的英語，我聽起來頗為吃力。雖然這口音和他的外貌很搭，但他是個如假包換的越南人。聊了一會兒，我便知道了他的口音來源。他在法國接受大學教育，又在新加坡、馬來西亞工作過很多年，我應該是把他的新馬口音當成印度口音了。阮宮水在日企有過很豐富的工作經歷，後來被 AQUA 挖了過來。越南、法國、新加坡、馬來西亞、日本、中國，阮宮水集多元背景於一身，與 AQUA 這家追求本土化的全球化公司的多元特質頗為類似。

本土化需要對本土有真正的理解。對 AQUA 來說，首先要做到管理層和制度設計上的本土化。

AQUA 在越南對管理層的人員配置是，除了最核心部門的負責人由中國人擔任之外，其他部門的負責人都採用 "1+1" 策略 ——一個中國人與一個越南人共同作為部門負責人。

之所以要有一個中國人，是為了更好地傳遞總部的戰略。之所以需要一個越南人，是因為中國的管理人員不懂當地的文化和市場。僅靠中國管理人員是無法實現品牌本土化的，必須得有一個當地人站在同樣層次的管理位置上，提供另一種視野。

我們在 AQUA 調研時，張守江特意請來研發部門的越方負責人 Thông（聰），讓他給我們講講越南市場的特性。Thông 告訴我們：越南南方人的儲蓄率很低，北方人則高得多，中部人是能省則省，能儲蓄多少就儲蓄多少；北方人受歐洲影響大，因此喜歡用滾筒洗衣機，南方人受美國影響大，因此喜歡用波輪洗衣機……這一系列本土化知識，外來人只能觀察到外觀，當地人才能說清內在的機理。因此，要想真正落實本土化策略，必須有當地人的參與。

目前，AQUA 在人力資源上的本土化程度已經很深了。整個公司從上到下共一千六百多人，其中只有十個中國人和兩個日本人，剩下的全是越南人。

海爾不僅在越南使用 "1+1" 策略，在其他海爾設廠的發展中國家也是如此。

海爾集團一方面向越南輸出管理能力，一方面又從三洋那裏學習到大量日本企業的技術和管理經驗。而且，三洋的併購案為海爾之後收購新西蘭的斐雪派克、美國的通用家電、歐洲的 Candy 等奠定了基礎。張守江說，併購三洋之後，海爾不僅獲得了三洋在東南亞的市場渠道，還獲得了三洋的技術資產。這些技術資產在海爾得到了很好的傳承和融合，更在全球被大規模推廣應用。三洋管理體系中十分重視質量和設計細節的特質，也被海爾吸收，這大大提升了海爾內部質量控制和產品精細化程度的水平。而這一切都離不開海爾集團從三洋吸收的優秀的人力資源，包括市場團隊和研發團隊。

但是，影響並不是單向的，AQUA 也對三洋在越南的管理模式進行了一系列改造。

三洋看重的是企業技術的先進性，強調技術中心導向，三洋越南分公司會以日本本土最先進的技術作為企業行為的參照系。並且，三洋秉承日本的文化傳統，強調"團隊第一"。三洋的"團隊第一"模式能夠形成強大的內聚力與研發力，但是對於市場、用戶關注不足，這導致它雖然擁有一流的產品技術，卻長期虧損。在海爾集團進行併購前，三洋已經連續虧損了八年。

AQUA 則強調"用戶導向的員工價值導向"，也就是說，要做到員工和用戶的價值合一——員工努力工作創造用戶價值，同時能夠實現自身的價值。這樣一種理念源自海爾總部，被稱為"人單合一"，其中的"人"是指公司員工，"單"是指用戶價值。海爾會從組織、薪酬、品牌這三個方面來落實這一管理模式。

海爾用了近一年的時間改變三洋的企業管理文化，讓日本員工接受"人單合一"的理念。在磨合過程中發生了一件有趣的事情，就是海爾也接受了三洋的團隊精神，但是海爾告訴三洋的員工，"人單合一"就是把團隊精神的方向從上級變成用戶。

可以說，AQUA 在越南的成功，離不開這一系列因素的共同作用。

管理模式的創新、改造、本土化，最終還是要落實在產品上。海爾在淡化品牌的國籍屬性、推出 AQUA 品牌的同時，還在品牌屬性中注入"越南製造"的理念。這是個很敏銳的本土化策略。我們在越南街頭隨處可見一些小店，招牌上只寫著大大的"Made in Vietnam"（"越南製造"），走進去一看，賣的都是很普通的日常用品、服裝鞋帽。可見，越南人對"越南製造"似乎有些情結。AQUA 的這種努力也是頗為成功的。

越南的家電、電子產品的市場渠道還有個很少見的特性，就是超強的壟斷性。我們採訪到的海爾、TCL、美的等公司的越南分公司負責人都講到了這一點。一般來說，如果某個渠道商佔據了市場 25% 的份額，就已經有壟斷效應了，渠道商會對生產商有巨大的議價能力。而越南最大的渠道商 Điện máy xanh，佔據了 40% 以上的市場份額。這會帶來一系列效應。一方面，Điện máy xanh 塑造了越南人對於電子產品的消費習慣。這一點是怎麼回事呢？Điện máy xanh 為了確保利潤，會不斷地要求生產商推出新品。由於渠道具有壟斷性，生產商就不得不配合。結果是，越南市場上家電和電子產品的迭代率、越南消費者對於新品的熱情程度，在整個東南亞都是獨一無二的。另一方面，由於 Điện máy xanh 對風尚具有引領性，如果一個品牌的產品能夠被擺在它的貨架上，甚至獲得一個不錯的展位，那就相當於獲得了品質認證。AQUA 不僅成功地擠入了這個渠道，還把自己的洗衣機廣告做得充滿科幻感，以便體現自己是新科技、新產品，這都是針對越南這種市場特性的本土化努力。

在此基礎上，AQUA 會進一步發現並滿足本土用戶的各種特性化需求。比如，AQUA 在市場調研中發現，越南的自來水水壓比較低，以致很多居民需要自己在屋頂上安裝一個水箱，而越南農村自來水的水壓比城市的還要低。低水壓會導致普通的自動化洗衣機沒法正常工作。於是，AQUA 專門設計了一款低壓洗衣機。再比如，越南天氣潮濕悶熱，出一趟門衣服就會被汗浸透，所以越南人每天都得洗衣服，但衣服實際上並不髒。於是，AQUA 修改了自動洗衣程序，增加了十五分鐘洗衣的功能。AQUA 還發現，同款空調，在中國運轉得非常好，在越南卻經常出現故障，尤其是外機箱電腦板燒毀的比率特別高。調研後發現，這是因為越南壁虎太多，壁虎經常會通過外機箱的網格爬進去，引起空調短路。於是，AQUA 重新設計了外機箱網格，以達到阻攔壁虎的效果。

越南地處熱帶，但它的家電產品生產商主要來自溫帶國家。氣候的差異令生產商很難想象到越南當地人會有什麼特殊的需求，也就難以做出有針對性的產品開發。而要滿足這些需求，並不需要什麼高科技，只需要一種特殊的市場敏感性以及信息收集系統。

張守江很得意地告訴我們，經常是 AQUA 先推出能夠擊中用戶特定痛點的新產品，而對手要在六個月後才能跟上。我很奇怪，很多家電企業肯定也能意識到本土化的必要性，為什麼 AQUA 能保持領先呢？

　　張守江更得意地說：“我再帶你們看個地方。”

電話中心

張守江帶我們來到廠區的另一棟辦公樓。推開一扇很大的辦公室門後，我們看到裏面密密麻麻地坐了幾十個接線員，他們正低聲接著電話。在所有接線員前方有幾塊大屏幕，裏面實時滾動著電話的接入和撥出情況。原來，這是 AQUA 的電話中心。

AQUA 在越南只設有這一個電話中心，統一管理所有售後問題。AQUA 的售後服務網點遍佈全越南，其中只有少量是自建的，大部分是加盟的。不過，所有加盟的服務網點都要由 AQUA 進行統一培訓和管理，AQUA 不是外包出去就撒手不管了。

這種管理機制是在實際的運營過程中調整出來的。以前，AQUA 的售後服務網點也是外包的，產品出了什麼問題，用戶直接聯繫網點上門維修。但是這樣做有兩個問題：一是售後服務的反應速度和質量，無法有統一的保證；二是售後服務要解決的究竟都是什麼問題，AQUA 並不能掌握。

張守江在上任之後，就著手建立了這個電話中心，並改變了管理規則。他先把外包的售後服務網點都改為加盟店進行統一管理，要求加盟店接到報修電話後不能自行安排維修事宜，而是要轉到越南總部的電話中心來，由電話中心統一安排。加盟的售後服務店接到派單後，維修員在 24 小時內上門，會有一個基本報酬，如果能提前上門，則會獲得額外獎金 —— 獎金金額按照提前程度累進計算。這種激勵機制，讓售後服務的反應速度和質量都有了保障。而所有報修問題都統一匯總到電話中心，電話中心就成了大數據中心，AQUA 可以進行數據挖掘和分析。張守江進一步要求，任何新品上市之後接到的第一個報修電話反映的問題，一定要告訴他，確保他自己對新品出現的問題有第一手的把握。

AQUA 通過分析電話中心獲得的數據，不斷提煉出各種對越南而言具有共性、對全球而言又具有越南特性的問題。電話中心就此成了本土化需求的挖掘中心。海爾集團有一個強大的全球研發體系，各個地方的特殊需求都會匯集到它在全球設立的幾大研發中心；研發中心又可以從全球調集資源，合力設計出一系列滿足特殊需求的本土化產品。對於海爾集團而言，本土化和全球化其實是一體兩面，是它必須同時具備的兩種能力，這樣它才能真正成為全球性的大企業。

而這些滿足本土化需求的產品，其生產過程是在一個跨國的供應鏈網絡中完成的，中國在其中仍佔據主導地位。以 AQUA 在越南生產的冰箱為例。生產冰箱需要一些只服務於專門用途的標準化產品，但越南的市場規模不足以支撐這些產品的生產。比如，越南的玻璃廠主要製作建築用玻璃，不生產家電玻璃，因為市場需求支撐不了產能佈局，這些玻璃就得從中國進口。再比如，從中國進口的線束加了 10% 的關稅後，還是比越南當地產的便宜，因為線束裏要用到銅線，中國在這塊具備成本優勢。冰箱用的電腦板倒是有一家日本企業在越南生產，但生產需要的元器件都來自中國和日本，越南只負責完成電腦板的組裝環節。最終，AQUA 冰箱的材料總成本構成是這樣的：從中國進口採購的佔 60%，主要是壓縮機、風機等電器、線束部件和部分蒸發器制冷系統；另有 10% 來自泰國、沙特阿拉伯、日本等；還有 30% 是來自越南當地的塑料和鈑金件。

AQUA 在本土化方面所做的一系列努力，是中國的全球性大企業走出去的典型。但我們必須調整觀察問題時的著眼點 —— 不是 "中國大企業" 走出去，而是 "全球大企業" 面向世界佈局，只不過剛好這個全球大企業的總部在中國而已。

海爾作為大企業，在經濟空間中穿透政治空間的各種現實實踐提醒著我們，在思考經濟問題時必須要時時反思，不能被封裝式思維困住。

在反思中，我們旋即就會想到：企業是法人體，它實際上也是一種基於法律而被構造出來的 "想象的共同體"，而在經濟空間中活動的更加真實的主體是一個個具體的人。沒有人的活動，企業就只是個觀念而已。

　　這些人在穿透國界、進入其他國家之後，雖然會被現實環境強行打破自己的封裝式思維，但是要面對異國人士的封裝式思維。這一系列處境會讓他們脫離自己熟悉的意義空間，而要想進入新的意義空間卻並不容易。他們會被迫面臨各種身份困境，要在文化差異的衝擊中努力調適應對，也會在此過程中發展出各種隱性知識。

　　未來的商人秩序，會是在"人"的活動過程中演化出來的，對商人秩序的思考，顯然必須有"人"的視角。這種視角恰恰是被封裝式思維遮蔽掉的，也是我們在今天必須重新打開的。

　　像張守江這樣的國際大企業海外部門高管，當然是"具體的人"中的一部分。但在越南的調研中，我們還注意到一個此前在國內極少有人關注的群體——"中國幹部"。他們的出身是，各種赴越投資的企業——日資、韓資、美資、港資的企業皆有，但尤以台資為多，從中國大陸聘用過來的中、高層管理人員。若干年前來到越南的中國幹部，有些回國了，有些則長期留在了越南；今天仍在越南的（前）中國幹部，身份可能多種多樣，有可能仍然在做高級打工者，有可能已經自己創業當老闆了。

　　他們不像張守江那樣，因依託國際大企業而引人注目，而是以另外一種方式默默撐開了一種此前我們所不知道的經濟和社會空間。我們在這個群體中了解到太多有趣而又感人的故事，從這個群體中發現了真實的實踐世界極為靈動活潑、富有生氣的一面，更在企業之外，從"人"的角度看到了商人秩序的另一種微觀基礎。

第六章

「中國幹部」的故事

意外發現

往來的大貨車行駛在省道顛簸的路面上，掀起層層塵土。川流不息的摩托車，發出陣陣的馬達轟鳴聲。我們坐在緊鄰省道的奶茶店裏，彼此間得大聲喊著對話。一個面相樸實又透著滄桑的男人從櫃台後面端出幾杯親手做的奶茶，坐到我們對面說："嘗嘗這個，這是我店裏最受歡迎的產品。"就是這間位於越南南部同奈省的淨圓奶茶店，帶出了我在越南調研中的一個意外發現，並讓我收穫了最多的感動。

這個意外發現，源自我們對胡志明市福建商會的龔會長和沈秘書長的採訪。兩位對我們講了很多他們在越南的有趣經歷，讓我們收穫良多。我們又繼續聊到了商會所在的這個地方——胡志明市平新郡（郡相當於中國的區）。他們說，這個地方相當於在越新僑的中國城。我們很好奇，既然有"新僑"，那就會有"老僑"，二者是怎麼區分的呢？答案是：在 1975 年南北越統一之前來到越南,並已經獲得越南國籍的,屬於老僑,他們主要聚居在胡志明市第五郡和第十一郡;在中國改革開放之後來的,則屬於新僑,在胡志明市,有一定數量的新僑聚居在平新郡。

"為什麼平新郡會聚集這麼多新僑?"

"因為寶元鞋廠在這裏,這裏有大量的'中幹'。"

"什麼叫'中幹'?"

"就是'中國幹部'的簡稱。"

"中國幹部?中國的行政官員跑過來了?"

"不是的。你可能不知道,甭管是什麼資的企業,只要是從大陸遷來越南建廠的,管理層裏多半都是從中國大陸帶過來的中國人。當然,這裏最主要的是台資企業。他們管這些中國大陸來的管理人員叫'陸幹','陸幹'們則自稱'中幹'。"

"那能有幾個人啊!為什麼會聚集了這麼多新僑?"

"幾個人?你太小瞧'中幹'了。就說寶元鞋廠吧,它是台灣寶成集團的下屬企業,是目前世界上最大的代工廠,耐克、阿迪達斯在越南都是靠它代工的。寶元鞋廠在越南有好幾個廠區,光是胡志明市這邊的廠區就僱用了九萬多名越南工人,在巔峰時期還僱用了幾千名中國幹部!"

"啊?這麼多!為什麼不用越南本地人來管理呢?"

"越南人的管理能力和技術水平都跟不上,從中國台灣調人又太貴。而這些中國幹部都是寶成集團在東莞設廠的時候培養出來的熟練工人和成熟管理者,既對鞋廠的管理流程熟門熟路,又比中國台灣幹部便宜很多，是性價比最高的一群人。而且，這些中國幹部在這邊工作幾年，逐漸把人頭、地頭混熟了以後，很多會出來自己創業建廠，給寶元做供應商。"

"那寶元不就拉動起了一大批中國幹部建立的企業？"

"是啊，拉動起一千多家吧，其中絕大部分是曾經的中國幹部建立的。"

"數量竟然這麼龐大？！那麼，寶元所需的供應鏈差不多都可以實現本地化採購了吧？而且，這些供應鏈還是掌握在曾經的中國幹部、現在的中國老闆手裏的。"

"是的，寶元基本上從本地採購就行了。這一千多家前中國幹部建立的企業，又僱用了大量越南工人，為當地提供了不少就業崗位。"

"那麼，等到這些越南工人逐漸發展起來了，他們也會自己出來當老闆，直接給寶元供貨。那時候，可就沒這些中國幹部的事兒了。就像當年台資企業到大陸設廠，培養起一大批大陸的熟練工人和管理者，之後這些人又出來自己建廠，逐漸替代了台資廠一樣。"

"不一樣的，越南人替代不掉中國幹部的工廠。給寶元做供應商的廠子也需要自己的供應商，需要採購上游的原材料、零部件。可越南根本沒有那些原材料、零部件，只能到中國去採購。越南人要去中國採購的話，他們在渠道這方面就肯定沒有中國幹部有優勢。所以，中國幹部的工廠是無法被替代的。"

"只有鞋廠是這樣的嗎？"

"不,各個行業都是這樣。服裝鞋帽、傢具這兩個行業的中國幹部最多,電子業等也有不少中國幹部。"

"那中國幹部的規模能有多大呢?"

"幾十萬人總是有的。"

這個故事讓我們大吃一驚。中國幹部群體不就是我們在苦苦尋找的,銜接起中國供應鏈與越南組裝環節的微觀載體嗎?可這樣重要的群體居然極少為國人所知,在國內的各種討論中也很少有人關注到他們。

不過,在閱讀了一些文獻後,我才意識到是自己孤陋寡聞了。實際上,台灣學者已經關注這個問題十幾年了,並在這方面做過很多研究,因為規模最大的中國幹部是由在東南亞投資的台資企業僱用的。他們注意到,東南亞的台資企業最欠缺的是中間層的行政與技術管理人員。這一層的管理職位在泰國、越南以及印度尼西亞主要由中國幹部擔任,在馬來西亞則主要由有中國台灣留學背景的當地華人擔任。[1] 不過,台灣學者更多的是從台灣企業的視角入手進行研究,從中國幹部的視角切入得相對有限。

我們直覺上就意識到,關於中國幹部一定會有很多精彩的故事,需要深入挖掘。於是,我們開始了新的調研。

---

1 龔宜君:《出路:台商在東南亞的社會形構》,"中央研究院" 人文社會科學研究中心亞太區域研究專題中心 2005 年版,第 116、119 頁。台灣學者龔宜君、王宏仁、鄭志鵬、鄭陸霖等人從台資企業的視角出發,研究過很多關於中國幹部的問題,他們的研究讓我受益良多。

冷戰背景與中國幹部的來源

　　大部分中國幹部是從台資企業中發展起來的，那麼，二者之間的故事是怎麼開始的呢？在後續的訪談過程中，我們見到了曾在東莞裕元集團供職，後在寶成集團的東南亞工廠有過多年管理經驗的C先生，他給我們講了他在裕元的故事。他的講述為我們揭開了台灣企業與中國幹部故事的一角。

　　在第四章裏我曾經提到過C先生，他在 1989 年大學畢業後沒能進入心儀的工作單位，不得已去了剛剛成立的裕元公司。裕元的母公司寶成集團 1969 年成立於台灣，一開始主要生產編織鞋、涼鞋和拖鞋。20 世紀 70 年代初，寶成成為台灣拖鞋大王。寶成的成長過程正好伴隨著台灣製鞋業的高速增長。1976 年，台灣一躍成為全球最大的鞋類出口地。但拖鞋的利潤率太低了，寶成便努力升級產品線。它從 1978 年開始生產運動鞋，1979 年抓住了為阿迪達斯做代工的機會，快速發展起來；到 1983 年，寶成又由 OEM 轉型為 ODM。但是，隨著勞動力成本的逐漸上漲，台灣鞋業開始遇到壓力。雪上加霜的是，為了平衡對美國的大幅出超，台灣當局在 1987 年決定讓新台幣對美元升值，匯率一年之內由 40：1 降至 28：1，台灣鞋業出口的壓力更大了。所以，台灣鞋廠紛紛把目光投向島外。當時，它們關注的地區有東南亞和正在開放吸引外資的大陸。寶成先是來到大陸，於 1988 年在珠海成立裕元集團，1989 年開始投產。同年，寶成又拿到了耐克的代工合同，生產規模繼續高速擴張。到 1990 年，大陸取代台灣成為全球最大的鞋類出口地，但大陸最主要的出口鞋廠都是遷移過來的台資企業。

寶成在台灣已經有了比較成體系、規範化的企業管理制度，這也是它能夠拿到國際大品牌代工訂單的前提。但是，寶成到了大陸後發現，原來那套管理制度不敷使用了。這主要有三點原因。一是寶成來到大陸之後，發展的速度非常快，企業規模急速膨脹，原有的制度不能適應這種大規模企業的管理需要，寶成必須做進一步的調整細化。其實，這不僅僅是寶成面臨的問題，很多台資企業"出海"後都會面臨這種問題。台灣學者注意到，台灣的勞動密集型代工企業之所以具有全球競爭力，就在於它進行跨區域佈局後的規模化效應 —— 很多原本在台灣只有幾十名工人的工廠，跨區域佈局後，都發展成了有數百或數千名工人，甚至規模更大的生產組織。生產過程的大型化與生產組織在空間和組織上的片段化，都要求原有的管理模式必須進行演化升級。[1] 二是由於各種歷史原因，台灣和

---

[1] 龔宜君：《出路：台商在東南亞的社會形構》，"中央研究院" 人文社會科學研究中心亞太區域研究專題中心 2005 年版，第 114 — 115 頁。

大陸在文化方面有一定的差異，在台灣行之有效的管理方式在大陸未必適用，必須做一定的文化調適。但是，裕元的台灣管理層並未找到恰當的調適辦法。三是當時大陸的條件相對艱苦一些，寶成總部很多人不願意來大陸工作。再加上當時寶成只把工廠遷到大陸，研發、市場等部門仍被保留在台灣。所以，來到大陸的台灣管理者並非公司內部的一線人才，而是二線、三線人才，他們並不清楚如何在裕元適應性地執行寶成的管理制度。

結果在裕元內部就形成了一種人員配置上的張力結構。進廠的大陸僱員，除了一線工人外，還有一批 overqualified 大學畢業生。後面這群人即使放在大陸這麼大規模的人口中也屬於一線人才，而來自總部的台灣管理層卻並非台灣的一線人才。

這樣一種張力結構，又碰上了不敷使用的裕元（寶成）管理制度，這些大學生僱員就有了施展拳腳之地。他們學習了來自裕元（寶成）的管理制度，又基於大陸的狀況對這些制度做了一系列文化調適，並在實踐中摸索出了將制度細化落地的辦法，以適應更大規模工廠的管理，使裕元的管理能力在這一過程中獲得提升。

我們還採訪到 C 先生以前在裕元的同事 H 先生，他告訴我們："在管理方面，我們學到很多。台商很務實，有非常規範化的管理、制度和流程，對於產品非常重視……要把產品做好是很複雜的，涉及供應鏈的管理、技術研發、設計、生產流程、質量把控、員工的管理、幹部和員工的訓練、老闆的親力親為，等等，很不容易。但是，台資工廠的管理比較軍事化，人性化不足，我們就創立了企業內部刊物來溝通人心。我們還和台灣幹部一起推動了很多制度建設,比如,細化了標準化的制度建設,改進了報表系統,推動了企業管理的信息技術化,等等。企業內部還會發生很多衝突,比如,大陸的員工之間,基層幹部與老闆、台灣幹部之間會有很多衝突,我們就去調解。"

除了 C 先生、H 先生這種較為高層的大陸幹部,還有更多的一線工人也在這個過程中逐漸成長起來。這些大陸僱員與裕元公司構成了一種相互成就、共同成長的關係。台企向大陸進行的管理能力輸出,並不是一個單方向輸出的過程,而是一個雙向互動、共同成長的過程。大陸員工填充了裕元低、中、高各階層的管理崗位,同時,裕元培養出大批的熟練工人,製鞋業的 "黃埔軍校" 就這麼生長起來了。

這個過程中,台灣企業是大陸的廉價勞動力與美國品牌,進而是全球市場之間至關重要的連接點。進一步挖掘歷史邏輯,我們會發現,台灣企業的這種連接能力與冷戰的大背景相關,進而與東亞近代史的背景相關。在這個背景下,美國—日本—中國台灣地區—東南亞 / 中國大陸之間形成了一個層層遞進的經濟拉動關係。等到中國大陸的經濟起飛,又開始反向塑造之前的梯級性拉動關係。接下來,我就具體介紹下這個複雜的發展過程。

在二戰剛剛結束之際,美國的規劃是把日本徹底變回農業國,讓它不再有策動戰爭的能力。改造日本的計劃正在推行過程中,冷戰開始了，共產主義革命在中國大陸取得勝利，二戰後的全球均衡被打破了。美國馬上重新設定日本的國際定位，把日本作為美國在東亞的關鍵盟友。然後，美國以日本為樞紐，打造起一個環西太平洋的海島國家經濟群，從經濟層面確保美國在冷戰中的有效佈局。因此，美國需要讓日本的經濟復興。

剛好，朝鮮戰爭帶來了契機，日本的工業經濟重新崛起。日本又在美國的支持下對東南亞進行賠款、援助、貿易、投資等。這一系列手段消除了東南亞對日本的抵觸情緒，同時讓日本的低端產能有了轉移方向。由此，形成了著名的"雁陣模式"。這個模式是，日本作為頭雁，逐漸把自己陷入比較劣勢的產業向周邊國家和地區轉移——把對技術要求較高的中端產業轉移到"亞洲四小龍"國家和地區，把對技術要求較低的低端產業轉移到東南亞，自己則聚焦在高端產業上。整個雁陣經濟又與美國在東亞——東南亞的軍事援助相結合，打造出一個政治—經濟—軍事全方位聯動的同盟關係，這種同盟關係構成了冷戰時期美國主導的東亞秩序的基礎架構。

台灣在經濟上的獨特地位就在這個國際政治—經濟結構中浮現出來。日本有對外進行產業轉移的需求，就到中國台灣建了很多廠，成為中國台灣最大的外資來源地；而中國台灣的近代歷史與日本有著太多關聯，二者在文化溝通上相對順暢，台灣人就從這些日資企業中學到了管理和技術。之後，這些台灣人自己出來創業。冷戰環境又為他們提供了一個非常有利的大背景——西方國家願意向中國台灣充分敞開市場。這讓台灣企業家的自主創業有了最初發展的基礎。台灣逐漸以自己的代工能力發展為製造業高端環節與最終市場之間的中介性存在。20 世紀 60—80 年代，奉行出口導向政策的中國台灣經濟，一直保持著對日本的巨大貿易逆差與對美國的巨大貿易順差。

台灣的高速發展令當地的人力成本逐漸上升，加上 20 世紀 80 年代後期新台幣相對美元大幅升值，台灣企業家便有了走出去的需求，希望找到更大的經濟腹地，把低端的生產環節投放過去，把高端的關鍵生產環節保留在自己手裏即可。台灣當局的經濟政策也在這個過程中日益開放。1983 年，放寬了進出口與投資限制；1987 年，實施新 "外匯條例"，台灣人可以自由持有及運用外匯；1989 年，允許民間設立新銀行，推動公營企業民營化、自由化與國際化。於是，20 世紀 80 年代後期，台灣企業開始到東南亞以及中國大陸投資建廠，並獲得了巨大成功。尤其是在大陸，廉價的高素質勞動力結合台灣的管理與技術，再通過台灣企業對接美國市場，這一切讓大陸和台灣都獲得了巨大的成長機會。大陸的經濟奇跡多了一個重要的拉動力，台灣則 "錢多淹腳目"。

梳理一下這段歷史，我們會發現一個政治、經濟、文化纏繞在一起的演化與傳遞過程。冷戰的展開，加上中國發生了政權更迭，令美國決意發展日本，通過日本拉動周邊的國家和地區作為輔翼，而日本與周邊國家和地區在近代史上的一系列深刻關聯，提升了這種拉動效應；台灣經濟在此過程中崛起，又拉動了大陸的經濟成長。

整個傳遞過程背後總的動力機制，來自美國對冷戰的政治意志，以及美國向東亞雁陣敞開的巨大市場。冷戰在中國大陸與美國主導的東亞秩序之間形成了巨大的政治隔離，但正是因為這種隔離，東亞鐵幕兩邊形成了巨大的勢能差。一旦鐵幕兩邊的政治意志都發生改變，決意合作，並開始發生經濟互動，巨大的勢能差便會讓中國大陸龐大的 overqualified 群體進入世界經濟體系中，中國的經濟奇跡遂漸次展開。冷戰史、東亞史、政治意志、經濟成長，各種因素緊緊纏繞，都無法被單獨理解，它們合在一起，上演了一場東亞當代歷史上轟轟烈烈的大戲。

如果我們把目光聚焦在一些具體的企業上面，會發現更深層、更有趣的經濟邏輯。以耐克公司為例，它和我們所談的鞋廠之間有著各種深刻關聯。耐克公司的前身是兩個美國人在 1964 年建立的“藍帶體育公司”（以下簡稱“藍帶公司”）。藍帶公司主要代理日本品牌運動鞋“鬼塚虎”在美國的銷售，還基於對美國市場的理解，主動幫鬼塚虎設計產品。雖然藍帶公司幫鬼塚虎打開了美國市場，但發展速度達不到日方的期望。1971 年，鬼塚虎考慮繞開藍帶公司，換一家更有實力的銷售代理公司來深耕美國市場。藍帶公司的兩位創始人一氣之下，決定創立自己的品牌，於 1972 年註冊了耐克公司。因為他們以前只做銷售和設計，並沒有生產能力，就把生產外包給日本的代工廠。之後，由於日本人工成本上升，日元不斷升值，1975 年起，耐克開始把代工任務轉移到韓國和中國台灣地區的工廠。到 20 世紀 80 年代初，90% 的耐克鞋是由韓國和中國台灣地區的工廠生產的。

實際上，耐克在當時考慮過到人工成本更低的中國大陸設廠。1980 年，耐克與天津的一家國營鞋廠合作，請其代工。但是，這家鞋廠的管理能力和生產水平完全達不到耐克的要求。耐克做了各種努力後仍無濟於事，只好在 1985 年終止合作。直到 20 世紀 80 年代末，台灣的鞋廠到大陸設廠，耐克的訂單才跟著再次回到大陸，並且生產規模迅速擴大。

耐克訂單兩次進入大陸的效果大不一樣，這是為什麼呢？有學者認為，最重要的原因在於：第一次，是耐克直接與國企合作；第二次則是通過台資與大陸的地方鄉鎮企業、地方政府合作。這兩種合作模式下，外資廠商、政府、大陸合作工廠、工人這幾方的博弈關係是大不一樣的。對國企來說，即便丟了耐克的訂單，企業的生存也不會出現什麼問題，國企管理層的利益更不會受到損害。所以，國企不願意改變自己來適應耐克，甚至會與工人聯手抵制耐克的一些品控要求。而耐克對大陸文化很陌生，不知道該如何應對。但地方的財政邏輯大不一樣，對與台資企業合作的鄉鎮企業和地方政府官員來說，如果把耐克的訂單丟了，就會面臨巨大的經濟損失。所以，他們會盡力滿足外資企業的要求。加上台灣企業對大陸文化較為熟悉，懂得如何進行一系列的潤滑工作，這種合作就進行得較為順暢。這就是為什麼耐克的訂單從日本轉向韓國、中國台灣地區，可以完全繞過日本代工廠，自己直接與韓國、中國台灣生產廠商打交道，但是耐克訂單再從台灣轉向大陸時，卻必須和台商一起轉，單憑自己很難做到。[1] 對這個過程的觀察，可以讓我們對台灣企業與大陸經濟共生高速成長的歷程，以及大陸內部各種類型企業的演化邏輯，獲得更多側面的理解。

　　隨著裕元在大陸的成長，一些更加有趣的邏輯展開了。裕元的大客戶都是國際品牌，對這些國際品牌來說，如果其 50% 以上的產能都分佈在同一個國家，就面臨很大的風險 —— 萬一這個國家在政治或國際貿易環境中遭遇什麼變故，品牌商可就吃不消了。所以，品牌商對寶成提出要求，一定要在中國大陸以外的地區再設工廠。於是，寶成把目光投向了東南亞。當時，有兩個備選項 ——越南和印度尼西亞。但越南也是個共產黨執政的國家，寶成不想把工廠都佈局在具有同樣意識形態的國家，以免遇到意料外的風險，所以於 1991 年先在印度尼西亞投資設廠，1992 年投產。

　　寶成一開始的打算是，複製在中國大陸成功的過程，嘗試培訓印度尼西亞幹部以及馬來西亞幹部，讓他們管理工廠。但是，工廠始終無法步上正軌。這種狀況持續了兩年之後，寶成被迫從裕元調大陸幹部過來管理，工廠很快就步入正軌，開始贏利。

　　這種戲劇性的變化背後有一系列原因。

1　鄭志鵬：《市場政治：中國出口導向製鞋產業的歷史形構與轉變》，《台灣社會學》第
　　15 期（2008 年第 1 期）。

第一,寶成能在中國大陸獲得成功,是因為中國大陸有一個 overqualified 群體,能找到辦法將寶成的管理制度轉化成落地的規則,從而適應龐大工廠的管理需求。而印度尼西亞並沒有這種紅利。

第二,台灣幹部無法把大陸幹部在裕元發展出的管理細則照搬到東南亞,教給印度尼西亞幹部。這是因為那些管理細則是在裕元與大陸員工的文化調適過程中逐漸演化出來的,成文的細則只是調適的結果,進行文化調適的能力才是推動細則演化的關鍵。而擁有文化調適能力的前提,是管理者面對被管理者時有進行換位思考的能力,這恰恰是大陸幹部的長處所在。這其中有很多的 "隱性知識",只在大陸幹部的頭腦裏有,而台灣幹部的頭腦裏沒有。因為台灣幹部一到大陸就是管理者的身份,而大陸幹部是從被管理者成長起來的,後者在海外能夠相對容易地做到換位思考,進而針對當地的特性進行文化調適,在與當地人的互動中演化出新的行之有效的管理辦法,台灣幹部則很難做到這點。

第三,台灣企業在大陸設廠,沒有語言方面的問題,在印度尼西亞卻不一樣。台灣幹部多半不會當地語言,事事都靠翻譯,管理上就會出現很多問題。那為什麼在印度尼西亞的大陸幹部能克服這個問題呢?因為這些大陸幹部比同廠的台灣幹部普遍年輕 15—20 歲。年近知天命的台灣幹部,學習當地語言的動力嚴重不足,年輕的大陸幹部則多半能較快地學會當地語言。

有了在印度尼西亞的經驗,寶成於 1994 年在越南設立寶元工廠的時候，一開始就調集了很多大陸幹部過來進行管理，越南工廠便很快獲得了成功。而中國幹部在越南的故事也就此開始了。

在中國幹部故事的起點時段，東亞的經濟結構還是雁陣模式，但那已經是雁陣模式行將解體的時候了。因為雁陣模式要想持續存在的話，需要兩個條件：一個是冷戰作為推動經濟發展的政治發動機一直存在；另一個是日本在這個雁陣中能始終保持相對於其他雁陣國家的產業優勢。但是 20 世紀 90 年代，這兩個條件逐漸都不存在了。

首先，冷戰結束了，雁陣模式的政治發動機就沒了。其次，隨著 "亞洲四小龍" 的成長，日本對於雁陣國家的產業優勢不再明顯，日本作為頭雁的拉動效應也大幅下降。更為重要的是，到 20 世紀 90 年代，中國發展起來了，這帶來了前所未有的一個要素，就是中國的超大規模性。此前的任何一個雁陣國家，體量都不大，即便出現了經濟奇跡，也無法在實質上衝散雁陣結構，只能助力日本飛得更高。但是中國的規模太大，經濟高速成長之後，直接把雁陣結構衝散了，東亞的經濟秩序開始發生深刻轉型。

雁陣模式被衝散的起點是，中國在 20 世紀 90 年代依憑低廉的要素價格，吸引了大量製造業從東南亞國家轉移到中國。而中國的政治自主性是東南亞國家完全無法匹敵的。所以，製造業向中國的轉移，並不是簡單地改變了雁陣中的尾雁，而是帶來了一種深刻的政治經濟秩序變遷。

　　製造業轉走，會給東南亞國家帶來一系列問題。在雁陣模式的時代，東南亞國家的工業化進程讓大量人口從鄉村轉移到了城市。這種人口結構的大規模變化，要求東南亞國家有相應的制度演化以便消化由此產生的各種問題，並滿足各種新的需求。但是，在東南亞國家的制度演化還未跟上的時候，製造業又轉走了。進城的人口很難再回到鄉下，城裏卻不再有足夠多的工作機會，這就引發了很多社會動盪乃至政治動盪。這些動盪發生於一個大的國際政治經濟秩序演化的背景之下，東南亞國家光靠自身的力量是很難消化的。

　　中國則在這個過程中逐漸發展出一個龐大的供應鏈網絡，具體邏輯前文已有很多論述，此處不贅。到21世紀的第二個十年，隨著各種經濟條件的變化，中國的供應鏈開始向東南亞外溢。此時已是第四次工業革命的時代，產業邏輯發生了深刻變遷，中國供應鏈的外溢過程並不像日本的雁陣模式那樣，低、中、高端產業依次向外轉移，而是低、中、高端產業仍然都在中國，只是這些產業中有一系列的生產環節被細化出來，其中那些對於供應鏈要求不高、勞動力成本的佔比又較高的環節外溢到了東南亞。這個外溢過程讓東南亞的製造業再度發展起來，有了消化那一系列社會問題的基礎。

　　我們從前面的一系列分析中還可以看出，供應鏈外溢的模式與雁陣模式相比，在拉動周邊國家經濟方面有一系列差異——無論是在主導國的規模上，還是在製造業轉移的結構性邏輯上。所以，雖然日本的雁陣模式能被中國供應鏈網絡衝散，但在技術條件不出現新的實質性躍遷的前提下，供應鏈的外溢很難衝散中國的供應鏈網絡本身。

以這一系列宏觀觀察和理解作為基礎，接下來我們需要進入更加微觀的層面，從具體的 "人" 的角度來觀察旅居海外的中國幹部。因為如果沒有這些具體的活生生的人的參與，供應鏈網絡的外溢就欠缺了至關重要的載體。關於中國的 "走出去"，過去我們經常看到的多半都是宏大的項目和抽象的數字，較少看到微觀層面的人究竟是如何活動的。欠缺了對於微觀基礎的理解，宏大的項目和抽象的數字便欠缺了實在的活力，也欠缺了與其他國家的民眾相接觸的實際界面。

國內在微觀層面上對海外中國人[1]的關注比較有限，但他們正反映著 "走出去" 的中國非常重要卻又沉默無聲的一面，也是讓我們理解中國與世界關係的一個非常重要的側面。具體的人的故事，可能沒有宏大敘事那麼激動人心，卻會讓人在真實的細微處觸摸到人性中糾結著的脆弱和力量。

從另一個角度來說，這些中國幹部又是中國巨大的智力資源寶庫。當我們的視野聚焦在宏大項目上時，更多時候採取的是一種己方視角，欠缺了對方視角。國內太少關注項目的接受方是如何理解問題，如何看待世界的，尤其是國內往往只能關注到項目接受方的

1　通常還有個說法是 "海外華人"，這是個比較寬泛的概念，既包括定居海外一代以上，已經取得當地國籍的華人，也包括新移民出去的華人，兩種華人的身份認同有很多微妙但重要的區別。書中經常會談到在海外的華人群體，如果用的是 "海外華人"，則泛指這兩個群體；如果用的是 "海外中國人"，則專指新移民出去的華人群體。

官方態度（這種態度肯定是歡迎），卻很少能夠關注到當地民間的態度，不知道當地的百姓是如何理解這些政策和項目的。這是個極大的盲區，因為對方真正的民心並不是通過官方態度表達出來，而是在民間的直接感受中的。要真正地理解和把握住對方民間的感受，需要有一系列在地化的知識；要知道什麼是對方所真正需要的項目，以及要讓它們能夠真正有效地落地運作，更需要在執行過程中有進行各種文化調適的能力和經驗，否則很大概率會是事倍功半。

中國在這方面的知識和經驗有著巨大的欠缺。而中國幹部（實際上不僅僅是中國幹部，而是包括各種各樣在海外打拚的華人）由於自己的生存處境，每天都要面對與當地人的各種文化調適問題，在這方面有著巨大的經驗和智慧。這些應該成為中國"走出去"最重要的智力資源寶庫，但是這個寶庫現在大半處在沉睡狀態，沒有被激活。對中國來說，這是對於國民智慧的巨大浪費。

要讓這些海外的國民智慧煥發活力，很重要的一個前提是，我們需要知道他們的所作所為、所思所想、所憂所慮，讓海外中國人的聲音與智慧能夠進入中國的公共話語空間中，才能讓國內與國外的思考逐漸打通起來。由於本次調研的時間所限，我無法對中國幹部做足夠深入的研究，在這裏只能對他們做一個簡單的素描，期待這個簡單素描能夠吸引更多人的興趣去關注他們，讓這個智慧寶庫能夠在中國激發出對於自身與世界關係的更多思考。[1]

　　我在下文通過幾個案例，嘗試遞進式地呈現出中國幹部的一系列側面。通過第一個案例，呈現出作為個體的中國幹部的一些精神困境；通過第二個案例，呈現出中國幹部如何利用自己熟悉的中國人的人際網絡，在越南發展出商業網絡；通過第三個案例，呈現出中國幹部的活動又是如何拉動起越南人的人際網絡，並由此發展出商業網絡的；通過第四個案例，呈現出在越中國人[2]是如何在商業網絡之外進一步融入越南的社會網絡的。在四個案例之後，我還會講一講雖然與中國製造業轉移沒有太大關係，但值得被我們知道的一些老僑的故事。

1　關於中國幹部問題更加細緻深入的一份研究，可參見王劍利：《連鎖遷移與在地演化——"中國幹部"在製造業越南轉移中的文化調適》，《探索與爭鳴》2020 年第 1 期。

2　第四個案例的人物彭子豪，並不是中國幹部出身，而是到了越南直接創業，但是他融入越南社會網絡的模式，在很多中國幹部那裏也是相似的，所以我在這裏用了"在越中國人"這樣一種更中性的表述。

新南洋

胡志明市中國商會的趙騫會長，為我們對旅居海外的中國幹部[1]的調研提供了很大幫助。他介紹了一位名叫雷祖旋的中國幹部給我，就是本章開篇提到的淨圓奶茶店的老闆。雷祖旋管理著幾個微信群，群成員合計有兩千多人，都是越南傢具行業的中國幹部，其中有不少已經在越南創業成功當上老闆了。傢具行業是很早就進入越南的製造業，也是越南有比較優勢的重要行業。雷祖旋幫我們打開了進入中國幹部世界的一扇大門。

我們相約在雷祖旋的奶茶店碰面，可店裏太吵了，喝完奶茶我們就轉移到他銷售防盜門的貿易公司做訪談。訪談沒多久，我們就明白他先帶我們去奶茶店的用意 —— 那裏對他在越南的奮鬥有著

---

[1] 下文所稱的"中國幹部"，是指"中國幹部"出身的人，但是這些人今天不一定還是作為管理人員的"中國幹部"了，有不少是已經自己出來創業，成為成功企業家的。但是這些人都有過"中國幹部"這樣一種經歷，所以我在文中就用這個概念來統稱了，不再做細緻區分。中國幹部的來源，有的是台資企業從大陸直接帶出來的，也有的是台資企業通過中介公司從大陸招聘再來到海外的。

特殊意義。

雷祖旋是在 2004 年 4 月來到越南的。在此之前，他先是在家鄉廣西百色的一個鄉政府文化站工作了七年，前途大好。然而，他為情所困，在 2000 年放棄 "鐵飯碗" 遠走他鄉，去東莞打工。由於有良好的教育背景和豐富的社會閱歷，不到三年，他就從東莞一家台資傢具廠的流水線普工晉升為主管。2004 年，美國對中國生產的出口傢具展開了反傾銷調查，台資老闆決定在越南設廠以規避調查，雷祖旋便被派到了越南。

到了越南之後，他僅僅用了三個月時間就學會了越南語。雷祖旋告訴我們，這驚人的學習速度與他的一段教訓有關。他在東莞的時候，有一陣子管賬，每天都用計算器。過了大概半年，某一天他突然發現自己的計算能力嚴重退化，連遇到非常簡單的加減法，他的第一反應都是要去找計算器，而無法用心算完成。被工具綁架，讓他很不爽，他暗自決定，以後絕不能再陷入這樣的處境。所以，到越南之後，他特意要求公司不給自己配翻譯，以此來強迫自己主動學習。三個月後，果然學成了。

語言能力讓雷祖旋獲得了巨大的優勢。他身邊的中國幹部大多不會越南語，與越南人打交道時都需要雷祖旋幫忙，甚至他們想和越南女孩約會，都需要雷祖旋做 "電燈泡"（當翻譯）。雷祖旋因此很快在越南闖出了自己的一片天地，有了屬於自己的人脈網絡。

2008 年，雷祖旋發現商機，在工廠附近開了一家奶茶店，僱了幾個人幫忙打理。奶茶店迅速給他帶來每月兩萬元收益 —— 當時在越南，他只靠三四千元的月薪就已經過得很舒服了。越南的這一切讓雷祖旋意氣風發，開奶茶店的第二年，也就是 2009 年，雷祖旋帶著多年積蓄離開了越南，準備回國發展。

然而，回國之後，雷祖旋才痛苦地發現，自己已經回不來了。他離開中國雖然只有短短五年，中國經濟卻已發生了深刻的變化，這是在越南無法想象的。他在國內花了一年時間，努力重建各種關係，張羅各種飯局，想要尋找發展的機會。可是，即便他能與當年的同事、夥伴重新建立聯繫，卻難以進入他們的經濟圈。而且，雷祖旋發現，自己已經跟不上中國經濟的節奏了。最終，耗費了幾十萬元積蓄之後，他不得不無奈地回到越南。

再次回到越南，就跟當年很不一樣了。當年雷祖旋有多麼意氣風發，如今他就有多麼痛苦沮喪。幸而，奶茶店還在，令他仍能在越南過上衣食無憂的生活。但是，他找不到生活的方向了。也許他曾經夢想著在海外打拚，有一天能夠光宗耀祖、榮歸故里。可現實告訴他，一切都變了，故里回不去了。所以，雷祖旋沒了第一次來到越南時的衝勁兒。越南對他來說成了一個單純養家糊口的地方，而不再是收穫希望的地方，因為支撐他不懈奮鬥的各種意義感被消解了。

鬱悶無聊之中，他把當年認識的一些傢具行業的朋友拉到一個 QQ 群裏，這個群裏有幾十個人，雷祖旋經常和他們聊天，張羅線下聚會，以此排解心中的苦悶。很快，雷祖旋發現自己似乎在服務這個群體的過程中找到了意義，在裏面投入的精力和時間越來多。從國內剛回到越南的時候，有整整兩年的時間，維護這個 QQ 群成了他的"主業"——幾乎從早上一睜眼到晚上睡覺，每天有十幾個小時都花在群裏面。而且，他在這個群裏面沒想獲得任何收益，純粹出於一種奉獻心態。因為對他來說，有比追求名利更為重要的事，那就是尋找意義。QQ 群讓他找到了這種意義感，這個意義究竟是什麼，他也說不清，但生活重新變得有趣味了。

由於這個 QQ 群沒有任何功利色彩，再加上雷祖旋作為群主特別願意奉獻，在群裏不停地活躍氣氛，經常為大家提供各種幫助，群裏的氛圍非常好。身處異國的人在這個群裏很容易感受到溫暖和關懷，越來越多傢具行業的人被吸引加入進來。後來，QQ 群變成微信群，群成員也從幾十人發展到幾百、上千人。雷祖旋在群裏的威望也越來越高，組織的線下活動經常有幾百人參加。

人多了，想法就多了。有人提出，群的線下活動常常是聚餐吃飯，但是吃完就結束了，應該想辦法留下些什麼。能留下什麼呢？雷祖旋也想不出什麼太好的辦法，想來想去，便在群裏宣佈要做個通信錄，下次聚會免費發給大家，請大家把聯繫方式發過來，想要給自己的企業打廣告的也可以發過來。由於是免費的，也希望有人願意贊助。收集到各種信息之後，雷祖旋花了整整三個月的時間進行編輯排版，排版軟件不會用，就用 Word（文字處理器應用程序）一點點來弄。三個月後，傢具群的第一本彩色通信錄誕生了。

雷祖旋說，他到現在仍然記得，在聚會時，人們拿到通信錄，忽然都特別激動，有的人甚至流下了眼淚。聽到這裏我感到很奇怪，這僅僅是一本通信錄，有什麼好激動的？

我忽然心念一動，追問了一句："如果這個通信錄是由官方組織製作的，大家是否還會這麼激動？"雷祖旋很肯定地回答："不會。"

我一下子就明白了這些人如此激動的原因。在國內的時候，他們很多人的社會地位並不高，奮鬥得很艱難，因為一些機會來到越南，才努力開闢出了一片天地。支撐他們在越南奮鬥的除了謀生的需要，多半還有想要積攢一定資本，最後榮歸故里、光宗耀祖的念頭。但是，他們和雷祖旋一樣，在海外奮鬥若干年後卻發現，自己很可能已經回不去了。意識到這一點之後，他們會突然之間陷入一種意義的虛無感中。

既然故鄉已經回不去了，辛辛苦苦在海外的奮鬥和積累還有什麼意義呢？越南不再是收穫希望之地，而是無奈的棲身之所，即便積累了一定財富，這也與生命的意義不再有那麼深的關聯。自己的所作所為很有可能會在歷史中徹底湮滅，不會有人記住他們曾經做過什麼，不會有人知道他們曾經的努力奮鬥。既然如此，努力還有什麼意義？他們陷入了巨大的身份困境。

但是，正如雷祖旋所說："有了這個通信錄，多年之後這些人就可以拿著它，指著裏面一個個的名字，和孫子吹牛，當年爺爺在越南曾經做過這樣那樣的事情。"也就是說，有了這個通信錄，這些難以歸鄉的人，在海外的奮鬥歷程忽然獲得了一種物質化的載體，他們的努力不會像泡沫一樣消散而去，不為人所知，而是以一種可以被留存、被傳播的方式記錄了下來，他們的名字有機會被陌生人看到並讀出來，他們的努力開始進入歷史。更重要的是，這個通信錄的出現，不是官方組織出來的結果，否則這些人就仍然只不過是宏大秩序中微不足道的裝點；這個通信錄是所有人自主參與的結果，他們親身參與塑造了這段歷史的物化載體，不再是被動地等著被安排、被記錄的一個數字，而是一個個活生生的歷史主體。有了通信錄這種物化載體之後，這些在海外奮鬥卻又內心彷徨的人，突然間感覺自己找到了努力的意義。那一刻對於他們心靈的慰藉，是外人難以想象的。

雷祖旋在講這些故事的時候，儘量保持平靜的語調，但我能感受到他在努力抑制內心的激動情緒，能感受到他內心的澎湃。

聽雷祖旋講這些故事，我也十分感動，感覺自己正親眼見證著一個新時代的"下南洋"。早年下南洋的中國人，多半都是在國內走投無路的窮苦人，為了活下來，被迫放手一搏，以性命為賭注，到南洋去尋找機會。這些人在國內處於社會底層，來到南洋之後，很多仍在底層，最後埋骨海外，不為人所知。但也有很多人憑著一股不服輸的勁兒和不顧一切的奮鬥精神，在海外獲得了成功。這個群體中出現了陳嘉庚，出現了李光耀。通過這些奮鬥出來的人，人們知道並記住了"下南洋"的這個群體 —— 他們不僅深刻影響了當地，而且反過來深刻影響著中國的歷史進程。"下南洋"的群體得以以一種主體的身份進入歷史，而不再是被動、抽象的數字。

而我們今天看到的中國幹部這個群體，他們的出身也不高，但在海外的奮鬥與努力，讓他們獲得了比在國內更高的地位和身份。然而，時代發展太快，他們雖在海外有所得，卻無法真正回到國內了。如果他們在海外的所有努力都無法被人知道並被歷史記住的話，他們這個群體就成了精神上的海外孤魂。官方在海外自上而下的組織是無法讓他們重獲意義感的，因為那並不是個體自己的選擇。人若要獲得意義感，切實進入歷史，一切作為就必須是基於自主的選擇。

雷祖旋的工作恰恰在無意中讓這群人找到了進入歷史的方式，雷祖旋也在這一過程中完成了他苦苦追尋的自我救贖。儘管最初的那本通信錄在今天看來非常粗糙，甚至不值一提，但是對這些人而言，那是他們生命意義中一塊非常堅定的基石。

如果說中國在海外的影響力有什麼真正深刻的、不可動搖的根基的話，這些回不去故鄉的中國幹部毫無疑問是其中仍不為人所知卻極為重要的基礎 —— 這毫無疑問就是新時代的 "下南洋"。這個群體對於我們這個民族有著深刻的意義，但他們仍在苦苦尋找自己的意義，我們有責任讓他們的故事被這個民族看到，讓他們以更深刻的方式進入歷史。

海外的鄉親

聽完雷祖旋的故事之後，我產生了新的問題。雷祖旋組織的兩千多人的微信群是在越南當地自發形成的，這些人都是在海外萍水相逢後走到一起的。那麼，國內既有的人際組織網絡，是否與在越南奮鬥的這群人之間有一些值得觀察的聯繫呢？

提出這個問題之後，好幾個人都向我推薦了一個同樣是中國幹部出身，現在已經在越南發展得非常成功的中國商人 —— 我在前文提過的任澤忠。我們在他位於平陽省的鴻福傢具廠裏聊了幾乎整整一天。

任澤忠是重慶豐都人，家裏有六個兄弟姐妹，他排行第五。由於家裏很窮，任澤忠很晚才開始讀書。讀到初中，家裏就供不起了，他只好輟學去廣東打工。他說："我最喜歡到沒有一個熟人的地方去，自己開拓出熟人關係。等在這個地方混熟之後，就想把自己的親戚朋友都拉過來，一起做事。"這種行事風格貫穿了他的整個奮鬥歷程。

任澤忠外出闖蕩的第一站是廣州。"來到廣州，我才知道什麼叫城市。"廣州的繁華帶給他很大的驚喜，但他發現，廣州招工對語言有要求 —— 必須會講粵語，可他並不會。這時，他聽說東莞有很多工作機會，又對語言要求不高，還有粵語培訓班。於是，他決定到東莞碰碰運氣。

由於身無分文，任澤忠步行了兩天兩夜來到東莞。到了東莞，睡馬路、睡公園、撿垃圾，苦熬了若干天之後，他找到一份給人種菜的活兒，每個月有一百多元的收入，算是安頓了下來。之後，他不斷尋找更好的機會。直到一年多以後，任澤忠終於在東莞的一個台資傢具廠找到了工作。吃苦耐勞、樂於學習、有責任心等一系列特質，讓他很快脫穎而出。工作了一段時間後，老闆便對他委以重任，讓他負責整個傢具廠的採購網絡。

任澤忠因此經常和上下游的供應商打交道，從而慢慢在傢具業的供應鏈中形成了自己的廣泛人脈。在這之後，他開始把自己的老鄉陸續帶到東莞，推薦他們到自己所在的企業或者到和自己關係不錯的上下游企業工作。漸漸地，不僅是他本村的，連鄰村的甚至鄰鄉的人都通過他的介紹來到東莞打工，擺脫了貧困。

1997 年，台灣老闆決定在越南設廠，便派得力幹將任澤忠到越南作為工廠的第一負責人。任澤忠在越南的工作進展得很順利。過了一段時間後，他覺得這邊有很多機會，便又像之前一樣，把在東莞的很多老鄉、朋友帶到了越南。

任澤忠說，來到越南後，他的身份感受上有了一種微妙而重要的變化。在大陸的台資企業裏工作的時候，企業中有很強的等級性，他一直覺得自己是被上級的台灣幹部壓制的。但是，到了越南，他作為企業負責人，能平起平坐地與同行業的其他台灣老闆打交道。也許是這種身份感受上的變化帶來的激勵，讓他不甘於繼續打工。2000 年，任澤忠決定離開工廠，憑藉自己在東莞和越南積累起的人脈網絡創業，做自己的傢具廠。

當時和他一起過來的老鄉、同事們沒有一個人有創業的勇氣。任澤忠對我們說："我這個人常常走在最前面，走到懸崖那裏了，不知道跳下去危險還是不危險，但我先跳給你們看。如果我死了，你們就別跟來；如果我還活著，並且活得不錯，你們就跟著下來。我身邊這幫人一開始沒有一個做老闆的，我就先做起來。"

開始創業之後，任澤忠才發現這真的是個 "懸崖"——工廠九死一生，幾次遭遇滅頂之災。最後，他都憑藉自己的智慧和些許運氣熬了過來。幾番死裏逃生之後，任澤忠的工廠終於步入正軌，接到的訂單越來越多。

鴻福傢具廠的生產規模擴大了，就可以為自己的供應商提供相對穩定的訂單。於是，任澤忠的老鄉們也陸續離開原來的工廠，自己創業，成為鴻福的供應商。就這樣，任澤忠憑藉自己在越南的人脈網絡和家鄉的家族網絡，在越南建立了一個完整的傢具產業供應鏈網絡，拉動老鄉創立了幾十家工廠。在二十幾年前任澤忠離開家鄉之際，他們村是鎮裏最窮的，如今已經是鎮裏第一村了。

在這個供應鏈網絡的工廠中，一線工人和中層管理人員基本都是越南本地人，但高層管理人員和老闆都是中國人。這個網絡與任澤忠在家鄉的家族網絡有著緊密的關聯，相當於中國內部的社會組織網絡在越南以特定的方式被複製了出來，並且轉化為一個商業網絡。而這個越南商業網絡在資本和人脈上又關聯著廣東東莞的商業網絡。這些網絡又同時關聯著傢具行業中一系列的信用關係網絡和技術傳遞網絡。多重網絡彼此纏繞、互動，共生演化。任澤忠是網絡中的一個核心節點，網絡反過來給他的生意提供了很大助力。後來，我們在東莞採訪到了任澤忠的一個生意夥伴兼乾親家，也是個四川人。他說，直到現在，他們玩得好的十幾家人，還經常聚在一起過春節。

我進一步問任澤忠："對越南的傢具廠來說，哪些材料能夠在越南當地完成採購，哪些材料不可以呢？"他回答說："這個問題不能這麼問，因為材料也都有自己的生產流程，它們的生產流程也都涉及較為複雜的採購過程。而且，這些採購過程的不同環節可能分佈在不同國家，是在一個遠超越南的龐大供應鏈網絡中完成的。不過，中國在裏面扮演核心角色。"

任澤忠的傢具廠主要面向美國市場。這意味著，他以自己的人脈和商業網絡為中介，把越南的勞動能力同中國的供應鏈網絡與美國的龐大市場對接了起來，形成一個多元綜合的網絡結構。在這個網絡結構中，川渝、東莞、越南、美國則通過交錯的人際網絡、資本網絡、生產網絡、市場網絡、技術網絡等聯繫起來。而像任澤忠和他的老鄉這樣的中國幹部群體，是整個網絡的微觀基礎。雖然這個微觀基礎經常被人忽視，但正是它讓整個網絡獲得了源源不斷的生命力。

工廠裏的白皮鞋

　　任澤忠憑藉一己之力在越南當地拉動起了一個供應鏈網絡，但這個網絡仍然是以任澤忠的家族關係和人脈網絡為基礎的。出現在這個網絡中的越南人並不是合作者的身份，而是受僱者的身份。那麼，中國幹部在越南的活動有沒有拉動由越南人也深度參與的網絡呢？循著這個問題，我們找到了現在在越南經營著一家建築公司，承建各種廠房的 S 先生。最近幾年，越南對廠房的需求越來越多，S 先生的生意也做得越來越順暢。

　　與雷祖旋、任澤忠比起來，S 先生的故事更有戲劇性。他是湖南人，小時候家裏非常貧困。可他很好強，受不了靠母親辛辛苦苦給別人煮飯賺的錢讀書。在考上職業高中之後，他決定輟學出去打工。S 先生打工的第一站是廣西 —— 在工地上挑河沙，後來又去成都給人砌雞籠子，東莞是他闖社會的第三站。

　　剛到東莞的時候，S 先生在一家台資鞋廠裏做領料員。這個工作沒什麼技術含量，本質還是體力活。雖然沒學到什麼技術，但他因為性格豪爽交到了一些朋友。在鞋廠裏幹得不開心，S 先生便出去學做生意。幾年下來，賺到些錢，但沒過多久又都賠光了。

直到 1996 年，S 先生當年在鞋廠認識的一位朋友找到他，說佛山一個台資鞋廠準備在越南建廠，需要派有經驗的人過去做技術指導，問他有沒有興趣。S 先生一聽到這個消息，非常興奮，因為能夠出國工作了。他覺得這是件光宗耀祖的事，是個千載難逢的機會。但畢竟去越南是要做技術指導的，鞋廠要先對申請人進行技術考核。S 先生想了一些鬼點子，混過了考核，然後就回湖南老家等著工廠給辦出國手續了。童年玩伴聽說 S 先生要出國的消息，覺得非常榮耀，一堆人天天喝酒聚會，慶祝這件大喜事。到了要離開的那一天，村裏敲鑼打鼓歡送了他二十多公里路。

S 先生想到自己出國是要代表中國人形象的，絕對不能給中國人丟人。於是，他就仿照在港片裏面看到的最帥氣的形象，穿上背帶褲，打著小領結，踩著白皮鞋，坐上飛機去了越南。但這種興奮和帥氣僅僅在他身上停留了幾個小時。接機的越南台資廠的人看到他這身打扮，大吃一驚，哭笑不得地問："你這是到越南來打工的嗎？"

更麻煩的事情還在後面。S 先生到了廠裏才發現，自己要做的工作和想象中的完全不一樣。他以為只要坐在辦公室指揮人幹活就可以了，但實際上，他要在生產線上對越南員工進行具體的操作指導。S 先生對技術一竅不通，一下子就露餡了。

鞋廠老闆非常生氣，覺得自己被騙了，打算趕 S 先生走，還要他賠償工廠為他花費的八千元。可 S 先生根本拿不出這麼多錢。既然事已至此，他決定奮力一搏，便和老闆商量說："我現在確實什麼都不會，但是你給我三個月的時間，我免費給你工作。這三個月裏，我會拚命學習。三個月之後，如果你覺得我學會了，就把我留下；如果你還是覺得我不行，就買張機票把我送回去。反正到那時我已經給你免費工作三個月了，你也不算虧。"

老闆勉強答應了他的要求。S 先生下狠功夫，三個月在工廠裏沒日沒夜地學習，終於學會了必要的技術。老闆是一個實在人，沒有計較他之前的欺騙行為，按照承諾把他留了下來。雖然被留了下來，但畢竟有了污點，所以 S 先生在工廠就格外努力，做任何事都比其他人多動一些腦筋。

S 先生所在台資廠裏的管理架構是：最頂層是總經理，下面是三名副總經理 —— 這些職位都由台灣人擔任；每個副總經理下面會有四到六名經理，經理下面再設課長 —— 這兩層職位主要由大陸幹部擔任；再往下是組長、班長，最底層是流水線普工 —— 這些職位則都是由越南人擔任。

S 先生當時處在課長這一層，他下面的小組長、班長都是越南人。為了更好地工作，他和雷祖旋一樣，很快就學會了越南語，並且開始主動打入越南員工的圈子。在真正進入越南人的生活之後，他發現，越南人跟中國人在很多問題上的理解是不一樣的。很多越南人看重的事情，中國人未必看重，而中國人看重的事情，越南人未必看重。由於這種文化差異，中國人要去直接管理越南工人會有很大難度，因為他們不知道管理時的著力點在哪裏。S 先生想到，應該讓越南人直接管理越南人，他自己只需要管理越南幹部就好。

S 先生就每天都跟這些越南幹部混在一起，白天一起上班，晚上就請他們吃飯喝酒，或者到越南幹部家裏做客。碰到越南幹部家裏有婚喪嫁娶的事情，他就帶著一個大紅包前去 —— 金額比其他越南人包的大很多。S 先生以這種方式迅速地在越南幹部裏打開了局面，很多越南一線員工也特別喜歡他，願意跟他交朋友，工作上也就更加配合了。因此，S 先生的管理效率越來越高。

很快，台灣老闆就發現，原來 S 先生一直在自掏腰包和越南員工處關係。老闆被他感動了，也意識到這種私下的情感交流對於工廠管理的重要性，有一天就私下對他說："以後，你請他們吃飯，費用我出一半。"

從 1996 年到 2004 年，S 先生在這個工廠裏工作了整整八年。在這些年裏，他逐漸搞清楚了越南當地的行事邏輯，也交了一群越南朋友，擁有了自己的人脈網絡。於是，2004 年，他決定走出工廠自己單幹。和其他 "中國幹部" 創業給 "老廠" 做供應鏈不同，S 先生離開了自己的老本行，創辦了一家建築公司，為工廠建設廠房。由於有著豐富的越南人脈和管理越南人的經驗，他的公司裏只有他自己這一個中國人，其他全都是越南人 —— 從普工到管理層皆是如此。

S 先生先想法子搭上了寶元鞋廠發展的快車，趁著寶元大規模擴張的機會，承包了它一半多的新廠房建設。有了這個大客戶，他的公司很快步入正軌。但隨著公司規模越來越大，新的問題出現了。蓋廠房的業務訂單並不是按照有規律的節奏來的。有時候，公司業務過於飽和，忙不過來，Ｓ先生只好把項目轉包給其他公司；有時候，業務又過於慘淡，工人長時間沒活幹，但公司仍需為此支付很高的人力成本。

為了解決這個問題，Ｓ先生開始把公司的一些非核心業務剝離出來，扶持越南管理層的人員圍繞這些業務出去創業，成立公司，做他的供應商。幾年的時間裏，Ｓ先生的公司陸續孵化出十幾家越南人創立的公司。Ｓ先生的公司業務繁忙的時候，孵化出的越南公司就作為供應商存在；Ｓ先生的公司業務不忙的時候，它們也可以自己去尋找其他客戶。

於是，以Ｓ先生的公司為中心，一個深刻嵌合在越南人經濟中的多元交叉網絡逐漸發展起來。這個網絡迅速蔓延，超出了Ｓ先生原來公司所覆蓋的範圍，自生長、自擴展的網絡就這樣演化成越南當地經濟中非常有活力的一個二次生長的部分。這是一個非常有意思的案例，它讓我們在微觀層面上看到，中國幹部在海外的努力，不僅僅在改變自己的命運，改變家鄉的樣子，同時在以一種很積極的姿態拉動著越南的經濟與社會演化。

越南姑爺

在越南的中國人來源很多樣,有跟隨外資或來越投資的中資企業過來的中國幹部,有被國內的工程企業派出來的工程建設群體,有從國內直接過來創業的,有憑自己的專業技能在越南提供各種服務的……林林總總,合計有幾十萬人。

這些人以各種方式與越南的社會產生關聯。S先生的案例讓我們看到這個群體對越南民間經濟網絡的具體拉動效應,我們隨即產生更進一步的興趣:這個群體是如何融入越南當地社會與文化網絡的呢?循著這個問題,我們找到了在越南南部的中國人當中很有名望的彭子豪。我在胡志明市做調研的時候,很多人跟我說,只要你認識了彭子豪,你就可以認識越南南部幾乎所有中國人。

彭子豪來越南之前曾經做過政府公務員,後來辭職到上海創業,經歷過成功和失敗。資產歸零以後,他跟著朋友到越南做餐飲行業。幾年之後,因為一個偶然的機會,他進入簽證代理這個行業。由於接觸的人多,他積累了豐富的經驗,後來又做了商務諮詢。這些經歷，讓他對於在越南的中國人的情況極為了解。2012
年，中國駐胡志明市總領事館首創了領事保護聯絡員制度，讓民間
有影響力的僑民幫助領事館做一些與領事保護相關的外圍工作，以
緩解領事館人手過於緊張的情況。彭子豪是聯絡員之一，這讓他對
官方與民間的各種情況有了更多了解。

彭子豪的各種身份中最令我感興趣的，是他的"越南姑爺"身
份。這裏所說的"越南姑爺"並不是指那種住在條件很差、娶不上
媳婦的山村，便"買"個越南媳婦的人，而是指在越南工作或投
資，與當地女性結婚成家的中國人。這些人多半事業上有所成，條
件還是不錯的。彭子豪說，就他所知，歷年來，以這種形式娶了越
南媳婦的中國人的總數應該超過五十萬，但並不是所有人都長期生
活在越南，長期生活在越南的有大約兩萬人，但這也是個規模相當
不小的群體了。

彭子豪和太太相識的過程很有趣。他剛到越南五個月的時候，
因為打錯電話認識了後來的太太。在語言不通的情況下，兩個人通過
查字典看短信、發短信建立起關係並交往。他們從認識到結婚，正好
是一百天。結婚以後，太太就辭去了在韓國公司的工作，和彭子豪一
起經營他的公司。這對彭子豪在越南事業的發展起了決定性作用。

其實，我最早知道"越南姑爺"這個群體的存在，是從雷祖旋
那裏聽到的。最初，雷祖旋把主要精力放在運營傢具行業的"中國
幹部"群上。這麼多年下來，群的規模越來越大，有了更成型的管
理模式，可以脫離雷祖旋自己運轉了。所以他現在把主要的精力都

放在另一個群裏,就是他參與發起的"越南姑爺"群,彭子豪則是另一個參與發起人。目前這個群裏大概有一千多人,只涵蓋了越南姑爺的一小部分,但這是最有影響力的一部分人。

之所以會成立這個群,與越南姑爺們面臨的一系列共同困境相關。他們需要聯絡起來,相互守望、相互幫助,就共同的問題一起尋找辦法。推動這個群成立的契機,是越南 2014 年的"5·13 排華事件"。"5·13 排華事件"讓很多在越南的中國人都感受到危險,而在當地成家立業的越南姑爺由於身份的雙重性,面臨更加複雜的困局。住在胡志明市的人還好一些,住在罷工中心地區平陽省的那些越南姑爺,甚至有家不敢回。因為即便自己的越南家人願意接納自己,他們也無法保證鄰居不會有惡意。一群漂泊在海外、事業上已有所成,並與所在地形成了各種生命性關聯的人,卻在這一刻感受到身份上的多重困境。

當然,"5·13 排華事件"是個極端事件,就日常生活而言,越南姑爺們並不會面臨這種極端困境。他們要面臨的,有財產上的困境,還有更微妙的政治和文化身份上的困境,其中很多問題可能稱之為"困惑"更為恰當。

先說財產困境。如果一個人沒有越南國籍,就不可以購買越南土地,買的房屋也只有五十年產權,而有越南國籍的人購買土地和房屋都能獲得永久產權。所以,越南姑爺們通常都是以妻子的名義購買土地和房屋的。此外,如果一個人沒有越南國籍,要開設工廠便只能在工業園內租用土地,租期只有五十年;如果有越南國籍,則可以在工業園之外買到有永久使用權的土地，然後建廠。很多自己創業的越南姑爺選擇以妻子的名義購買土地，在工業園外建設工廠。這樣一來，所有大宗財產都在妻子名下，一旦發生婚變，越南姑爺只能淨身出戶。這類故事有過不少。所以，越南姑爺們正努力在當地申請註冊一個非政府組織——國際家庭協會，嘗試以一種更加集體化、規範化的方式來推動政策演化，保障自己的權利。

但是，財產困境涉及系統性的法律變革，要解決這個問題，需要漫長的時間。就目前而言，越南姑爺們能主動作為的空間實際上很有限，只能想辦法儘量規避。

而政治和文化身份上的困境，或者說困惑，最核心的就是孩子的問題。

一個問題是，孩子出生後究竟入哪一邊的國籍？越南承認多重國籍，但中國不承認雙重國籍，同時選擇兩個國籍不可行。不過，這個問題可以拖一拖，因為在孩子滿 18 周歲的時候，他還有一次自己選擇國籍的機會。

但緊跟著的另一個問題是：孩子應該接受什麼樣的教育？這個問題非常重要，因為教育會影響孩子的自我認同，也就在相當程度上決定了他在 18 周歲的時候會如何選擇國籍。讓孩子接受中國教育的話，他有可能認同自己是一個中國人，越南母親心裏就會很難受；讓孩子接受越南教育的話，他有可能認同自己是一個越南人，中國父親則會很難受。要想父母雙方都不難受，有一個折中選項，就是讓孩子在越南接受國際學校的教育。可這樣一來，孩子可能不知道自己應該認同什麼，孩子又會很難受。於是，這就成了一個很難解決的問題。

我在跟彭子豪做訪談的時候，恰好碰到他的女兒放學回來。小姑娘長得漂亮又可愛，看到我們一行人，禮貌地用標準的漢語跟我們打招呼。我便順勢問彭子豪：“你的孩子接受的是什麼教育？”彭子豪說：“我的孩子接受的是輕國際教育，學校是越美合作辦的，英越雙語教學。學校裏，90% 以上的學生是越南孩子，不超過 10% 的外教大多是印度人。我從孩子剛出生的時候，就每天對她說漢語。我的岳父曾經笑話我，說孩子什麼都聽不懂，你跟他說這個有什麼用啊？但是我不管，堅持每天跟她說漢語。最後，孩子開口說的第一句話竟然是句漢語，這讓我很欣慰。現在，我雖然讓她接受英越雙語教育，但始終讓她學習中文。”

彭子豪的孩子有著雙重的身份認同，認為自己既是中國人又是越南人，但由此又會遭遇一種特殊困境，就是越南人對中國人的抵觸情緒。她在學校裏經常能夠感受到同學們的這種情緒，心裏很難過，卻不知道應該怎麼回應。孩子回到家裏會問爸爸，為什麼同學們會這樣。彭子豪便努力超越民族和國家的區分，教育孩子用更大的視野和更廣闊的胸懷看待世界。他還說，未來孩子長大後，如果面臨中越之間的利益衝突問題，自己會引導孩子站在更高的角度來思考，理解越南，也理解中國，採取中立態度。這樣一來，孩子就不會被首先教育成一種政治動物，而會首先是一種文化動物，這會是更多包容、更少偏激的一種多元開放的心態。

　　彭子豪的孩子以後還會面臨一系列的身份困境，但是我相信，在他那種理念下培養出來的孩子，思考問題的視野、格局、胸懷會比一般的孩子大很多。彭子豪為孩子做的這些努力讓我肅然起敬，我猜想，這也會是很多有想法的越南姑爺的普遍努力。這樣一種視野、格局和胸懷，本應是一個大國的國民天然就具備的。但現在在中國大陸，這方面還需要很大提升。古語云"禮失求諸野"，在這樣一群身份微妙的海外中國人身上，反倒讓我們看到了應有的氣度。

　　彭子豪們有這種視野與格局，未必是因為他們的格局天然地就有多麼大，更有可能是因為他們作為身處異國的少數群體，在這種多元的經濟—文化—政治交錯的處境中，會有多重身份，而這多重身份彼此之間可能發生衝突，這些人在內心中自然地就會被逼問一系列問題。而要想回應這些問題，這些人就必須具備一種超越性的視野和格局，這樣他們才能獲得內心的安頓。他們也會希望自己的孩子能夠有同樣的視野和格局，才能跳脫出彼此衝突的多重身份在內心造成的張力。

　　這樣一種視野和格局，經常會出現在具有某種邊緣性身份的人群當中，因為他們會面對主流人群根本不用面對的問題，這反倒會讓他們打開主流人群通常打不開的視野。所謂"禮失求諸野"，很可能因為在"野"之人正是主流之外的邊緣人群，他們不為主流視野所關注，卻保留著或展開著對於整個社會而言更有價值的精神世界。

　　與彭子豪的交談中所引發的這一系列思考，還讓我想起漢朝的

"亡人"現象。所謂"亡人",是指離開中原故土,逃亡到匈奴生活的漢人。亡人的出身多種多樣,他們在中原故土時的身份有高有低,但多半都在中原很不得意。雖然逃到匈奴獲得了新的機會與身份,但他們要面臨新舊兩種身份之間的認同困境。有學者的研究表明,這種處於多元文化與處境中的人,在現實問題的逼問下,並不像通常的中原人士那樣有著一種狹隘排他的族群意識,相反,他們對族群關係持有一種不極端的態度和寬和的傾向。[1] 只有這樣,他們才能化解內在的精神糾結。

我們無法強求一個人在對待異於自己的群體時,天然地就有開放寬和的態度,相反,偏見才是常態。亡人因為處境特殊,才會突破常態,在反思中形成那樣一種態度。

對於古代帝國來說,開放寬和的態度是必備的精神格局。困頓當中的亡人被迫展開的精神世界,有可能對帝國精神格局的打開產生重要的催化作用。諸諸後世歷史也能看到,"亡人"現象不僅在漢朝有,在後來的朝代當中也經常會有,這些人普遍擁有一種寬和傾向,這種精神格局對後來中國形成的胡漢交融、遠超越於中原之上的"大中國"秩序,[2] 有著非常重要的意義。"亡人"這個在歷史上較少為人注意的群體,隱隱形塑著中國精神結構中非常重要的一面。

1　王子今:《漢代北邊"亡人":民族立場與文化表現》,《南都學刊》2008 年第 2 期。

2　關於這種遠超中原之上的"大中國"秩序的討論,可以參見施展:《樞紐:3000 年的中國》,三聯書店(香港)有限公司 2019 年版,第一章第三節。

　　我請彭子豪依照自己的理解，給越南姑爺所關注的問題按照重要性排個序，結果，孩子的教育和培養問題被他排在了第一位。排在第二位的則是如何把越南姑爺之間的資源整合起來，做些更大的事情——因為常駐越南的姑爺通常都有一定的事業，又因為越南姑爺這個身份面臨一些同樣的需求。排第三位的是如何幫助家庭和睦相處。越南姑爺想到的方法是組織各種聚會活動，讓越南媳婦也能互相認識，並進入丈夫的社交圈子，增進中越雙方的了解，形成進一步的多重理解。我以為最重要的財產權利問題，反而被彭子豪排在了第四位。

　　不過，被彭子豪排在第一位的孩子教育問題，並不是越南姑爺所獨有的問題。採訪了一大圈之後，我們又一次回到福建商會，回到我們一開始聽說中國幹部的地方，和龔會長、沈秘書長討論自己最近調研的感受。

　　提到孩子教育問題時，沈秘書長馬上補充說，雖然他不是越南姑爺，他的孩子也不涉及中越混血的孩子所面臨的一些身份困境，但像他這樣在海外打拚的中國人，多半都希望自己的孩子能夠接受中國的教育，以便孩子不要忘掉自己的根。但是，一方面，他們不忍心把孩子送回國內，因為不想讓孩子成為留守兒童；另一方面，在海外又找不到能夠讓孩子接受中國教育的地方。所以，胡志明市福建商會一直在琢磨想要提議案，希望國家能夠在大力鼓勵"走出去"的同時，考慮下中國人在海外的教育問題。

　　彭子豪做的這樣一種排序，讓我意識到，自己對海外中國人世界的理解仍很有限。這個群體的身份認同、所愛所感、所憂所慮，都是與他們具體而微的日常生活處境緊密相關的，不在這種處境中的人，是難以直接體會到的。國內對此經常會有各種想當然，乃至因為國內想當然的動作，而給海外的中國人群體帶來意料外的麻煩。

海外中國人這一微觀群體，與所在國每天都在發生實實在在的直接聯繫，與所在國的社會、文化有著深刻的交融，並形成共生的關係。在海外多個國家的調研讓我意識到，海外中國人與當地社會的交往，才是當地人對中國印象的最直接來源，海外中國人的尊嚴與能力，對當地人來說是比孔子學院更加直接的文化象徵。在這個意義上，可以說，海外中國人群體在相當程度上才是中國在海外真正的力量所在。

如果不去關注這些海外中國人群體的訴求並實實在在地解決問題，中國的 "走出去" 就會是虛浮的、脆弱的。我們過去對於國際問題的關注，往往都聚焦在宏觀問題層面，卻忽略了微觀的 "人" 這個層面，導致大量的想法都無法落地，甚至事與願違。海外中國人在微觀層面的努力與訴求，應該作為一種積極的歷史力量，能動性地參與中國與世界的互動過程，並參與反塑中國的自我意識的過程；宏觀層面的制度設計，則應該為這種微觀層面的積極參與創造良好的條件。只有這樣，中國與世界才會進入一種更加良性的共生演化歷程中。而這一切歷程的展開，都以我們能夠突破過去單向度的觀念與視野為前提。

老僑的故事

　　這些海外中國人的故事讓我非常感動，歷史好像在我眼前繼續書寫——這就是新時代的"下南洋"。

　　除了改革開放之後來到越南工作、發展、生活的新僑，其實很早以前就已經有大批中國人來越南謀生了，他們經歷的就是老的"下南洋"。這批人的後裔已經取得了越南國籍，成為越南的少數民族，被稱為"華族"，其中還有部分人被識別為其他民族；在越南華僑圈子裏，他們被稱為"老僑"。這群人與本書所關注的中國製造業轉移、海外中國人與中國經濟等問題雖有聯繫，但已很微弱。但他們的經歷曲折起伏，折射出身處大時代的小人物命運的種種無奈，讓人無盡唏噓。這群人的故事不應被忘記，所以我想盡己所能把他們的故事記錄下來一點。

　　中國人下南洋的歷史可以追溯到一千年前的宋朝。當時中國的海外貿易非常發達，北到日本、南到爪哇島，整個東亞地區的海洋世界遍佈著中國商人，通常所說的"朝貢貿易"多半是旅居海外的中國商人被所在國任命為使臣，代表它們到中國來進行貿易。

明朝的時候，由於朝廷實行海禁，民間合法的海外貿易在很長一段時間裏被禁止，但貿易的需求仍在。於是，民間貿易表現為大規模的走私行為乃至海盜行為。所謂的嘉靖大倭亂，其中的主力實際上是進行走私貿易的中國商人。等到隆慶年間開放海禁，倭亂自然就平息了。嘉靖年間，西方人已經來到南洋。南洋的貿易機會變得更多，下南洋的中國人也變得更多。到了清朝中後期，中國出現了人口大爆炸，人口數量前所未有地突破了四億。人口壓力迫使東南沿海的大量人到南洋討生活，"下南洋"便大規模展開。近代下南洋的中國人的社會階層多樣，但下南洋後多半都是做苦力，其中少部分奮鬥成功，成為富人。

從宋朝開始直到近代，中國商人始終是東亞海洋上貿易活動的主力。即便後來，諸如東印度公司等西方國家的勢力開始成為亞洲海洋上的貿易主導者，但它們仍然只能從事批發貿易。出口到西方的批發貨物的匯聚、進口到東亞的批發貨物的分銷，在微觀層面上仍然由散佈在整個東亞海洋世界的中國商人主導。

下南洋到越南的華人大半在南部。今天胡志明市的華人聚居區第五郡，原本就是 18 世紀由華人建立的城市，叫作堤岸市。那裏曾經是中南半島上僅次於西貢的第二大城市，後來與西貢合併，1975 年又改名為胡志明市。1921 年，越南的華人還不到三十萬人；20 世紀 50 年代之後，因為中國大陸的政治變遷，越南華人暴漲到約 150 萬人，其中南越華人約 135 萬人；1975 年越南統一之後，越南政府對華人的政策日趨嚴厲，此後若干年內陸續有六十多萬華人被迫離開越南；直到中越關係正常化之前，越南華人的數量大約為八十萬人。1975 年之前，華人在越南經濟中佔據舉足輕重的地位。據統計，在 20 世紀 50 年代越南南北分治之後，華人經濟約佔南越經濟總量的 30%，其中商業佔 70%，工業佔 25%。在 20 世紀 50 年代初，越南仍由法國殖民政府統治，越南北部地區有華僑華人商號約四千家，約佔越南北部各省商號總數的 13%，其中有 2/3 的商號集中於河內、海防，而海防 70% 以上的商店都是華僑華人開設的。[1]

老僑來到越南的方式有兩種：一種是陸路，一種是海路。走陸路來越南的華人，多半來自與越南接壤的中國邊境地區，比如雲南、廣西一帶；走海路來越南的華人，多半來自中國沿海省份，比如福建、廣東、廣西、海南等。這次考察我們幸運地訪談到了這兩種老僑。

王叔是祖籍福建的第二代老僑，中文名字叫王奕謀，現在是胡志明市第三郡關帝廟的立案會長，在當地華人圈中德高望重，我們都尊稱他王叔。

王叔是泉州人，他給我們講述了對泉州華僑來說很重要的一個地方 —— 二府會館的故事。二府會館是由福建泉州和漳州兩個地

方的人聯合在堤岸市修建的廟宇，到今天已有近三百年的歷史。下南洋的華人在海外站住腳之後，要做的頭一件事就是修建廟宇。廟宇的修建經常是以州府為單位組織起來的，廟裏供奉著媽祖、關公、土地公、觀音菩薩等。這件事這麼重要是因為，一方面，以廟宇為中心，漂泊海外的同鄉僑民可以形成一種擬宗族結構，從而擁有心靈依託，獲得精神凝聚力；另一方面，僑民們也會以廟宇為中心形成一種互助機制，有了廟宇就會有人捐錢，管理者會以廟宇的名義購買土地，建立華人醫院、華人學校、祠堂、墓地等，一系列社會機制由此演化生長出來。

王叔說，各種華人會館所統領的人群，在祠堂祭祖時，進行的是公祭，祭祀的就是本群體公認的最早來到此地的先僑，不再追溯他們在中國的家鄉。公祭一般來說是以省為單位展開的，因為這樣才能組織起足夠大規模的人群。但是各家在自己家裏進行私人祭祀的時候，可能會追溯到其在中國的祖先。這是個很有趣的意象，公祭的先僑象徵著這個群體所認可的公共身份。先僑是群體公認的開山老祖，相當於這個群體在海外開闢出真正屬於自己的天地 —— 他們都會認同這個空間就是自己的這個僑居地，它甚至不再是"僑居地"，而就是自己的土地。但是，僑居地與祖先故鄉在空間上的距離，並不會遮斷血脈的延續，因為私祭會回溯到各家的祖先。於是，私人層面在時間脈絡上有著另一條認同的線索，和故土有著千絲萬縷的聯繫。僑居海外的人，就這樣在空間和時間的交錯中，確認並調適著自己的多重身份。廟宇和祠堂則是把這些時空線索聯繫起來的樞紐。

　　1946 年，王叔的父親為了躲避中國內戰，帶著妻子乘船來到西貢討生活。1948 年，王叔出生在西貢。王叔的父親在越南逐漸打拚出了事業，一家人的日子過得頗為殷實。王叔小時候便在二府會館旁邊一所叫作西貢城志學校的華文學校讀書，[1] 這個學校允許貧窮子弟申請半費或免費讀書。很多會館都有相伴的華文小學和華文中學，學校裏教中文和越南文，還有歷史、地理、作文、自然、公民、常識、數學、物理等課程。中文課程使用的教材都是敗退台灣的國民黨當局編撰的，但要在當地使用，得經過南越教育部的審定。華文學校與當地越南文學校在課程設置上的主要區別在於歷史和地理：華文學校的學生要學習中國歷史和中國地理，以不忘故國；也要像越南學生一樣學習越南歷史和越南地理，以理解自己生活的這個國家。華文學校的老師是從台灣派過來的，學生畢業之後還可以到台灣去讀大學。王叔在校學習用的字典是《四角號碼字典》，他還現場給我們唱了一段四角號碼口訣。我一邊聽著王叔的吟唱，一邊有一種穿越感，這是這片土地上僅僅五十多年前的歷史，我卻彷彿在觸摸另一個世界。

1　王叔得知我在寫此書，特意把城志學校的校歌拍了照發給我。校歌的歌詞古雅大氣：
　　"閩僑孕秀，越海鍾英，弦歌遠播，桃李盈庭，巍峨黌宇，鼓鑄文明。禮義廉恥，是訓是行，藏修遊息，相得相成。為家之幹，為國之禎，日新月盛，養正功呈，琦歟休哉，吾校光榮。"他又發來自述："離開母校六十載，看越南西貢城志學校校歌歌詞，回憶學生時代每逢周一早上，唱國歌、校歌，聽每周校訓，蘇草堂校長，葉鴻照訓導主任訓詞。往事已逝，世事多變。"讀此校歌及自述，感慨天地不仁，以萬物為芻狗，令人頓生慷慨悲愴之感。

　　王叔讀書時，南越處在持續不斷的戰爭中，經濟上一塌糊塗，除了農業之外，主要依靠美國的援助和美軍的駐軍經濟維持運轉。王叔讀完高中後，按說應該去服南越政府的兵役了，但他想法子進到銀行工作，免除了兵役。

　　1975 年，南越被北越統一，北越在南越開始了清洗活動，掌握著南越大量財富的華人群體被迫逃離。他們變賣家產，花令人難以置信的高價買船票逃去香港或澳門。窮人可能就作為難民留在那裏，有錢人再由港澳中轉去澳大利亞或北美。這群人構成了世界現代史上最令人心酸的群體之一 ——"船民"。

　　運氣好的 "船民"，能夠順利地逃走；運氣差的，到了香港也無法登陸，只能漂盪在海上，很久之後才獲得機會登陸，進入難民營。但還有運氣更差的，就是像王叔一家這樣的，好不容易坐上船逃走了，卻在半路被越南海軍截住，被趕回已經改名為胡志明市的西貢。但王叔一家還不算運氣最差的，他說有一家鄰居原本是西貢數得上的大富戶，變賣了所有家產換成數千根金條，結果坐船逃走的半路被截獲，不僅金條被全部沒收，一家人還被趕回西貢。可是，他們在西貢的房子已經全都被賣掉了，他們便直接從上流社會的大富之家淪落為街頭的流浪者。

　　王叔一家人被遣送回西貢之後，財產也所剩不多。王叔作為家裏長子被迫下鄉接受改造，五年之後才得以再次回城。王叔只好重新奮鬥，所幸終有所成。王叔的孩子們都很優秀，有的在越南做高級白領，有的已經定居澳大利亞。

1975 年之後，南越各個華人會館附屬的華人醫院和華人學校都被政府解散，場地被政府徵收，只有會館作為宗教場所被保留了下來，不少會館在 20 世紀 90 年代還陸續被越南政府認定為越南國家文化古跡。華文教育在 1975 年之後也都被禁止了，而老僑們不願孩子們就此忘掉華文，便在會館中悄悄地教孩子們華文。整整十年後，到了 1985 年，越南政府才允許成立新的華文學校，但這種學校比一般的越南學校只是多了一門華文課程，教學生們學漢語，不再有其他區別。可這種學校畢竟還是屬於官辦的正規學校，還有一些民辦的華文學校，就僅僅是個語言學校，除了語言之外什麼都不教。華文學校的師資只能由本地華人自己想辦法，字典也改用《新華字典》，不再使用《四角號碼字典》了。

但越南的華人會館並沒有因此淪為一個死的古跡，而仍然是活著的場所。對於越南的華族來說，確認自己的華族身份是很重要的，到廟宇裏祭拜就是非常重要的一種確認方式。也就是說，會館這種廟宇不會成為老僑當中年輕人日常生活圈子的一個基礎，但是會成為他們確認自己華族身份的一個基礎。然而，年輕人確認自己的華族身份，並不意味著他們會從政治身份上認同自己是中國人，他們就是越南人，只不過是越南的一個少數民族而已。

老僑們與先輩故土的聯繫可能越來越微弱了，但只要有這一座廟在，鄉音就不會完全斷絕。我們和王叔的訪談持續到中午才結束，年逾古稀的王叔像普通的越南人一樣，戴上頭盔，騎上摩托，在正午的赤道陽光下與我們告別。王叔的背影漸漸融入人潮，留給原地的我們無限唏噓。

與王叔一家人從海路來到越南不同，廖子權一家人當年是通過陸路來到越南的。廖子權是祖籍廣西的第三代華僑，現在是越南南部同奈省某民辦華文學校的校長。

我們見到廖校長之後，他先帶我們參觀了一圈他的華文學校。這個學校僅僅教語言，就建在一座觀音廟旁邊，像是觀音廟的一個附屬建築。這馬上就讓我想起王叔講的關於華文教育的故事。廖子權所在的縣有一萬多名華人，現在有四所華文學校，幾乎都是和廟宇相關的。管理廟宇的理事會和管理學校的理事會，在人員上高度重合。但實際上，廖子權所在的這個村剛剛建立不到三十年，是隨著人口擴張而形成的，觀音廟也是在村子建起來後才修建的，看來華文學校與廟宇的共生關係已經成了當地的習慣。

廖子權祖上生活在中越邊境的廣西東興，世代務農。東興一帶地勢平坦，中越兩國邊界過渡得很自然。直到 20 世紀 40 年代，邊民都還沒有什麼清晰的邊界觀念。自己土地上收成不好的時候，東興農民就有稍稍南下尋找合適耕地的。廖子權的祖父就是這樣來到了越南。但在那一輩人眼裏，並沒有什麼出國的概念，只不過是到村子更南邊的地方去生活而已。

之後過了沒幾年，越南這片土地上發生了一系列天翻地覆的大事。越南原本是由法國殖民者統治的，1940 年日本入侵了法屬中南半島，但當時正處於二戰時期，法國在歐洲已經戰敗投降，新成立的法國維希政府是德國附庸，也是日本名義上的盟友，日本便在名義上與維希政府共治中南半島。1944 年下半年，維希政府被盟軍推翻，戴高樂掌權，法屬中南半島又變成了敵國的殖民地，日本便在 1945 年初打敗了中南半島的法軍。戰敗的法軍一部分投了降，一部分越境逃入中國雲南。1945 年 8 月，日本戰敗，根據《波茨坦公告》的戰區劃分，法屬中南半島地區根據北緯 16 度線被劃分為南北兩個受降區，北部由中國受降，南部由英國受降。受降後一年內，英國、中國根據此前的協議陸續把當地統治權移交給法國，入越受降的中國軍隊撤回國內。之後便是胡志明領導的越南獨立同盟會與法國殖民者之間持續多年的戰爭。1949 年，中國共產黨在中國大陸取得了革命勝利，國民黨主體退往台灣，一部分國民黨軍隊則退到了越南。到 1954 年，法國殖民政府承認戰敗，簽訂了《日內瓦協定》，規定以北緯 17 度線為界，越南被暫時劃分為南北兩部分。北部成立了由胡志明領導的越南勞動黨執政的越南民主共和國，南部則由越南末代皇帝保大帝統治。1955 年，保大帝的首相吳庭豔在美國的支持下發動政變，廢黜皇帝，成立越南共和國並自任總統。之後，北越與南越之間持續了二十年的戰爭，南越內部也經歷了幾次政變，直到 1975 年北越才統一了南越。

在這樣的歷史大潮中，小人物根本無法把控自己的命運，廖子權的祖父及家人的命運就在這大潮中起起伏伏。

一開始，老廖先生在越南北部種地。各種政權 —— 法國、日本，甚至中國接收軍 —— 來來往往，華人可能會有一時的低眉順目或揚眉吐氣之別，但就日常生活來說，不會有太大變化。

中國大陸的共產主義革命成功之後，老廖先生耕種地方的附近進駐了一支國民黨敗軍。這支軍隊可能一直不服氣地望著北面，想著有朝一日能再打回去。但它畢竟駐紮在別國土地上，只能接受法國殖民政府的要求，配合法軍與胡志明的越南獨立同盟會作戰。同時，它也積極地積蓄實力，收攏未來可用的力量和民眾，老廖先生就這樣被這支國民黨軍隊統合起來。沒料到，過了幾年，法國就戰敗了，北越的共產主義革命也成功了。那支國民黨軍隊不僅反攻無望，甚至連這個暫居地都待不下去了，只好繼續遷移到南越，老廖先生也就跟著大軍南下。

剛到南越沒多久，就發生了反對吳庭艷的政變。吳庭艷需要一支有戰鬥力、在當地又沒有根基從而易於控制的軍隊，來幫助自己平定反對力量，這支國民黨殘軍自然就被他收攏在旗下。但在反對力量被掃平之後，該如何處理這支國民黨軍隊成了難題，畢竟這是一支外國軍隊，吳庭艷不敢讓它長久保持強大的戰鬥力。於是，在南越政局穩定之後，吳庭艷便將這支軍隊解散，分散安置，讓這些人就地務農。老廖先生就被安置到了同奈省一帶的鄉下，家族在當地繁衍到今天。後來越南進行民族識別的時候，問他們是什麼人，他們都自稱是務農的，於是被登記為 "儂族"。所以，今天在越南的老僑華人不僅僅包括 "華族"，還包括其他族群。

廖子權的家族就是在這樣跌宕起伏的歷史中默默地生存著，通過廟宇和華文教育，努力傳遞著關於自我身份的記憶，同時以此為中介，積極地融入越南社會。

我去採訪廖子權的這一天，正趕上盂蘭盆節（即中元節），這在篤信佛教的越南是個大節日，胡志明市的各大寺廟都熱鬧非凡。廖子權所在的這個村雖位置偏遠，人口不多，但觀音廟裏也做了認真的佈置。廟門擺好貢品，兩排香燭夾住一條從廟門通往廟側祭台的、由紙錢鋪成的貢路，紙錢上的圖案以美元為主，也有越南盾，貢路上還放著各種貢品。有法師在貢路旁的桌子上寫著法帖，吹著號角，還有兩個法師坐在祭台上用我聽不懂的語言高聲誦經。我後來打聽了一下，他們說的是客家語。廟宇的理事同時也是學校的理事，他們都聚在廟宇的小院子裏。

過了一會兒，一輛中巴車開了過來，魚貫而下二十多人，他們都有說有笑的。廟裏鼓樂大作，理事們都站起來迎接。廖子權告訴我，這些都是附近村裏的盲人，在盂蘭盆節到廟裏來領取免費派送的米糧油。

我問他："這些米糧油都是從哪裏來的？"

他說："都是平日裏各種香火錢積攢下來買的，盂蘭盆節用來救助窮人。"

"是僅限華人才可以來領嗎？"

"不是的，任何人都可以來，跟民族無關，來的甚至主要是越南的主體民族京族人。"

"那麼，京族自己的寺廟也會這麼做嗎？"

"是的，京族寺廟也會救助窮人，任何民族的人都可以去。我們在當地是不區分什麼民族的,都是百姓,哪有那麼多分別。"

老僑已經真正融入當地社會,但是老僑與新僑之間的關係有些出乎我的意料。在 20 世紀 90 年代初期,台灣人和大陸人陸續來到越南投資的時候,普遍面臨著語言障礙。老僑就成了新來的華人與越南社會之間的一個重要中介,他們以翻譯的身份,幫助新來的華人較快地在越南打開了局面。

然而,老僑畢竟是已經在越南生活了幾代的人,他們對自己的身份認同首先還是越南人,或者再具體一點,是具有華人血統的越南人。他們與新僑之間的認同感,並沒有我想象的那麼深,這也是完全可以理解的。畢竟,真正的認同感,是需要通過共享的日常生活空間形成的。老僑與當地人之間有這種共享的生活空間與歷史,與新僑則很少有這方面的共性。王叔和廖子權都還有著對於故土的某種情結,近年來都曾回到中國大陸認祖歸宗,但是年青一代的老僑,則更多的是以一種外國人的身份來理解自己與中國的關係了。

新僑與老僑,這新老兩次 "下南洋",都充滿了讓我感動的故事。

我們過往看待中國與世界的關係的眼光,太過聚焦在國家政策和大規模項目這些宏觀層面上,而欠缺對於微觀層面的 "人" 的關注。如果中國在世界上只有那些大的政策和項目的話,隨著政策的變更和當地政權的更迭,中國在海外的影響力就有可能消散掉。只有通過龐大的海外中國人群體與當地社會的緊密結合，中國的 “走出去” 才會擁有一個穩定、長遠的根基。海外中國人的存在，在某種意義上構成了中國與世界相互聯繫、相互融合的堅不可摧的底層河床。河床往往很難為人看到，但它規定了表層的河水會怎樣翻騰。

海外中國人群體首先是通過貿易將中國與當地乃至與世界聯繫起來的，中國與世界相互聯繫與融合的底層河床，也在貿易過程中逐漸演化生長起來。在海外的一系列考察，讓我們不由得進一步追問，通過這樣一個日益龐大的海外群體的活動而不斷生長的河床，對於國際秩序而言究竟意味著什麼？

這個問題，讓我想起中世紀歐洲的一系列商人秩序，正是這些商人秩序孕育了近代世界秩序的一系列規則，但這些母體在近代世界秩序中被遮蔽了。隨著技術和經濟的演化，我們可以看到世界秩序的一系列演化，商人秩序在新的世界秩序中，可能會起到和之前很不一樣的作用。今天，我們是否走到了又一次歷史循環的門口，商人秩序是否會再度站到歷史的前台呢？

第七章

新漢薩同盟

經濟空間與政治空間的分離

　　前面的篇章以越南為問題切入點，從宏觀和微觀兩個層面透視了中國、整個東亞乃至東亞製造業集聚區與全球經濟秩序之間的共生演化邏輯。

　　通過這一系列探討，我們看到，冷戰秩序先是促成了東亞海洋地區的製造業成長，東亞鐵幕在兩邊造成的勢能差形成了一系列特殊條件，進而刺激了中國大陸在改革開放初期的經濟增長。到 20 世紀 90 年代後期，美國進入新一輪的創新經濟，產生了生產流程大規模外包的需求。承包方必須有龐大的供應鏈網絡才能夠承接起這種大規模外包的任務，而中國的經濟節奏剛好和這樣一種全球大勢形成共振，開始迅猛增長，並反過來重塑了整個東亞世界的經濟秩序乃至全球的經貿循環結構。

　　這一系列演化進程發展出一些重要的新趨勢。就本書的研究視角而言，其中最值得關注的一個趨勢是，這十幾年來，商人秩序推動的經濟空間與國家主導的政治空間日益分離。我們過去近乎本能持有的、以政治空間統攝一切問題的封裝式思維，已經無法適應新的時代了。

　　經濟空間與政治空間分離背後的動力機制，是技術的發展、公司組織邏輯的變化以及製造業邏輯的演化。

　　先來看技術的發展。信息技術的發展壓縮了時間和空間，各種分隔性的邊界都被穿透，相隔千里、從未見過面的人可以是每日在線上互動的好友。但是，一種新的分隔性邊界會由此浮現——住在隔壁的人，由於不在同一個網絡圈子，有可能根本就不認識。遠在中東"伊斯蘭國"製造的暴行，可以在新西蘭激發出可怕的暴力屠殺。兩場屠殺相隔千萬里，卻在同一個網絡空間上被人注視，甚至被現場直播。但是，還有很多人沉浸在其他的網絡空間中，對這兩個事件都所知甚少；還有很多不上網的人和上網的人又處在完全不同的次元裏。我們過去所熟悉的邊界和共同體觀念，都已經失效了。

　　這還僅僅是從社交媒體的角度來說，實際上，信息技術對於傳統邊界的穿透是全方位的。各種各樣的數據在不斷地跨邊界流動，在某種意義上，數據是信息技術的核心資產，它對應著一系列全新的經濟邏輯、金融邏輯、財政邏輯、文化邏輯乃至政治邏輯、安全邏輯。而網絡時代的頭部效應讓各種數據越來越集中到幾個大公司手中，這些公司對世界的影響力不僅是商業上的，而且在政治上也有了史上前所未見的影響力。但大公司彼此之間的數據可能處在一種隔離狀態，這就會造成一種過去想象不到的新邊界。

於是，傳統的物理性邊界的意義喪失了，新的邊界是非物理性的。但是，這種新邊界是隨時在變形的，隨時易於以我們想像不到的方式再被穿透。而主權國家恰恰是以物理邊界為基礎來確定一系列國際法權安排的，隨著物理邊界意義的大幅喪失，既有的國際法權安排的意義也將大幅喪失。

所以，隨著技術的變遷，政治與經濟、商業之間的邊界變得越來越模糊。過去的國際公法基本上是不關注那些大公司的，但是未來，這些大公司越來越需要被納入一種國際公法的規範當中，甚至國際公法本身也會在這個過程中被重新定義，它和國際商法的邊界會越來越模糊。可是，新的國際法權該如何生成？國家在其中能起到的主導性作用顯然會變得越來越有限，因為現實中的經濟空間和國家所能主導的政治空間越來越像是兩個次元的存在。

再看公司組織邏輯的變化。跨國大公司的組織邏輯越發複雜，不僅脫離了國家政治空間的約束，甚至經常利用政治空間的分隔性來套利。比如，2017 年披露的一些文件表明，美國的蘋果公司利用愛爾蘭的一些特殊稅收政策進行了一系列巧妙的公司架構設計，形成複雜的國際稅務安排，把公司絕大部分的現金（2017 年已達 2520 億美元）放在愛爾蘭和一些離岸的避稅天堂，根本不放在美國。蘋果公司的避稅架構同時避開了愛爾蘭 12.5% 和美國 35% 的公司稅，並使它在海外很少繳納超過 5% 的海外利潤稅，在某些年份，這個數字甚至低於 2%。據歐盟委員會計算，蘋果公司的一家愛爾蘭分公司在某一年的稅率僅為 0.005%。[1] 基於這種財務安排及一些法律邏輯，蘋果公司現在已被統計為愛爾蘭最大的公司，儘管它在愛爾蘭沒有開設一家專賣店。愛爾蘭的這種稅收政策讓歐盟很惱火，認為這會讓企業無法在歐洲得到平等待遇。歐盟在調查後要求愛爾蘭改變稅收政策並向蘋果公司追討 130 億歐元（約合 139 億美元）的稅款。愛爾蘭則不願改變自己的政策，希望以此吸引更多企業將現金存放過來。[2]

　　蘋果公司的做法並不是孤例，實際上，國際大公司普遍都會通過一系列複雜的公司架構設置形成這樣的財務和稅務安排，把大部分現金放在海外的避稅天堂，就算美國對此很惱火卻也無法解決。比如，彭博通訊社在 2017 年做的一份統計顯示，蘋果將 93.3% 的現金放在海外，微軟放了 97%，思科是 95.7%，強生是 98.6%，通用電氣是 41.9%，高通是 92.9%，可口可樂是 87.3%，百事可樂是 96.9%，英特爾是 58.9%，亞馬遜是 33.1%。[3] 公司組織邏輯的這一系列變化，會讓有能力做如此安排的大公司獲得一系列不對稱的競爭優勢。現有的國家政治空間一方面無法應對這類問題，另一方面

1　《"天堂文件"披露蘋果公司避稅新辦法》，https://www.bbc.com/zhongwen/simp/business-41896465。

2　《蘋果在愛爾蘭避稅內幕：成立無員工子公司轉移利潤》，https://tech.qq.com/a/20161218/003305.htm。

3　這裏只引用了中國人相對熟悉的一些大公司，更多數據見：Laurie Meisler, "The 50 Largest Stashes of Cash Companies Keep Overseas", https://www.bloomberg.com/graphics/2017-overseas-profits/。

在以各種方式催生著這類問題。經濟空間和政治空間不僅日漸分離，還形成了一系列極為複雜的套利關係。

最後，再來看看製造業邏輯的變化。基於前幾章的討論，我們已經可以定性地得出以下幾點結論。

第一，在不出現具有實質意義的新技術躍遷的前提下，中低端製造業會終結在東亞地區。其中，重化工業大致終結在中國；電子技術產業大致終結在北起日本海、南抵南海的環"亞洲地中海"地區，這個地區擁有龐大的供應鏈網絡以完成相關生產，而中國因其規模會始終是供應鏈網絡的重心所在；信息產業，就其硬件製造部分而言，可以大致理解成電子技術產業的某些衍生分支。

第二，就電子技術產業而言，環"亞洲地中海"諸國有著高度密切的分工合作關係，而且，這種分工已經進入工序層面。各國在同一類產品的不同工序上有不同的比較優勢，這類產品在生產流程上是一種跨國性的存在，這是過去從未有過的現象。再考慮到作為電子技術產業之基礎設施的重化工業終結在中國，這就意味著中國與東南亞各國在更多層次上的工序分工（橫向的工序分工與縱向的產業梯次分工）和製造業的生產流程就進一步成為穿透國界的存在。信息產業的跨國性穿透全球各國層面，生產流程的跨國性主要穿透環"亞洲地中海"諸國邊界，共同構成對國界的挑戰。

第三，在這種背景下，跨國大企業需要淡去自身的國籍屬性，更多地聚焦商業性，從全球市場、從純商業的角度出發，來考慮全球佈局問題，以及在不同國家和地區採取不同的適應性策略的問題。一個基本原則便是,要回歸到"政治的歸政治,商業的歸商業"的狀態。

第四,支撐這一系列新的經濟邏輯的微觀基礎是具體的人。環"亞洲地中海"地區在"人"的層面上也已經高度相互依賴,各種發展機會都是在不同國家和地區的人的多重互動過程中演化出來的。民族主義構造出的那一系列"民族緻密體"的迷思、各種封裝式思維需要被突破,人們要形成更加開放、自由、包容的心態,而能率先形成觀念突破的群體,極有可能出現在這個高度跨界互動的人群當中。相應地,對這些人來說,相關各國在就業政策、移民政策、投資政策、法律、教育等方面,都需要有新的邏輯跟上。

技術、公司組織和製造業生產流程層面的經濟空間,都在與政治空間日益分離。但是全球經濟治理機制仍然是以國家為主體運行的,無法匹配這種新的發展趨勢。

我們很熟悉的三大國際經濟組織 —— 二戰之後成立的 IMF、世界銀行、WTO(前身為關貿總協定),基本上是把凱恩斯在一戰後的主張變為現實,突破了狹隘的民族主義視野,從遠超單個國家之上的全球經濟空間的高度出發來規劃世界秩序的底層基礎的。但是,具體在操盤這三大機構的是國家,而經濟運行的真正細胞 —— 商人,在裏面的發言權很有限。甚至在達沃斯論壇這樣旨在研究和探討世界經濟領域問題的非官方國際性組織中,真正的主角也是國家,商人的地位還是像配角。這些都造成了治理主體與治理對象的錯位。

冷戰時期，一方面，政治問題在排序上具有最高優先級，商人秩序必須被置於次一級地位；另一方面，各國之間雖然有產業分工，但是在經濟上的相互滲透還遠沒有達到今天這麼深的程度，國界在經濟問題上還是有一定意義的。所以，在當時，治理關係上的錯位還不是太大的問題。到了後冷戰時期，一切都變了。一方面，政治問題的排序優先級大幅下降，經濟問題在今天就是政治問題。另一方面，隨著技術、公司、生產邏輯的變化，國界在經濟問題上的意義大幅下降。如此一來，治理關係上的錯位就是必須要回應的問題了。

不僅如此，這些全球經濟機構還面臨著多邊組織普遍會面對的一些困境。

第一，多邊組織會面臨權力與責任不對等的困境。多邊組織中有大國也有小國，小國天然有進行多邊外交的渴望。這是因為，在雙邊外交中，小國面對大國時的談判地位非常不利；一旦進入多邊外交，大國的優勢地位馬上會被多邊的結構約束住，小國就可以大大改善自己的不利地位。但問題正出在這裏。多邊組織的民主特徵是要靠投票來呈現的，可小國的票數和它們在國際秩序中的利益相關性並不成比例，大國的利益反倒無法在多邊組織中獲得恰當的表達與實現，於是大國會有杯葛多邊組織的衝動。近年來，我們在國際政治中已經看到了大國的一系列杯葛之舉，權責不對等困境是它們如此行動的重要原因之一。

　　第二，多邊組織難以表達連貫的價值觀，這個困境可能更麻煩。由於多邊組織中成員國的價值觀多種多樣，各國對什麼才是正當的國際秩序有著大不相同的理解，進而對具體議題投票時，所依從的原則也會大不相同。並且，每個國家都會有多重利益關切，在不同的議題上，同一個國家的投票原則也可能會發生變化。這就使多邊組織的投票結果經常並不反映人們的價值判斷，而只不過是一種偶然的利益組合。這樣一來，多邊組織雖然在宗旨上會有價值承諾，但在事實上放棄了這種承諾；多邊組織在名義上是國際行為正當性的來源，但它在處理具體糾紛時的中立性和正當性會遭人質疑。這就令大國更想杯葛它，小國也會在利用這個平台的同時嘲弄它。

　　這些困境都使得多邊組織有著一種自我否定的特徵，再加上技術、公司組織和製造業生產邏輯的變化，更加讓當今的全球經濟治理機制踟躕難行。

　　基於對近年來經濟邏輯的觀察，我們會發現，公司和人都是在一種超國家的空間，更準確地說是非國家的空間中活動的，它們會進入一種“無法”狀態。所謂“無法”，是指它們活動的經濟空間處於一種法權秩序缺位的狀態，商人們找不到可以依託的國際法上的權利主體。新的經濟邏輯下的公司和人，都需要一種能夠被廣泛接受的超國家／非國家的規則系統，但是今天的全球治理機制無法提供這種規則系統。公司自身在相關方面也許可以有所作為，但迄今為止它們還沒有展開太多有效作為，公司和人都懸置在"無法"狀態。

如何讓這些"無法"的存在獲得國際法權的形態，是當今的國際秩序需要解決的一個重要問題。我在第四章提過，人類的秩序演化史長期以來都是由商人秩序和政治秩序纏繞著共生發展的。政治秩序力圖覆蓋商人秩序，這種努力在近代似乎一度成功了，但實際上只不過是商人秩序被遮蔽了。隨著技術、公司和生產邏輯的不斷演化，到了今天，這種努力真正顯示出力有不逮的問題。所以，我們可以做一個大膽的想象，也許，我們今天已經走到了一個新的歷史節點上，商人秩序、商人法應該重回國際法權體系的前台。

諮諸歷史我們會發現，這種想法並不是多麼新鮮。在近代以前，很多地方的商人秩序原本就是活躍在國際法權體系的前台的，中世紀歐洲的漢薩同盟就是非常典型的例子。同時代的中國也有強勁的海上商人力量在活動，但由於當時的中國與歐洲在政治秩序上差別甚大，兩邊商人秩序的邏輯也大不相同。在近代，歐洲的秩序覆蓋全球，並改變著東亞的政治及經濟邏輯。到了今天這種深度全球化的時代，技術、公司與製造業的變遷是否有可能在東亞地區推動一種新的商人秩序的浮現呢？

要把思路進一步打開，也許我們需要回溯歷史，到歷史中尋求智慧，看看當年歐洲的商人秩序是如何形成又如何演化的。我在《樞紐》一書中堅持一個基本主題：歷史學才是未來學。只有理解既往的演化邏輯及其動力機制，我們才能辨識清楚當下的所在，並有依據地構想未來。

所以，為了更好地構想未來，我們經常需要回顧歷史。

1367

1367 年，元至正二十七年舊曆十月，燕山腳下大都（今北京）城裏已然朔風陣陣。但對朝廷來說，最大的冷風不是來自北方草原，而是來自長江邊的應天府（今南京）。江淮地區的農民起義已經持續十幾年了，朝廷始終壓不下去；最強悍的一股起義勢力佔據了應天府，攻滅了周邊群雄，現在居然發佈了一份《諭中原檄》昭告天下。

檄文開篇有云，"自宋祚傾移，元以北狄入主中國，四海以內，罔不臣服，此豈人力，實乃天授"。承認大元朝奄有四海，實乃天命所歸，也承認元朝帝國初起，"君明臣良，足以綱維天下"。但話鋒隨即一轉，又云百年之後，君昏臣亂，合當天命流轉，"當此之時，天運循環，中原氣盛，億兆之中，當降生聖人。驅逐胡虜，恢復中華，立綱陳紀，救濟斯民"。檄文一發，便有大軍北上，大都的朝廷被迫北逃塞外。1368 年正月，朱元璋在應天府登基稱帝，建立大明。

就在《諭中原檄》昭告天下的前一個月，歐洲大陸西北部的科隆城裏，77 個城市的代表剛剛召開大會，訂立軍事同盟。這些城市都是商業城邦，其中商人的主力都是德意志人。但德意志在當時還僅僅是個地理概念，我們今天所說的德國要到五百多年後才會形成，所以這些城市並不是從屬於哪一個帝國或王國的，即便有從屬關係，也多是形式上的。實質上，各個城市都有非常大的自治權。遍佈歐洲北部的德意志商人的貿易活動已經持續了兩百多年，這些商人在 1282 年結成了一個同盟，後稱為漢薩同盟 ——"漢薩"是日耳曼語 "集團"的意思。到 1356 年，漢薩同盟從商人間的同盟發展為商業城市間的同盟。

加入漢薩同盟的商人散佈在橫跨波羅的海和北海的廣大空間中，他們的足跡東到今天俄羅斯的諾夫哥羅德，西到英國倫敦，北到挪威的卑爾根，南到今天比利時的布魯日。漢薩同盟在這個廣大空間中建了四大商站，以及大量的中小型商站，商人們穿梭其間做著大宗商品貿易。聯繫波羅的海與北海的咽喉地帶由日德蘭半島扼守著，當地的統治者丹麥國王眼紅漢薩同盟的財富，靠武力佔領了幾個關鍵城市，打算強行吞併漢薩同盟的貿易。漢薩同盟在與丹麥國王的幾次戰爭中都吃了大虧，遂在 1367 年召集大會，從單純的經濟同盟發展為經濟 — 政治 — 軍事同盟。商人們聯合起來，賦予同盟以宣戰與媾和的權力，並與瑞典建立聯盟，裝備軍艦，籌備給養，建立公共金庫，要與丹麥國王進行決戰。

經過幾場大戰，漢薩同盟聯合艦隊不僅擊潰了丹麥海軍，還在陸地上佔領了丹麥全境。但商人們的目的並不是成為丹麥的統治者，而是獲取貿易特權。丹麥國王在王國國會的強迫下，於1370年在漢薩同盟的一個重要城市施特拉爾松與同盟簽訂了《施特拉爾松協定》，全面承認漢薩商人的各種特權。商人們由此獲得了完全的海陸貿易自由，以及在連接波羅的海與北海的海峽的自由通行權。此後，漢薩同盟進入了持續近兩百年的全盛期，歐洲北部的海洋和城市進入一種由商人主導的秩序。漢薩同盟公認的中心城市呂貝克的城門上刻著一行字：城市的空氣使人自由。

就在《施特拉爾松協定》簽訂的同一年，遠在應天府的明太祖朱元璋下令"罷太倉黃渡市舶司"，邁出了大明海禁的第一步。此後，海禁的要求越來越嚴格，最終發展到"寸板不許下海"。

在這一系列有象徵意義的對比中，我想談的並不是東西方歷史的分岔，而是歷史上商人秩序與政治秩序的纏繞。

人與法

先以漢薩同盟為切入點，回顧一下商人秩序的歷史。

漢薩同盟的基礎不是什麼帝國雄心，而是具體的 "人" —— 一個個商人、市民。雖然它後來發展成商業城市間的同盟，但這種商業城市並不是自上而下的管理機構，而是商人們形成的自治機構。所以，在政治面相上，我們看到的不是順從的臣民，而是活躍的市民。漢薩商人遵從的法律，則是在他們長期的商業活動中逐漸演化形成的。

德意志商人[1] 在北海 — 波羅的海一帶的活動可以追溯到 11 世紀。到 12 世紀後期，歐洲北部逐漸發展起遠程貿易，相距較遠的地方開始互通有無。比如，今天的瑞典、挪威所在的斯堪的納維亞地區需要穀物，而今天的比利時、荷蘭所在的弗蘭德地區需要羊毛、蜂蠟、毛皮，斯拉夫地區需要工業製成品等，就會有商人開始

1　漢薩商人的主體是德意志商人，但在德意志商人結成漢薩同盟之前，他們還無法被稱作漢薩商人。

經營相關的貿易。這些商品都不是奢侈品，利潤並不豐厚，商人們只能靠貿易規模來確保利潤。而單個商人是無法進行大規模貿易的，商人們就有聯合起來的必要。

不過，那個時代的北歐並不是今天這樣的理想天堂，商人們面臨的是不安全、不自由的環境，在經商途中可能會面臨各種未知的風險，比如，惡劣難行的陸上交通，變幻莫測的海上天氣，海陸上都可能存在的攔路盜匪，以及沿途無數封建領主的繁重捐稅。這些現實狀況要求商人們必須團結起來，因為這樣他們才有可能抵禦風險，把生意做下去。而要團結起來，就得有大家公認的行為規則。並且，這些規則只能是大家共同磨合出來的，不能是由誰自上而下規定的。否則，這種合作就只能是被動發起的，而不是主動的選擇，團結互助這個事情也根本走不遠。

波羅的海中部、今天歸屬瑞典的一個小島——哥特蘭島，地處海上航線的中心位置。早期的德意志海外商人們就在這座島上建起一個小城維斯比，把它作為中樞，彼此宣誓互助，組成了一個商人委員會。隨著貿易規模日漸擴大，需要更加成體系的互助機制來協調和組織海外商人。到 13 世紀後期，商人委員會發展為漢薩同盟，德國北部商業城市呂貝克崛起為漢薩同盟的牽頭者。

漢薩同盟就是這樣基於微觀層面上長久的商業過程，自下而上地聚合起來的。它的組織機構極為分散，卻在商人們的長期合作、互助、互動過程中磨合出屬於自己的法律。"漢薩同盟用其超越國界的商業成就證實了，在沒有國家和君主存在的領域，商人也可以用其自身的力量建立正義和秩序的共同體……同盟內部糾紛的解決和同盟法律的發展完全是一個自治的過程。"[1]

漢薩商人們每到一個城市開展貿易，就會組建起法庭，以便裁決各種糾紛。法庭所適用的法律，有兩種來源。

一個來源是商人們在長期的跨區域商業活動中形成的通用商事習慣法。商事習慣法的適用範圍會延伸到漢薩同盟在外國設置的商站。對外國君主來說，這些商站像是一個擁有自治法律地位的租界，商人們在那裏擁有貿易特權。今天我們一說到"特權"，通常都是指各種盛氣凌人、不遵從法律的行為，但在中世紀的歐洲，"特權"僅僅是指在某個領主的地盤上，一個群體被授予的一種專屬法律權利。商人特權意味著他們獲得了可以在當地自由經商且法律自治的權利。[2]

外國君主之所以授予商站法律自治，是因為這對君主自己有好處。商事習慣法的適用能夠讓商人放心地開展貿易、擴大貿易規模，反過來商人會給當地君主一系列財政支持。比如，在英法百年

1　張玲玉：《沒有國家的正義：漢薩同盟的法律與實踐》，《蘭州學刊》2010 年第 12 期。

2　比如，1215 年的英格蘭《大憲章》中規定，"所有商人為了買賣的目的可以安全地出入、逗留以及由陸路和水路通過英格蘭，按照古老公正的習慣，他們可免交法律上的捐稅"。再比如，英國要為貿易中心城鎮中的"異國商人"提供保護，在 1353 年的《貿易中心城鎮法》中規定，每個貿易中心城鎮的商人及其僕人和家庭成員，"在所有涉及貿易中心城鎮的事情上都應該由商法支配，而不是由國家的普通法支配，也不是由城市、自治城市或其他城鎮的習俗支配"。轉引自〔美〕哈羅德‧J‧伯爾曼：《法律與革命：西方法律傳統的形成》，賀衛方、高鴻鈞、張志銘、夏勇譯，中國大百科全書出版社 1993 年版，第 417、422 頁。

戰爭（1337—1453 年）中，英國國王急需經費，德意志商人及時提供援助，英國國王便授予其特權。

漢薩法庭適用法律的另一個來源是各城市的城市法，尤其是那些中心性的城市（如呂貝克）的城市法。來自兩個不同城市的漢薩商人做生意時，可能會採用它。城市法也不是君主制定的，而是在市民自治、市民與領主的博弈過程中形成的。隨著漢薩同盟長期進行的海洋貿易而演化形成的海商法，更是直接影響了後世海商法的形成。

總結一下就是，無論漢薩法庭所適用的是何種法律，都有這樣的特徵：基本上不是由君主制定的，都是商人們在長期互動中磨合演化而成的。

漢薩同盟還有自己的管理機構。1356 年，漢薩同盟召開了第一次全體大會，形成了漢薩議會。漢薩議會的代表一般都是各個城市的市政機構成員，15 世紀後，代表越來越多地由法學家擔任。漢薩議會是同盟內部的最高權威，對同盟的重要事務做出最終裁決，包括商業章程、與外國統治者的協議、戰爭問題、財政問題、成員資格問題等。

漢薩議會還會調解城市間的糾紛，並且明確規定，議會的調解就是最終裁決，相關城市不得向封建領主上訴，否則就會被漢薩同盟制裁，制裁的方式包括罰款、被同盟開除等。這是為了把領主的影響力盡可能排除在商業城市的自治空間之外。一旦哪個城市被開除，它的商人就無法到別的漢薩同盟城市做生意，也無法再享有漢薩商人在其他地方享有的商業特權。這種制裁是相當嚴重的，所以商業城市通常會做出讓步。

不允許向封建領主上訴，在特定意義上可以被理解為不允許上訴到官方機構，[1] 這是民間自生秩序的一個基本原則。只要上訴到官方機構，自生秩序本身的自治性就被打破了。然而，自治空間有一種內生性的衰敗危機，如果涉及的利益足夠大，爭訟中失敗的一方是有動力引入第三方（通常也就是國家）的強大力量的，這種第三方的介入會打破自治空間的自主性。

但人們對自主性的追求不會因此喪失。於是，在我們通常看不見或者過去想不到的方向，會浮現出新的自治空間。在漢薩同盟後來的發展中，我們能看到這種衰敗邏輯，但又可以在更大的歷史格局中看到新的自治空間的生長。

中國的海商則沒有漢薩商人的那種歷史機運，因為中國更多地走上了政治秩序遮蔽商人秩序的路徑。要注意的是，政治秩序和商人秩序的關係是＂遮蔽＂與＂被遮蔽＂，商人秩序本身並沒有消失不見。雖然明太祖推行了海禁政策，但民間的海外貿易需求仍在，朝廷的政策和民間的現實活動就走上了分岔的路徑。

---

1 我在這裏所說的＂官方＂的意涵，可以大致用馬克斯·韋伯對＂國家＂的定義來理解，＂國家是這樣一個人類團體，它在一定疆域之內（成功地）宣佈了對正當使用暴力的壟斷權＂。（〔德〕馬克斯·韋伯：《學術與政治：韋伯的兩篇演說》，馮克利譯，生活·讀書·新知三聯書店 2005 年版，第 55 頁。）對應地，民間自生秩序並不排除使用暴力，但民間的暴力使用並不擁有壟斷地位，而只能是在多元主體之間進行博弈。

　　“被遮蔽”的一個表現是，民間海外商業力量經常落入被朝廷污名化的命運。海商被污名化的最有名的例子，就是明朝中後期的“倭寇”。倭亂令朝廷大為頭疼，屢剿不絕。原因就在於，倭寇的主體並不是日本海盜，而是亡命海外的中國商人，他們與大陸地區有著千絲萬縷的聯繫，是商人秩序的一種極度畸形化的存在。

　　這些商人原本的主要貿易據點有福建漳州南部的月港 —— 那裏是明朝民間與東南亞最主要的走私貿易據點，以及舟山群島的雙嶼港 —— 那裏靠近大明最為富庶的江南地區。葡萄牙人在 16 世紀來到中國之後，便以雙嶼港作為活動基地。適逢 1540 年以後，日本的白銀大規模流向中國，雙嶼港就成為中國、葡萄牙、日本等商人聚集的國際交易港。這些地方的民間貿易相當發達，將中國南方經濟與剛剛開始大航海的世界經濟聯繫起來。[1]

　　這樣發達的民間貿易必定有著相當程度的自治秩序。因為走私貿易本就處在非法地帶，如果沒有一定的自治秩序，連最基礎的信任都無法形成，走私商人就會陷入囚徒困境，他們的最優選項就不是合作走私，而是搶先告發以便拿到賞錢，走私根本沒法持續下去。以雙嶼島上遍佈的媽祖廟、天妃宮等打造出的海商們共享的道德空間，是自治秩序存在的象徵。

　　但在明朝嘉靖年間中後期，走私港口陸續被朝廷派兵襲擊剿滅，昔日繁榮轉眼成為一片廢墟。海商無處可去，只好投奔已在日

---

1 ［日］上田信：《海與帝國：明清時代》，高瑩瑩譯，廣西師範大學出版社 2014 年版，第 196 — 205 頁。

本成為霸主的大海商汪直。汪直及一系列類似的人物開始了大規模武裝走私，這與武裝劫掠的邊界並不是那麼清晰，遂有了“嘉靖大倭亂”。汪直被朝廷擒殺之後，沒有一個大頭目來節制下面的海商，倭亂便愈演愈烈，東南幾無寧日。直到隆慶年間，朝廷認識到“市通則寇轉而為商，市禁則商轉而為寇”，開放海禁後，倭亂無須費力去剿，很快便平息了。

這些海商無論在貿易層面還是軍事層面，都已經主導了整個東亞海洋，甚至節制著來到這裏經商的西方人。但他們能否擁有合法身份，是受制於朝廷的政治意志的。商人自治秩序始終會面對朝廷的壓力，沒有機會可持續地發展起來。

海商的污名化身份直到明末才擺脫掉。這源自一個人，他是朝廷棟樑，受封“國姓爺”——這個人就是鄭成功。鄭成功的家族是當時東亞海上世界的絕對霸主，但他能夠一舉擺脫污名，並不僅僅是因為他致力於反清復明，更在於當時東亞大陸在政治空間上出現了多元競爭結構——明清之間的激烈搏殺讓掙扎續命的南明急需海上力量的支持。否則，鄭成功的政治命運走向也未可知。

等到大清底定天下，大陸上政治空間的多元競爭結構終結，海商的地位再次急速下降。鄭家在台灣成了大清的心腹之患。為了消滅鄭家，大清不惜頒佈“遷海令”，將民眾遷離大海三十至五十里，嚴禁民船私自下海貿易。犯禁者不論官民，一律處決；貨物入官，犯人家產全部賞給告發人；地方文武官一律革職，從重治罪。雖然在滅掉鄭家、收復台灣之後，康熙重新開放了幾個口岸通商，但是到了乾隆年間中期，在將新疆收歸版圖的同一年，朝廷又下令將通商口岸削減到只有廣州一處，並且唯有十三洋行可以合法對外通商。

這一系列政策逼出了大量新的走私商人和海盜，他們在東南沿海一帶橫行。到了嘉慶年間，最富傳奇性的大海盜出現了，就是今天在華南地區民間傳說裏仍然赫赫有名的鄭一、鄭一嫂和張保仔。[1] 鄭一的海盜家族自稱是鄭成功的部下，但他們以及其他海盜只是在廣東海面上小打小鬧。直到 18 世紀末，越南內部改朝換代，華南海盜們才迎來機會。越南新成立的西山政權需要海軍鞏固自己的統治，華南海盜就成了僱傭兵，並被授予越南官軍頭銜。華南海盜經過越南國內多場戰爭的考驗和訓練，戰鬥力比之前提高了一個檔次。等到 1802 年越南再次發生政權更迭，他們被迫離開，回到廣東海面後，便成了清朝的心腹大患。

在鄭一的主導下，海盜們在 1805 年組成了海盜聯盟，分成六大幫派，聯合出海，按協議分贓 —— 秩序也成型了，可惜不是建設性秩序。鄭一去世後，鄭一嫂成為海盜聯盟的主導者，並嫁給了鄭一的養子張保仔，海盜聯盟繼續縱橫華南海上。在巔峰時期，海盜聯盟有七萬多人，個個驍勇善戰，還有兩千多艘船，火器精良，控制了整個廣東沿海的航行、貿易和漁業，連歐洲人都不得不為安全問題和他們談判。大清發現自己根本沒法剿滅這群海盜，最終在

1　參見［美］穆黛安：《華南海盜：1790 — 1810》，劉平譯，商務印書館 2019 年版。

1810 年對他們進行了招安。鄭一嫂被封為誥命夫人，移居澳門，頤養天年。鄭一嫂的故事甚至進入了西方文學界，好萊塢電影《加勒比海盜》中都有以她為原型的角色。

由此可見，清朝海盜聯盟的崛起依賴與越南陸地政權的合作。海盜們在傳統的中國王朝地域之外，找到了一種多元競爭性的政治空間。陸地政治上的多元競爭，為海洋秩序打開了生長空間。

對比明清的狀況，我們會發現一個有趣的現象：明朝的汪直、鄭芝龍、鄭成功等大海商在海上擔負著遠距離交易的角色，為跨國境的交易增添了活力，海盜並非他們的主導身份；而張保仔、鄭一嫂的海盜聯盟是對遠距離交易的商船發動攻擊，導致海上交易陷入停滯，海盜才是他們的主導身份。[1]

之所以會有這種差異，一方面是因為，清朝並未像明朝前中期那樣完全禁絕海上貿易，從而為合法海商留下了一些生存空間；另一方面是因為，清朝的海盜聯盟是在與越南政權的合作中真正獲得發展的，骨子裏有的就不是經商的基因。

但是，這並不代表中國商人沒有影響力，只是他們不在我們通常的視野中而已。在清朝被西方衝擊不得不開放通商之後，西方人發現，中國存在廣泛的商會和行會，形成了很豐富的商業制度，這些商會和行會雖然與西方的有很大區別，卻很有力量，導致西方人完全無法繞開中國商人進入中國市場。不僅如此，甚至連要進入

---

1 ［日］上田信：《海與帝國：明清時代》，高瑩瑩譯，廣西師範大學出版社 2014 年版，第 426 頁。

東亞其他地區的市場，都不得不和中國商人合作。在 19 世紀下半葉，來自曼徹斯特的棉織品搭載英國商船到達上海之後，需要通過中國商人才能分銷到中國內地、日本、朝鮮等市場。上海作為曼徹斯特和遠東之間的一個交換樞紐，協調起來的並非是國家間的關係，而是一個龐大的民間貿易網絡。[1] 在西方殖民地上，華人的商業網絡也是不可替代的。比如，在被荷蘭統治的印度尼西亞，進口貨物需要通過華人分銷商才能到達當地普通民眾手中，印度尼西亞人生產的出口產品也要經由華商渠道才能向外銷售。再比如，海外華人掌握著整個東南亞的稻米市場，運營著從稻米收購、加工到海運出口的整個鏈條。[2]

　　這樣一種網絡覆蓋能力是無法通過國家主導建立起來的，只能靠來自民間的自生力量。西方人抱怨，中國廣泛存在的行會和商會"是高度權力下放、非常不透明的組織。'我們在中國最糟糕的敵人既不是官員，也不是被稱為文人的含糊的群體。他們是我們自己的買辦和前買辦。'"[3] 這些行會和商會不僅僅存在於中國內地，還遍佈整個東亞世界，其中有著大量的隱性知識。這些隱性知識是歷史長期演化的產物，形成了一系列商業秩序，構成了社會生命力的基

1　［法］弗朗索瓦·吉普魯：《亞洲的地中海：13—21 世紀中國、日本、東南亞商埠與貿易圈》，龔華燕、龍雪飛譯，新世紀出版社 2014 年版，第 156—164 頁。

2　［美］孔飛力：《他者中的華人：中國近現代移民史》，李明歡譯，江蘇人民出版社 2016 年版，第 156、186 頁。

3　［法］弗朗索瓦·吉普魯：《亞洲的地中海：13—21 世紀中國、日本、東南亞商埠與貿易圈》，龔華燕、龍雪飛譯，新世紀出版社 2014 年版，第 157 頁。

礎之一。隨著西方到來，新的多元競爭性政治空間出現，再加上西方現代經濟的刺激，中國的傳統商人秩序變得更有生機。

但是中國的這種商人秩序長期處於人們的視野之外。就算鄭成功有如此之大的歷史影響力，人們在他身上看到的通常也是民族大義，忘記了他能夠堅持反清復明的前提是他擁有龐大的海上商業帝國。我們過於習慣從一種政治性的視角來解讀歷史，而屏蔽掉了很多別的視角。

與漢薩商人的歷史相比，中國的海商有著自己的力量，卻無法被看到。因為在強大的帝國政府的壓制下，他們的力量很難轉化為對商業空間和商人秩序的有效建構，經常是在政治空間中尋找夾縫。連夾縫都不易尋得的時候，海商的力量就會轉化為狂暴的反抗。漢薩同盟針對丹麥國王也有強烈的暴力反抗，反抗的結果是商人秩序的自主性得以進一步確保；而中國的商人秩序未能獲得歷史機遇，以展示他們是否擁有這種建設性的能力。

賤民資本家

漢薩同盟中還有一個特別值得關注的角度，就是它的海外部分與本土部分的互構關係。在漢薩同盟之前，德意志的城市曾經組織過一些同盟，諸如萊茵同盟、士瓦本同盟等。漢薩同盟和它們的最大區別在於，它是一個國際範圍的組織，"漢薩同盟是在國外（如在倫敦、布魯日）的德意志商人所組織之各個聯合體與國內組織之類似聯合體的結合"。實際上，"漢薩"一詞最初就是用來指代德意志商人在倫敦和布魯日的團體的。1282 年，所有在英國的德意志商人聯合成一個組織，來自萊茵地區的和來自波羅的海—北海地區的兩撥德意志商人為了實現在異鄉土地的共同目的，聯合起來了。後來，呂貝克的努力讓本土的德意志商人與海外的德意志商人聯合起來。[1] 也就是說，漢薩同盟是從海外逆向地回溯到本土，實現海內外國際性聯合的。

1　參見［美］詹姆斯·湯普遜：《中世紀晚期歐洲經濟社會史》，徐家玲等譯，商務印書館 1992 年版，第 205—206 頁。

　　這一點更加凸顯漢薩同盟是基於"人"的活動而聚合出更大的組織性機制來的。這些人有個特殊身份，就是他們是遠赴海外尋找機會的人。這樣一種身份，被一些學者稱為"賤民資本家"（Pariah Capitalist）或"中介商少數民族"（Middleman Minorities）。[1] 此處的"賤民"並不是一種蔑稱，而是馬克斯・韋伯對一種特殊群體的稱謂。這種群體經常有一種僑居性的身份或心態，他們是某種世襲性社會團體，在長期生活的地方沒有自主的政治組織，但有著自己的禮儀和信仰。他們只在內部聯姻，不與周邊環境相融合。此外，他們通常在政治和社會上都處於一種劣勢的地位，卻在經濟上有著特殊的影響力。[2]

　　我們最容易聯想到的這種群體，是西方社會中的猶太人。但實際上，旅居海外的商人群體多半都處於這種狀態，漢薩商人也是如此。

　　漢薩商人並不在海外旅居國追求規範性的政治權力，他們的精力主要放在商業上，有著一系列的商業原則。貫穿其中的兩條原則是：內部平等，外部壟斷。漢薩商人在各個漢薩城市中可以自由通行、經商，受到平等的保護，漢薩商站在海外爭取到的特權，也是為所有漢薩商人享有的。但是，漢薩同盟禁止成員與同盟外的商人

1　關於賤民資本家的相關討論轉引自［美］歐愛玲：《血汗和麻將：一個海外華人社區的家庭與企業》，吳元珍譯，社會科學文獻出版社 2013 年版，第 9—15 頁。

2　參見［德］馬克斯・韋伯：《宗教社會學》，康樂、簡惠美譯，廣西師範大學出版社 2005 年版，第 139 頁。

結成商業夥伴關係，也禁止成員與同盟外的人通婚，否則，成員就會喪失各項權利。任何不是依照漢薩法律而逮捕了同盟成員的地方，都不得與同盟城市進行貿易。漢薩同盟的這一系列對盟外人員的歧視性原則，可以提高同盟內部的凝聚力和認同感，提高內部信用值，降低同盟內部的交易成本，從而換來商業上更大的成功。

對於旅居地的君主來說，他們需要有賤民資本家作為自己的"白手套"——幹髒活兒。反過來，賤民資本家即便因此獲得經濟力量，也沒有政治能力對抗君主，因為他們在本地沒有力量基礎。所以，君主更願意扶持這些人，給予他們特定的商業權利。"在許多早期文明中，商人都是外人，他們幫助當地的統治者從平民百姓中榨取稅收，為其獲取利潤。……利用外商群體，政府也能夠在本國民眾中維持更大的掌控權。"[1]

進一步分析還可以看到，傳統社會是一種相對固定化的社會，差不多每個人在社會中都有自己的固定位置。外來的賤民資本家則處在一種失範的空間中，他們無法被清晰地安置在某一個明確的位置上。但這種失範正是君主可以給他們司法自治權的前提之一：允許他們司法自治，不至於擾亂規範的社會秩序，反之，則有可能令清晰的社會邊界變模糊。因此，在固化的社會秩序中，只有這種處於失範地帶的人群才有足夠的流動性，推動商業的發展。

---

1 ［美］歐愛玲：《血汗和麻將：一個海外華人社區的家庭與企業》，吳元珍譯，社會科學文獻出版社 2013 年版，第 10 頁。

可以說，中世紀的商業是以賤民資本家為主運轉起來的，而現代早期的商業社會也是在賤民族群—賤民資本家的刺激下發展起來的，最終，現代政治革命就是賤民族群追求自身的利益與價值被承認的過程。因此，被侮辱的和被傷害的、被利用的和被遺忘的賤民族群，反倒是賦予現代世界活力的真正基礎。

這種情況也出現在東亞海上世界的華人群體身上。近代以前，各個地方的統治者會任命僑居華人為自己理財，代表本邦去往中華帝國進行朝貢貿易等；到了近代，西方殖民者統治了南洋地區之後，也會在經濟層面著力扶持當地的華人。對於殖民者來說，華人吃苦耐勞，經營經濟的效率遠高過當地人，而且華人在當地沒有任何社會根基，隨時可以被拋出來作為替罪羊，轉移當地人對殖民統治的不滿。因此，華人在東南亞有著巨大的經濟影響力，卻沒什麼政治地位，經常要面對各種排華的風潮。同時，在大清帝國與殖民帝國這兩重政治秩序下，海外華人的商人秩序更處在一種被遮蔽的狀態。

國家秩序與商人秩序

回顧近代歷史，我們會發現一種弔詭的現象：賤民族群帶來了現代世界的活力（這裏說的賤民族群是一個更廣義的概念，指歐洲傳統社會中各種邊緣性群體），但也正是這種活力終結了漢薩同盟這種商人秩序的輝煌，並在相當程度上遮蔽了商人秩序。這種遮蔽不僅僅發生在古代中國，還比較普遍地發生在建立起強國家的地方。

在近代以前，歐洲處在原初意義上的封建社會，接近中國東周列國時的狀態。我們今天所說的英國、法國、德國之類的國家，都還沒有出現。各國國王類似於周天子，只是某片土地上的名義共主，實際上根本管不了手下的諸侯貴族。國王手下的貴族還可能通過各種複雜的聯姻關係或繼承關係，同時擔任別的土地上的領主，對別的君主也有效忠關係。如果這兩個君主發生衝突，貴族會站在哪一邊，就很不好說。還有一系列古代中國根本就不存在的複雜要素，會對歐洲國王們的意志構成各種掣肘。諸如神聖羅馬帝國的皇帝提出的效忠要求，羅馬教皇提出的效忠要求，遍佈各處的教會領地提出的要求，貴族們組成的議會對君主稅收權力的約束，貴族們組成的高等法院對君主頒佈法律權力的約束，領地的夾縫處發展出來的向君主購買特權的城市，等等。中世紀歐洲的政治—權力主體極為多樣和複雜，其間就有了大量空際，使得類似漢薩同盟這樣的商人自治秩序可以成長起來。

空際中還有典型的賤民族群——猶太人，他們在貴族們不屑經營、認為有辱身份的金融業中發展起來，逐漸成為巨富。在這個過程中，他們發展起一系列金融技術和貿易技術，再加上北歐、南歐的商人們發展出的各種海商法，讓地理大發現之後的遠洋貿易得以大規模可持續地展開。

實際上，早在 9—10 世紀的時候，北歐的維京人就已經發現了北美。之後幾百年中，時不時就有北歐人航行到北美。但這些航海發現並沒有變成地理大發現，是因為維京人的航行背後沒有大規模的遠洋貿易作支撐。沒有大的物資交換和人口流動，遠航就不能對歐洲傳統社會形成深刻衝擊，航行到北美就僅僅是個偶然性事件，無法獲得歷史意義。但是在猶太人及南北歐各種商業城邦發展出金融、貿易和法律技術之後，哥倫布的地理大發現終於有機會從本質上改變歐洲的社會秩序，改變人類的歷史。

邊緣性群體在這裏又起到了重要作用。大航海時代，遠洋航行是件風險非常高的事情，船員死亡率經常在一半以上，選擇去海外冒險的多半是傳統社會中的失意者。這些邊緣性群體—賤民群體在既有秩序中喪失了機會，索性以生命為抵押放手一搏。雖然很多人都失敗了，但是一部分成功的人帶回了巨額財富，改變歐洲社會的力量正蘊含在這裏面。

那些空有名頭、沒有實際控制力的君主一直想要擊敗手下的諸侯貴族，在領土上形成統一的政治統治，但一直做不到這一點。這是因為，君主能支配的軍事能力往往敵不過大貴族。中世紀的財富形式主要在於土地、莊園。這就意味著，直屬領地的規模大致可以兌換成領主的軍事能力。君主的直屬領地並不比大貴族的領地大，能支配的軍隊規模自然比不過大貴族的，也就沒能力擊敗他們。

但是，遠洋貿易帶來一種全新的財富形式 —— 成功的商人可能一寸土地都不佔有，卻能積累起巨額財富。君主們發現了這筆財富，便向商人們借款，用借來的錢去瑞士等地找僱傭兵，總算能擊敗諸侯貴族將領地統一起來了。法國在這方面最為典型，我們可以把這一過程大致理解成，法國國王本來處於周天子的狀態，但在經歷若干代之後，他逐漸找到辦法削平諸侯，一統天下，成了秦始皇。

歐洲主要國家陸續進入這種統一狀態後，過去那種政治—權力主體之間的空隙逐漸被擠壓掉了。漢薩同盟這樣的商人秩序雖然可以制衡中世紀的那種弱勢君主，但是沒有能力對抗這些新出現的強勢君主，遂逐漸退出了歷史舞台。

與此同時，一些新類型公司開始浮現出來，諸如東印度公司之類的特許公司。這些公司塑造的不是過去那種純商人秩序，它們在某種意義上是國家用來達成政治目標的商業手段。這些公司被授予各種壟斷經營的特權，交叉使用商業、軍事、政治等手段去海外開拓，發展起遼闊的殖民帝國。這些特許公司在亞洲建立起殖民地，其中的白人雖然也是移居來的少數群體，卻能通過槍炮在當地建立起自己的軍事控制。這些人在歐洲可能是邊緣人群，但到了亞洲之後能直接成為統治者。特許公司的商業屬性在相當程度上被政治屬性吸收，這和漢薩城市或商站大不相同。所以，這些新類型公司的興起，也讓政治秩序逐漸遮蔽商人秩序。

更深刻的遮蔽在法國大革命之後到來。

在大革命以前，除了個別的宗教性高光時刻（比如宗教改革時加爾文在日內瓦建立的神權統治），各大文化圈的人都普遍認為政治秩序的正當性來源於傳統。傳統是由人類在漫長的歷史中面對各種挑戰時產生的適應性策略逐漸演化累積而成的結果，是基於人的活動而成的，給各種自生秩序留下了相當充分的空間。商人秩序因此獲得了成長的空間，並能夠得到相應的政治承認。

可法國大革命把正當性的來源給顛倒過來了。在它看來，傳統只不過是人類的貪婪、愚昧、自私的各種堆積，配不上人類這種理性的動物。人類應該建立一種符合理性的秩序，而最符合理性的秩序，就是人們進行自我統治，而不是被他人統治，這就是人民主權論。

緊跟著的問題是：擁有主權的 "人民" 是誰？"人民" 需要滿

足兩個條件。一個條件是，"人民"需要是內部均質性的，否則，咱們彼此都不一樣，憑什麼要一起過？但人與人之間的差異是現實存在的，不能視而不見，因此就必須找到超越這些個人之上的共性。只要在那個意義上，人們是均質化的就夠了。另一個條件是，"我們"這個"人民"和其他人群之間應該是異質性的，只有這樣，才能說清楚為什麼"我們"不跟"他們"一起過，也不應該讓"他們"分享"我們"的政治權力。

現實中，"我們"內部是有差異的，"我們"與"他們"之間往往又有很多共性。但如果承認這些，"人民"這個公共身份就無法構造出來了，所以需要一種新的意識形態敘事構造出"我們"的共性，以及"我們"與"他們"的異質性。如此構造出的"人民"，其內涵逐漸演化為"民族"（nation），其意識形態發展為"民族主義"。[1]

因此，"民族"就是藉助"民族主義"這種意識形態構造出的"想象的共同體"。民族主義可以極大地強化內部認同感，以及對外的差異感，進而帶來強大的政治動員效力。所以，民族主義很快就成為現代政治中一種影響力巨大的敘事邏輯。政治問題是民族主

---

1 ethnic 和 nation 在漢語中都被譯為"民族"，並引起了很多誤解。ethnic 指的是因為文化、傳統等差異形成的族群性差異，但這種差異並沒有政治性意涵，並不指向政治上的獨立，所以今天經常又把它譯為"族群"；而 nation 所指的是一個要自我治理的人群，裏面包含著強烈的政治性意涵，要求政治上的獨立。用中國的例子來說，漢族、滿族這些族群應該是 ethnic，中華民族才是一個 nation。通常所說的"民族主義"，其中的"民族"就是 nation 意義上的。

義的首要訴求，而政治共同體的基礎就是區分"自我"與"他者"。在民族主義的敘事下，"他者"經常會被構想成一個不可被穿透的緻密體，是與"自我"截然相異的存在。這種意象構造得越成功，民族主義的動員效力就越強——一種滾雪球式的效應就出現了。

歐洲各國在 19 世紀後期都越來越強化這種民族主義敘事。在國民教育和公共宣傳中，人們會不斷看到"我們"的優越之處、"他們"的卑劣之處，以及"我們"與"他們"之間的本質性差異，世界秩序也就越來越被理解為一系列緻密體互相衝撞、難以妥協的狀態。真實世界的運作邏輯被這種敘事遮蔽，各種在現實中穿透國界的商人秩序從人們的視野中消失，對於具體的"人"的觀照也被排擠到後台去了。我們在前面討論過的以政治秩序籠罩一切的封裝式思維，就在這個過程中出現，並不斷地被強化、精緻化。

之所以會走上這條路，是因為如果商人秩序被突出得過多，微觀層面上"人"的具體活動被真實講述，致緻密體的神話就會破滅，這和民族主義訴求的國家秩序是背道而馳的。而民族主義敘事的末路狂奔，帶來了世界大戰。

我在第五章講過，一戰後，各大戰勝國在凡爾賽和會上仍然以一種民族主義的思路來安排戰後世界秩序，無視各國在經濟上已經極為深刻相互依賴的現實，凱恩斯的天才預言被淹沒在一片喧囂之中。我們已無法知道，戰勝國的領導人做出那種災難性的選擇是僅僅出於機會主義的選票考慮，還是他們自己也被困在封裝式思維裏——不僅給民眾戴上了民族主義有色眼鏡，還讓自己也無法看清世界，以至於看不到凱恩斯明明白白指出來的東西。

　　在東亞世界，這種狀況發生了更複雜的演化。東亞原本就有強政府的傳統，政治秩序遮蔽著甚至污名化著商人秩序。隨著西方殖民擴張，東亞世界也開始了艱難的反抗過程。為了能夠更有效地實現內部動員，東亞各國紛紛引入民族主義。隨著反抗運動和戰爭的激烈程度不斷上升，民族主義情緒也越發強烈。於是，政治問題成為壓倒性的首要問題，商人秩序遭到了本地政治與反霸、反殖政治的雙重遮蔽。

　　在這種情況下，鄭成功的海商面相就被遺忘掉了，民族英雄的面相被不斷凸顯，因為這樣才符合民族主義的敘事構造需求。數百年來東亞世界形成的龐大商業貿易網絡也被遮蔽掉了，只剩下殖民與反殖民對抗這一歷史過程。冷戰時期，意識形態對抗更是超越了一切，對國家秩序的強調進一步遮蔽了商人秩序。

　　在這種敘事邏輯中，被凸顯出來的這些政治性面相當然都是歷史的真實側面。但如果它們被抽離出一個更加完整的意義框架，側面便有可能淪為片面，這是我們在今天必須反思的。

　　技術與經濟邏輯的演化讓我們在今天的反思有可能超越單純的觀念推演，在對現實的觀察中發現更深刻的歷史過程。中世紀的政治秩序與商人秩序是並行的，而商人的發展催生了現代國家，導致近代以來強大的政治秩序遮蔽了商人秩序，封裝式思維籠罩了一切；國家在彼此對抗中刺激著技術和經濟的持續發展，到當代終於讓經濟空間和政治空間開始分離。到了這一步，一個新的歷史循環很可能就要展開，商人秩序會從政治秩序的遮蔽當中走出，再次走到歷史的前台。

從東亞漢薩同盟起步

商人秩序再次走到歷史前台的動力機制在於技術、公司組織以及各種生產流程對於國界的穿透，本章的開端已經對這些問題做了詳細的分析。在本章，也是全書的結尾處，我們也許可以暢想一下，新的商人秩序的基本原則和落地邏輯可能是什麼樣的。[1] 這是個非常大的問題，要想對它進行有效討論，需要足夠多的人參與進來。我在下面的討論只能是個較為粗糙的論綱，對它最大的期待就是能夠把問題域打開，以這個論綱作為靶子，激發更多人的共同探討。

這種新的商人秩序應當通過一種商人自治的組織呈現。通過對漢薩同盟歷史的大致梳理，我們會發現商人自治組織的一些基本邏輯。所謂自治，意味著必須要有制定自我治理規則的能力，要有判

---

[1] 本節後面的討論，深受與"大觀"小組諸位同人討論的啟發，尤其是與于向東、劉慶彬、張笑宇、李筠、周林剛等幾位的討論，讓我收穫尤多。

斷及執行規則的能力；對新的商人自治組織來說，還必須恰當安置它與主權國家之間的關係。

那麼，就此我們可以提出一些具體的基本原則。

第一，跨國運作的各種公司應該形成一種聯合機制，在既有的國際經濟治理已經失效之處，發展出自治性的組織，我姑且稱之為"商會同盟"。同盟中需逐漸商談、演化出可被普遍接受的行為規則。實際上，相關方面的行為規則已經有不少，但它們並未獲得自覺，也就無法被系統化地整合為一個體系，而更多地作為零散、偶然性的存在。未來，各種公司、商人應該朝向這樣一種同盟及"規則自覺"的方向邁進。

第二，這個商會同盟應該設立執行委員會和仲裁機制。之所以設立的不是司法機制，是因為商會同盟無法擁有強制執行權，否則它就變成某種意義上的國家了。而仲裁無須強制執行，只是提供第三方裁判權，從而為爭議雙方提供一種正當性的判準，商會同盟就可以完成這種工作。這和瑞典的斯德哥爾摩商會仲裁院的功能有些類似，但商會同盟很可能會基於新的技術和經濟邏輯發展出一種新的仲裁機制。爭議雙方應自動履行仲裁裁決，如果有一方拒絕履行，商會同盟的執行委員會便有權發出警告、進行罰款，乃至將其開除出同盟。

第三，開除出同盟之所以會有實質威懾力，應當是因為同盟資格會為成員帶來一系列商業上的好處。包括在同盟內更便捷的融資渠道、更低的交易成本，以及對用戶而言更高的品質和信譽的象

徵 —— 最後一點尤為重要。對品質和信譽的追求應當是商會同盟的道德基礎所在，只有具備了道德基礎，同盟本身才是可持續的，對於同盟外成員才是有吸引力的。由此，商會同盟可能是新的技術條件下新的商業倫理的孕育之所，它可能會發展為一個商業——倫理共同體。

第四，商會同盟可以通過一系列制度設計，形成資本額與投票權之間的比例關係，從而克服現有多邊組織中權責不對等的困境。由於商會同盟的倫理性出自實踐世界中商人自治的過程，而且會通過仲裁機制不斷自我淨化，可以克服現有多邊組織中價值觀不連貫的困境。如此一來，商會同盟便應具有一種中立性。

這種中立性對於國際秩序有著至關重要的作用。因為在今天有大量的國際政治爭端實際上源於國際經濟爭端，但封裝式思維讓人往往看不到這一點。商會同盟天然地能夠穿透各種邊界，直擊這類問題的本質，並提出足夠中立、從而具有道德可信性的解決方案。所以，商會同盟不僅對各個國家、各種組織提出的一系列訴求應該是保持中立的，甚至對商人追求利潤的衝動也應是保持中立的。這實際上會形成一種商人自治的道德訴求，這種訴求還會對跨國大公司基於國際稅務漏洞等機制而獲得的各種不對稱競爭優勢形成相當程度的抑制。

第五，商會同盟提供的種種規則和仲裁機制，不應該、也無法是對現有的主權國家主導的各種機制的替代，而應是在不同維度和層次上的開創。當然，它們之間會有不少交叉重疊的部分。在這些部分，雙方的規則和機制也不應是替代性的關係，而應該是一種競爭性的關係。這有些類似 12 世紀亨利二世在英國進行的普通法改革，他在傳統的貴族司法系統之外設立了一套國王司法系統，兩套系統彼此競爭，民眾可以自主抉擇到哪套系統去進行訴訟。這種競爭關係讓兩套司法系統不斷從各種層面上努力優化自己的公正性，形成了一種良性狀態。

這樣一種商會同盟，姑且可以被稱為"新漢薩同盟"，它是在新的時代條件下，商人秩序重回歷史前台的一種可能性。與幾百年前的漢薩同盟相比，它可能在以下幾個方面體現其"新"。

（一）時代新。它出現在新的技術條件和新的經濟邏輯下，不是在政治秩序的夾縫處生長出來的，而是現實環境的需求驅動出來的。因此，它不會和國家在同一種空間秩序中產生競爭，而是直接進入另一種空間秩序。

（二）樣態新。漢薩同盟要打造的是一種"內部平等、外部壟斷"的商人秩序，新漢薩同盟要打造的則是一種競爭性的商人秩序。同盟成員對於非同盟成員的優勢不是通過壟斷貿易形成的，而是通過信譽與品質的競爭性優勢而實現的。

（三）機制新。新漢薩同盟形成的組織機制，應該匹配第四次工業革命的信息技術所需求的分佈式組織結構。這樣一種組織結構正適合基於自生秩序的商人世界來發展，而不適合基於集權秩序的政治世界來發展。

（四）方向新。新漢薩同盟的中立性特徵，使那些根植於國際經濟問題的國際政治爭端可以獲得新的、有道德可信性的解決方案。在這個意義上，新漢薩同盟會以更深刻的方式回應經濟空間與政治空間的錯位問題，為很多目前看起來似乎無解的國際政治問題提供新的出路。新漢薩同盟很有可能成為人類未來秩序邏輯的一個重要探路者。

基於這一系列構想，再來看"亞洲地中海"世界，我們會發現其中的東南亞部分有一種非常有趣的特性。東南亞並沒有強國家的傳統，相反，它長期具有強商人秩序的傳統。商人可能來自各個地方，在今天，尤其是來自"亞洲地中海"周邊。在東南亞，國家只是秩序生成過程的參與者之一，甚至不一定是主要參與者。所以，東南亞地區的國家秩序天然是多孔化的結構，[1] 這種多孔化結構也就天然適合新漢薩同盟的出現。

以東南亞起步的新漢薩同盟可能還沒有實力迅速覆蓋太大的區域，但是它應該有能力覆蓋"亞洲地中海"地區，在這個意義上，可以稱其為"東亞漢薩同盟"。我們會發現，東亞漢薩同盟的覆蓋區域剛好和全球製造業秩序的中心區域高度重合，這一區域因此有

---

1 "多孔化"的概念援引自［美］彼得·卡贊斯坦：《地區構成的世界：美國帝權中的亞洲和歐洲》，秦亞青、魏玲譯，北京大學出版社 2007 年版，第 20 頁。書中提到，"全球化和國際化使得當今的地區（指諸如東南亞、西歐這種意義上的地區 —— 筆者注）成為多孔化地區。就效果而言，全球化具有變革性，國際化具有漸進性。國際化和全球化的互動加強了地區的通透性，打破了地區的封閉"。

一種內在的動力機制去發展該同盟。而我們在東南亞看到的來自各個國家的人，他們的辛勤工作和創業在微觀層面上構成了整個製造業供應鏈網絡的基礎，構成同盟運作的基礎。

東亞漢薩同盟可能是由東亞世界的大企業家、大商人們共同推動建立起來的，但其起點可能是在東亞地區傳統上的"帝國邊緣"地區 —— 東南亞。諸諸歷史可以發現，"帝國長期屹立的秘密似乎是：當帝國陷入危機或衰落時，要麼是邊緣拯救了帝國，要麼是邊緣讓帝國恢復活力。只有帝國外圍地區具有強烈的帝國歸屬感，而且相信帝國的崩潰給它們帶來的害處多於益處，它們才會願意而且有能力拯救帝國或使之恢復活力"[1]。這樣一種"歸屬感"能否出現，相當程度上取決於東亞地區的主要國家 —— 中國和日本是怎樣一種姿態。中、日兩國的商人群體如果能在東亞漢薩同盟的事情上發展出共識，事情就有了進一步前進的可能性。

商人自治的法律空間需要物理空間作為載體，商人們才能真正活動起來。這種物理空間不可能僅僅局限在東南亞這種"帝國邊緣"，在"亞洲地中海"較為核心的地區 —— 也就是中國、日本、韓國等國，也需要找到這種物理空間。但這些核心地區都有著強國家傳統，不是東南亞那種天然的多孔化地區，這種物理空間便必須是在國家意志的配合下才能夠形成 —— 這就有些類似於中世紀漢

1　[美] 赫爾弗里德·明克勒：《統治世界的邏輯 —— 從古羅馬到美國》，閻振江、孟翰譯，中央編譯出版社 2008 年版，第 56 頁。

薩同盟的商人們在英國尋求君主授予貿易特權的過程。

國家意志的這種配合，從法理上來說，僅僅是一種商業性行為，並不涉及憲法問題。構想繼續推演的話，我們會發現這種商業行為實際上是有現成的空間可用的。從 2013 年 9 月到 2019 年 8 月，中國已經批准了 18 個自由貿易試驗區，形成了東西南北中協調、陸海統籌的開放態勢。在這些自貿試驗區的物理邊界內還可以再劃出若干小塊地，並可以請日本、韓國以及其他環 "亞洲地中海" 國家也在其境內特定地方劃出若干小塊地，這些土地便構成東亞漢薩同盟所需要的物理空間 —— 就如同中世紀漢薩同盟在海外設置的商站。

這些土地構成的物理空間，在法律上可以被暫且稱為 "共同市場區"，它們分佈在環 "亞洲地中海" 地區的各國境內。"共同市場區" 的各地塊間實行完全的自由貿易。

加入 "東亞漢薩同盟" 的商人們基於一定標準，可以獲得共同市場區的一種特殊身份證件，基於這種身份，他們在 "共同市場區" 內的各塊土地上可以自由流動，不受通常的簽證和移民政策的限制。這些商人基於常駐原則以及納稅額原則，可以在 "共同市場區" 內的特定地塊上擁有票選權，票選出該地塊的市政委員（候選人身份限 "東亞漢薩同盟" 商人），各地塊的市政委員中再遴選出若干人，形成 "共同市場區" 的執行委員會。

在 "共同市場區" 內，商人自治的法律、仲裁和執行等機制會逐漸地磨合演化出來。法庭和仲裁委員會的人選，則不限於 "東亞漢薩同盟"商人。在民事法律上，"共同市場區"內適用這些商人自治法律，不受地塊所在國的法律管轄；刑事案件則依照屬地或屬人原則，移交"共同市場區"以外的國家法庭審理。"共同市場區"內設置專門的權限法庭，用來裁斷民、刑事案件的區分邊界，以及裁斷具體的刑事案件究竟應該依照屬地還是屬人原則來移交，從各種爭議性案件的判例中逐漸釐清所應遵循的原則。

……

以上構想我們可以繼續推演下去，各種原則和方案可以列得很長。如果有足夠多的人參與進來一起討論，一定可以開出更富想象力的構想。隨著技術和經濟邏輯的不斷演化，我們正進入一個大顛覆時代。這種時代的前景，正是通過各種奇思妙想鋪就出來的。

在為寫作這本書而做的東南亞調研之旅中，在為寫作這本書而展開的思想實驗之旅中，我們見證了太多激動人心的事情。

在未來，也許我們有機會繼日本的亞洲故事和中國的亞洲故事之後，再看到正在演進中的東南亞的亞洲故事。從根本上來說，這個故事不是東南亞的故事，而是在東南亞的特殊處境中，讓整個亞洲煥發新的活力的故事。它不會是一個屬於輝煌事功的政治—軍事"帝國"，它會是真正屬於"人"的不那麼耀眼但足夠溫潤的"帝國"。

這樣一個明天，相當可期。

補論

新冠疫情對中國製造的影響

疫情不足以改變中國世界工廠的地位

一、中國供應鏈網絡的優勢

2019 年底，一場突如其來的新冠疫情橫掃中國大地，幾個月後，更蔓延至整個世界。直至今日，疫情何時在世界範圍內結束，仍然不甚明朗。而在疫情前的 2018 年，特朗普政府對中國商品發動關稅戰，正式挑起貿易摩擦。如今，拜登政府上台後，中美貿易摩擦似乎並沒有緩和的跡象。貿易戰加上疫情的雙重衝擊，使人們對中國與西方世界的關係產生擔憂，中國製造業的前景究竟如何，亦令人感到深深不安。我在 2020 年 2 月疫情最為兇險、國內輿論也最為悲觀的時候，便分析認為疫情對中國的衝擊不足以改變中國世界工廠的地位，因為支持中國製造的基礎並未崩解。如今看來，這種分析得到了驗證。

當然，經此一疫，很多外國品牌商會意識到風險，意識到不能把代工廠的雞蛋都放在中國，必須得多國佈局，才不會在未來遭遇到類似的風險，所以它們會要求代工廠到其他國家去佈局。這確實是中國會面臨的現實問題，不過它對中國的影響也不會像初看上去那麼大。因為最近這二十多年的製造業邏輯發生了深刻變化，複雜產品對於供應鏈網絡的需求越來越深，該網絡上的每個節點都只做特別專門的產品，各種節點的配合關係還很可能是在多層分包結構當中實現的。

　　比如，蘋果會把手機生產承包給富士康，富士康作為一級承包商，會去歌爾買聲學系統，歌爾就是二級承包商，歌爾又會去某廠定制模具，去某廠購買金屬線……這些屬於三級承包商，三級承包商又會去其他廠家買別的東西……一種複雜商品有十幾級甚至幾十級承包商，不會是什麼稀奇的事情。國際品牌商要求代工廠向中國以外轉移，能轉出去的也就是一級、二級承包商。越往下層級的承包商，就越難轉出去，因為越往下，其分工就越專門化，它們的生產，對於在整個網絡中的協同性，需求太高了，如果不是整個網絡轉出去，它轉出去肯定會死掉，而要是整個網絡轉出去，海外沒有任何地方有足夠的生產能力和足夠多的合格工人、工程師能夠承接中國轉出去的這些網絡。這就會帶來一個結果，一級、二級承包商向海外的部分轉移，反倒會讓國內的三級、四級承包商獲得海外市場，從而牽動著整個供應鏈網絡向外的擴展。這就是本書前文中所講的"溢出"。

　　還有個資料很能說明問題，1990 年代全球貿易中，製成品貿易佔 70% 以上，這就意味著絕大部分產品是在單個國家內部完成生產的；到 2018 年，全球貿易中 70% 以上是半成品零部件，這就意味著絕大部分產品是橫跨多個國家完成生產的。我的好朋友、國內著名商業諮詢顧問劉潤先生將這一趨勢總結為，二十多年前是屬於 "消費全球化"，今天則是屬於 "生產全球化"，今天的製成品貿易雖然只佔不到 30%，但從絕對規模上來說，有可能比二十多年前的那個 70% 還要大。

這次疫情，確實很可能會讓很多中小企業死掉，但是它們在此前所去滿足的那些需求，仍然存在，並未消失。這些中小企業死掉，但是它們的資產、設備，裏面的熟練工人、工程師、管理人員都還在，只要需求還在，這些人才就會被活下來的企業吸收，滋養活下來的企業獲得新的機會。當然，對於那些死掉的中小企業來說，這個過程是非常殘酷的，但是並不能由此得出中國製造業經濟會因此崩盤的結論。中小企業應該琢磨的是怎樣讓自己活下來，努力讓自己成為被滋養的那一個，而不是滋養人的那一個。

這就說明，我們通常對經濟的分析方式，是幾十年前形成的。它們分析二十多年前的經濟是有效的，但是最近二十多年的變化太大了，網絡經濟的出現以極高的速度推動著經濟系統的演化變遷，它的運行邏輯跟此前已經區別巨大了，也讓二十年前有效的分析方式在今天已經失效了，必須找到新的分析方式。

正如前文所提到的，我 2019 年在越南做了深入的製造業調研，深入研究中國製造業向越南轉移的問題，過程中越來越深地體會到，民間的經濟空間與國家的政治空間已經越來越不重合了，討論經濟問題不能以政治空間為單元來思考了。製造業流程在供應鏈網絡發展起來之後的深刻變化，各種製造業環節的跨國分佈性，以及中國民間各種無盡的聰明自救的本事（這些在調研中看到太多了），使得中國經濟和中國政治的周期性不是同步的了，中國經濟當然會受政治的影響，但跟過去想象的根本不是一個邏輯了。

所有這些，不管大家喜不喜歡它，都是分析中國經濟與世界經濟關係時必須注意到的一些前提。忽視了它們，就很容易用願望代替事實。

二、中國製造業樞紐地位的雙向效應

在疫情初期，曾在短時間內傳出很多消息。比如因為中國停工，導致蘋果手機產量下降；因為中國這邊的供應商停工，導致韓國現代、起亞等汽車廠都被迫停工；甚至因為中國的鼻樑條供給不足，韓國的口罩生產都遇到麻煩；越南那邊也因為中國的供應鏈停擺，其製造業陷入停頓；還有很多其他國家都遇到類似問題。這些都屬於中國對外部的影響，但供應鏈的跨國依賴從來都是雙向的，不會是單向的。

之後不久，因為疫情向全世界傳播，外部開始反向影響中國了。有一些依賴於韓國供應商的中國企業，因為韓國的疫情原因，被迫停擺了。更以及，中國大量的企業是面向西方國家的市場出口的，隨著疫情的蔓延，西方國家的需求大幅萎縮，中國的相關企業面臨嚴峻困境。

在這種情況下，我們該如何看待自身與世界的關係呢？

中國作為世界工廠，銜接起發達國家的創新產業與不發達國家的原材料產業，這就是中國在世界經貿格局當中的 "樞紐" 地位。這種結構性地位，讓中國的內部活動在國際上的溢出效應越來越強，溢出效應反過來也會深刻影響到中國自身。在新冠疫情期間，這種雙向效應呈現得很明顯。

我們講過，中國製造業的強大、"樞紐" 地位的強韌，是從民間經濟中內生出來的一種力量，它強大的內在活力，已經穿透國與國的政治界限，也就是說，經濟活動已經越來越不受主權空間的限制了。而這次的疫情以一種很極端的方式提示著我們，瘟疫同樣是不受主權空間所限制的，它會穿透國界，影響到多個國家。並且，公共衛生問題與經濟問題之間形成了越發深刻的複雜聯繫，簡單地以主權國家為單位來應對，很多情況下已經不奏效了。

所有這一切都證明，即便僅僅是為了本國的利益，中國在各個層面上也都無法以本國為單位來思考自己的問題了。中國的規模決定了，中國的內部決策所具有的外部性影響，會產生很強的反向影響效應。所以中國的決策當中必須有足夠的對於外部性效應的考慮，決策機制中必須有能夠充分反映外部性效應的制度設定，才能真正地維護中國的國家利益。在公共衛生領域，中國作為世界製造業的樞紐性大國，若想在國際上不因公共衛生原因遭遇反向影響，就應在公共衛生決策機制中引入國際上的相關方共同參與。

　　實際上，前面關於中國的所有問題，歸結到最後都是一個問題，那就是，中國經濟的世界性影響力，與中國囿於民族主義的內部管理機制之間，有著頗大的矛盾張力。如何化解這個矛盾，可能是中國必須要直面的一個問題。

中國在什麼時候世界工廠地位會不保？

一、中國成為世界工廠是有前提的

1. 真實的憂慮情緒

2020 年 3 月 24 日，特朗普召開記者會，宣佈美國要重建經濟安全，在某些領域成為自給自足的國家。那時，中國企業圈流行一種觀點，認為這說明新冠疫情讓美國兩黨意識到了國家安全危機，因而它們達成共識，要求美國企業回到美國。而美國重回 "孤立主義" 的結果是，亞歐以出口創匯為導向的經濟模式面臨破產，其中中國會在兩三年內遭遇 "一美元難求" 的局面，中美交流將被斬斷，經濟會出現惡性通脹。

這種觀點是否成立，我們後文再論。但是它反映著人們中間廣泛存在的真實感受和情緒。這種感受和情緒來自兩方面。

一方面，中國經濟在疫情當中遭遇到很大的困難，這在製造業中的反映尤其明顯。在 2020 年 3 月中旬之前，主要的困難在於國內封城，工廠無法開工；在 2020 年 3 月中旬之後，主要的困難在於疫情擴散，國際訂單取消，工廠還是無法開工，並且這樣一種困境還不知道會到哪天才截止。這帶來了企業經營上巨大的不確定性，人們當然會很憂慮。

另一方面，隨著中國疫情逐漸緩解，國內又開始出現大量的嘲笑國際上不會 "抄作業" 的聲音，對外國疫情擴散表現出各種幸災樂禍，同時還出現了一些向外 "甩鍋" 的話語。這些話語讓國際對於中國的觀感不斷惡化，美國與中國之間的對抗性也不斷走高。倘若對抗繼續發展下去，則中國在國際上的處境會越發逼仄，中國經濟的前景有可能更加不被看好。

這些滿懷憂慮的感受和情緒是非常真實的，它們本能性地意識到了中國的 "世界工廠" 地位所依賴的一個前提條件，就是國際社會對於中國的信任。

倘若這種信任坍塌，則中國的世界工廠地位是會隨之坍塌掉的。

2. 中國成為 "世界工廠" 的前提

前文論述了我對中國如何發展為 "世界工廠" 的解釋框架，但是可能大家都沒有注意到，我在解釋框架中提出了一些基本前提。如果不滿足這些基本前提，則 "世界工廠" 地位是會瓦解掉的。

在此，先簡單複述一下我的解釋框架：美國最新一輪的創新經濟帶來大規模外包的需求，承包方需要同時滿足效率（需要專業化）與彈性（不能專業化）這兩個彼此矛盾的需求。但這兩個需求無法在同一個企業內部完成。而中國通過供應鏈網絡的發展滿足了它們：單個中小民營企業極度專業化，確保效率，無數民營企業構成一個網絡，彼此之間互為配套關係，配套關係還能不斷動態重組，以網絡為單位確保彈性。

供應鏈網絡的規模越大，則同時滿足效率和彈性的能力就越強，規模突破某個門檻後，則會改變成本構成結構，要素價格在成本中佔比大幅下降，供應鏈網絡的運轉效率（廣義的交易成本）在成本中佔比大幅上升，從而帶來了中國超強的成本控制能力，就像一個成本黑洞一樣，吸納全球中低端製造業向中國轉移，中國遂成為"世界工廠"。

但這個解釋框架裏面有若干個前提。

第一、中國"世界工廠"地位的出現，是基於美國等西方國家新一輪創新經濟的外包需求而被拉動出來的。"世界工廠"在這種意義上是"被成長"的，如果沒有外部世界在生產層面的外包需求和在消費層面的市場需求，則中國製造業是無法如此成長起來的。中國的成長必須在一個全球經濟秩序中才成為可能，如果自外於這個全球經濟秩序，是沒有前途的。

第二、中國的"世界工廠"地位基於供應鏈網絡的超級效率，而這個供應鏈網絡不是任何中央集權的大腦能夠設計得出來的，它是在市場過程中自生地演化出來的。市場演化中最有活力的行為主體，是中小民營企業。如果抑制了中小民營企業的活力，會在實質意義上抑制掉中國經濟的活力。

　　第三、中國這個“世界工廠”的比較優勢在於中低端製造業，而不在高端製造業。高端製造業引導著行業的技術演化路線以及前沿理念，中國這邊具體的供應鏈企業會追蹤這些前沿的技術路線和理念來安排自己的佈局、儲備、戰略規劃，如果不能跟上前沿的技術路線和理念，便有可能被世界市場所拋棄。

　　實際上，在這樣一種比較優勢的差異中也能看到，中國在中低端製造業上的地位主要是基於成本優勢，西方在高端製造業上的地位主要是基於技術優勢。剛說的這些都還是實體經濟，沒進入到全球資本秩序的層面上來討論，資本秩序是美國獨霸的，可預見未來沒有任何國家能夠替代美國。

　　第四、既然如此，中國的“世界工廠”地位就是有條件的。只有在日常狀態下，各國彼此之間有著起碼的信任，人們才會從成本角度出發來考慮問題。也只有在這種情況下，中國在中低端製造業上的成本優勢才是不可替代的——所幸目前還處在這種狀態。

　　然而，一旦進入到非常狀態，各國彼此之間的信任關係破裂，則人們不再會從成本角度出發，而是從安全角度出發來考慮問題。這種情況下，西方國家是可以不惜代價來重建自己的生產體系的。一旦走到這一步，則中國的“世界工廠”地位也就瓦解了。

　　第五、所以，中國要維持自己的“世界工廠”地位，是有前提的，那就是要與各國之間能夠保持必需的信任關係。在我看來，貿易摩擦、新冠疫情，都不足以改變中國的世界工廠地位。但是，一旦讓世界感覺到中國是個不可信任的國家，就會實質性地瓦解掉中國的世界工廠地位。

第六、那麼，如何才能與各國保持必要的信任關係呢？一方面，中國必須打開足夠的視野和格局，從全球的角度來思考問題。不能從斤斤計較、沾沾自喜的民族主義情結出發來理解世界和自身，不能沉迷在無意義的"雖遠必誅"之類的自我陶醉當中，更不能幸災樂禍於他人的災難。那只會讓世界更加厭惡和恐懼。如果視野和格局是有問題的，就意味著目標的設定會在本質上有問題，而具體的政策是無法在實質上補救的。

另一方面，有了全球性的視野和格局，也還不夠，中國與世界的信任關係，必須在一種具體可執行、可驗證的國內、國際機制安排當中落實下來。脫離開可執行、可驗證的機制安排，視野和格局都是抽象的、無法落地的，只會讓世界困惑，而難以獲得實際上的信任。比如，在公共衛生領域，中國可以進行相關機制改革，提升與世界各國、國際組織進行溝通的有效性。

3. 兩種邏輯混淆

回到本節開頭的那種觀點。我完全認同其中所反映出來的那些真實感受和情緒，但是我並不認同其結論。這種觀點跟目前的很多分析一樣，都會不自覺地把幾條獨立的邏輯線索合併在一起，以為它們之間有著線性的傳遞關係，但這會造成理解現實問題時的混淆。這裏只說兩個混淆現象。

第一個，經濟邏輯和政治邏輯的混淆。本書已多次提過，今天的世界經濟秩序已經發生了極為深刻的變革，在 20 世紀 90 年代的時候，全球各國之間的貿易結構中 70% 以上是製成品貿易，絕大部分產品是在單個國家內部完成生產的；2018 年的時候，各國之間的貿易結構中 70% 以上是零部件半成品貿易，絕大部分產品是橫跨多個國家完成生產的。這就讓經濟空間和政治空間開始發生深刻的分離，經濟邏輯和政治邏輯已經在相當程度上不一致了。三十年前，這兩種邏輯是高度共振的，可以合併在一起來考慮，今天已經不是這樣了。但是我們本能地還是經常會以三十年前的方式來理解今天的問題。

第二個，專業邏輯和體制邏輯的混淆。這個混淆在這次疫情當中表現得很明顯。現代社會是複雜社會，它依賴於高度複雜的分工系統和專家系統才能運轉起來。只要是現代社會，不論任何體制都需要這種分工系統和專家系統。原則上來說，它們提供的是專業邏輯，是獨立於體制的一種中立性、技術性存在。當然，它們在事實上的獨立性有多大，這個確實跟體制有關。

疫情防控當中的各種應對，有些是專業邏輯運行的結果，有些是體制邏輯運行的結果，但是由於體制的無所不在性，人們在討論中經常會不自覺地把專業邏輯混同為體制邏輯，進而把一切正面或負面都歸結到體制上去，還基於這種邏輯混淆進行中外對比。這種觀念上的混亂，是疫情中人們很多爭論的原因所在。

這些混淆，會讓我們無法看清楚真實的秩序，從而無法搞清楚，我們真正應該去回應的問題究竟是什麼。

二、我們不應説 "有本事別買我口罩"

有段時間，中國供應的部分 KN95 口罩，在美國檢測出問題，美國人提出質疑。國內有輿論説："如果你嫌我的口罩不合格，那你就別用啊。" 從自己的角度，可能覺得這非常硬氣，但是從聽者角度，會認為這是拿口罩來威脅，口罩被 "武器化" 了，上升成為一個與安全有關的問題。

前文提到，僅就製造業而言，西方處在高端製造業，基礎是技術優勢，中國處在中低端製造業，基礎是成本優勢。在日常狀態下，人們都從成本出發考慮問題，中國的優勢不可替代；但是非常狀態下，人們從安全出發考慮問題，西方世界可能會不惜代價來重建自己的生產體系，中國的世界工廠地位就會遇到挑戰。

而防止進入非常狀態的前提是，中國和西方國家之間應該保持必要的信任。

1. 西方決定不惜代價重建了嗎？

2020 年 4 月 10 日，《福布斯》雜誌發表了一篇文章，文中説，日本政府已宣佈要支付 22 億美元支援日資企業遷出中國，其中二十億美元直接貸款用來支援企業回到日本，約兩億美元直接貸款支持企業遷去東南亞。就在同一天，時任白宮國家經濟委員會主任庫德洛表示，要為那些從中國遷回美國的企業給予 100% 直接報銷，包括廠房、設備、智慧財產權、基建、裝修等所有費用。換句話說，實際上相當於美國政府為美國企業從中國遷回美國的全部成本買單。這一系列動作讓人感覺西方國家差不多要動真格了，真的開始不惜代價進行搬遷了。

在我看來，雖然一部分西方企業真的會在這個過程中進行搬遷，但就目前來說，還不至於對中國製造業產生實質影響，畢竟，製造業是個龐大的體系，並不是建立幾個工廠那麼簡單。但是，日美接連的一系列動作和表態，卻能讓我們感受到西方的一種真實情緒，就是它們真的在喪失對中國的信任。

也許有人會質疑，情緒不能當飯吃，西方就算有這情緒，也沒什麼大不了，它們沒能力真的搬走的。但是我要說，重要的不是西方在這一輪當中實際能做到多少，而是整體的情緒和氛圍。

情緒會直接影響人們對於未來的預期，西方已經投在中國的就是沉沒成本了，它們未必能改變多少；但是西方企業未來會在中國如何佈局，會深受這種情緒的影響。同樣，中國企業界會如何佈局，也會深受各種情緒影響，如果預期變差，就不能指望經濟的繁榮。

2. 究竟什麼是與安全相關的產業？

當然，在西方國家喪失對中國信任的情況下，它們也不會在本國重建全套的生產體系，而只會是與安全相關的產業。

之所以不重建全套生產體系，是因為成本上實在是不划算。當年遷來中國，就是因為本國生產不划算了。而中國製造業在這二十多年來不斷地演化，發展出能夠同時兼顧效率和彈性的龐大供應鏈網絡，深刻改變了生產流程中的成本構成結構，西方國家再往回遷，就更不划算了。所以，各種與安全無關的產業，比如服裝、玩具、汽車之類的，大概率還是在中國這邊的供應鏈下來生產。

那麼，究竟什麼是安全相關的產業呢？遺憾的是，這個問題沒有固定的答案。它與技術相關，因為技術會改變"安全"的意涵；同時也與剛剛所說的情緒相關，因為情緒會改變人們對於"安全"的感知。在過去，與安全相關的產業，主要是軍工類的產業，西方國家的製造業再怎麼外移，這些產業仍然在自己手裏，因為這種產業就不是從成本角度考慮的。但是在今天，很可能就不止軍工產業了。

打個比方，如果你跟人家說，"如果你嫌我的口罩不合格，那你就別用啊"，在疫情期間，從聽者的角度，很可能會把這種說法理解為，對方是在以口罩來威脅自己，口罩被"武器化"了，於是口罩就會上升為一個與安全問題相關的事情了。因此，在 2020 年 3 月 24 日的時候，特朗普政府宣佈要重建一系列產業，其中很重要的一部分就是與公共衛生相關的產業，要確保美國在這種產業上不依賴於其他國家。

所以，究竟西方會怎麼界定安全問題，這是個動態的事情，與對中國的信任程度之間有著重要的關聯。相互之間的不信任上升得越高，則安全問題的邊界就會畫得越大。它會壓低西方的經濟效率，會壓縮中國的市場空間，是個雙輸的局面。

但並不是說因為雙輸，這種可能性就不會出現。熟悉博弈論的人都知道囚徒困境，在囚徒困境中，兩個理性的人，最終選擇出來的結果卻是整體不理性的。

讓人欣慰的是，中國海關總署在 2020 年 4 月 9 日剛剛發佈了公告，宣佈自 2020 年 4 月 10 日零時起，口罩、防護服等醫療物資在從中國出口前必須進行檢驗檢疫，以便確保出口防疫物資的品質。這對於提升中國產品的品質形象、對於提升中外的信任關係，是一種積極的努力。真希望看到中外各方更多這樣的努力。

3. 如果西方重建生產體系了，會怎樣？

如果西方真的重建生產體系了（儘管目前這還不是個大概率事件，但絕對是個不容忽視的小概率事件），可能會怎樣呢？這裏可以做一些思想實驗，簡單地沙盤推演一下。

如前所述，西方重建的只是與安全相關的部分產業（產業 A），其他產業（產業 B）的產品仍然從中國購買。中國的 "產業 B" 雖然仍然是走向世界市場，但是中國的 "產業 A" 同樣也會從 "產業 B" 中有大量採購，而中國 "產業 A" 的市場大幅萎縮（被排除在西方市場之外了，只剩本國市場），因此其對中國的 "產業 B" 的需求也大幅下降，後者的市場規模也會萎縮。

於是，整個中國製造業都會面臨市場萎縮的問題，這會加大企業之間的競爭壓力，"藍海" 越來越少，各個行業都深度進入 "紅海"。企業之間會發生極度價格戰，企業利潤被極大壓低，研發的能力也隨即萎縮，中國的製造業會陷入一種低水平循環，技術進步的能力極大下降。

為了對抗經濟萎縮，政府會加大投資力度。但是這種投資拉動的效用無法消除已有的困境，畢竟拉動出的需求規模是無法與整個世界市場的規模相比的，不過這也還是能夠讓企業得以喘息。

中國人民忍受痛苦的能力是極強的，幾年後也就適應了。由於政府不斷地進行經濟拉動、刺激，雖然刺激的效率越來越低，但是畢竟整體經濟規模還在繼續擴大，所以憑藉強大的內需，中國經濟還能繼續往前跑。

由於外部對中國的隔離態度，會更加強化國內對於外部的對抗態度。並且由於中國經濟並未像人們想象的那樣迅速崩潰，所以國內還會有一波新的強烈民族主義情緒出現，歡呼"偉大的勝利"，甚至把這些痛苦審美化，讓自己深受感動。

這個過程中，西方世界形成了獨立於中國的一套平行的生產體系。西方的技術創新能力還是遠遠強於中國的，這與其強大的基礎研究能力、寬鬆的研究機制、發達的融資機制、以及對人才的強大吸引能力都直接相關，這是個系統性的能力。如果中國與西方形成兩套平行的生產體系，則很有可能技術上也就會脫鉤。中國為了保持社會穩定，更會強化內部秩序，西方在技術創新上相對於中國的優勢，還會被進一步放大。

於是，在接下來的十幾二十年當中，由於中國的龐大內需市場以及一系列積極自救的努力，中國經濟仍然會擁有強大的慣性繼續向前衝，短期內，甚至會比西方經濟的表現更好。畢竟西方是要花大成本重建一套生產體系，這是需要時間的。但是，到了十幾二十年後，西方完成了技術迭代，進入到下一代技術，而中國的技術迭代能力跟不上，中西方有了技術代差，到那會兒，中國經濟也可能就走不下去了。

值得提出的是，當今正處在第四次工業革命的時代，信息技術是這次工業革命的核心產業，而在信息經濟時代，最有價值的資產是數據。這就意味著，如果信任嚴重喪失，西方是一定會把與信息經濟相關的產業、與數據相關的產業，都定義為安全相關的產業的。

中國的優勢在於重化工業（第二次工業革命的核心產業）和電子產業（第三次工業革命的核心產業），但這兩次工業革命的產業，都相當於是信息技術產業的基礎設施，它們的意義和演化邏輯是被信息技術產業反向定義的。中國在信息產業上，並沒有什麼難以被替代的優勢，有些關鍵領域還大大落後於西方。如果中國和西方在信息技術產業上也技術脫鉤，那麼前面說的“十幾二十年”這個時間周期還可能會縮短。

4. 德國的啟示

剛剛的這個沙盤過程非常令人悲觀。幸好，要走到這一步，在現在還是個小概率事件。但它已經是個不可忽視的小概率事件，並且，如果相互的不信任關係在繼續放大，雙方的情緒在繼續毒化的話，這個概率會不斷上升，不是不可能走到那個臨界點的。

是否有突破這種可怕前景的可能性呢？當然有，但前提是，世界能夠相信，中國不會把自己的供應鏈能力"武器化"。如何做到這一點呢？德國的歷史可以給我們以啟示。

二戰之後，德國被打得一塌糊塗，西德首任總理阿登納意識到，戰後的德國必須同時完成兩個艱巨的任務，但這兩個任務又彼此矛盾。第一個任務是，德國需要完成重建，否則德國的經濟一路崩潰下去，有可能爆發無產階級革命，最後整個德國都被納入蘇聯的帝國圈，這對西方世界來說是非常可怕的。第二個任務是，德國必須要獲得鄰居的信任，否則沒法獲得一個良好的外部環境以便重建。但是，獲得鄰居信任的前提卻是德國不能重建，一旦重建了，德國變得強大，鄰居就都要嚇死了。可是德國不重建的話，它就可能會被納入蘇聯的勢力範圍，這樣一來，鄰居就會更加恐懼。德國就此陷入一個兩難困境。

到底該怎麼辦呢？阿登納想出一個辦法，就是德國必須放棄"德國是德國人的德國"這樣一種觀念，讓德國變成"歐洲人的德國"。這樣一來，德國的復興就相當於是歐洲的復興，德國才有機會同時完成兩個任務。但這種理念是不能空口說的，必須納入某種具體可執行、可驗證的制度框架當中，才能真正落實。

所以，德國就拉上法國、意大利、荷蘭、比利時和盧森堡，推動成立了歐洲煤鋼聯營。在當時的技術條件下，煤和鋼是發動戰爭最重要的兩種原材料，將其納入一個跨國的聯營委員會來統一管理，德國生產多少煤、多少鋼，對委員會其他國家都是透明的，這煤和鋼究竟會怎麼用也是透明的，別的國家一看不對勁，隨時可以叫停。同樣，別的國家生產多少煤多少鋼，對德國也是透明的，德國發現不對勁，也可以在委員會裏面隨時行使叫停權利。這樣各國彼此之間就可以相互信任了，此時德國的復興也就等於歐洲的復興了。阿登納所要追求的那兩個彼此矛盾的任務，由此可以同時實現。這就相當於，德國通過一種新的超越於民族國家之上的制度安排，把自己的生產能力"去武器化"，才能夠重建並保有自己的生產能力，同時仍然獲得世界的信任。

到了今天，德國是歐洲人的德國，而歐洲也已經成為德國人的歐洲。德國對於歐洲的影響力比歷史上任何時候都要大，但是沒有任何人恐懼它，相反，有很多國家都在主張德國應該承擔起更多的責任。德國放棄了自己的民族主義方案，才真正地兌現了自己的國家利益，讓自己成長的果實能夠真正地被收穫。

今天的經濟邏輯和阿登納時代的德國已經有著巨大區別，但是人性是恆定的，信任機制如何能夠建立起來，也是有一些恆定的基本原則的。在今天的經濟和技術條件下，要想建立中外相互間的信任，該從哪些角度入手？這是個值得仔細研究的問題。

中國必須保持開放

一、為何中國必須保持開放？[1]

我有一位做實業的朋友，原本要去德國參加行業展會，但因為疫情的原因，這個展會取消了。

由於疫情的蔓延，多個行業最具影響力的展會都延期或取消了，例如全球照明行業影響力最大的法蘭克福照明展，五金行業全球最大的德國科隆五金展覽會，全球美容品牌第一展意大利博洛尼亞美容展，等等。

展會取消對於中國企業有不小影響。中國企業想去參加這種展會，主要目的不是獲得國際亮相機會，而是要在展會上把握行業的前沿技術和產品走向，這對於自己未來的生產佈局極為重要。

這些展會反映著中國經濟在全球產業鏈的結構性位置：中國

1　本小節內容的觀點，亦見於拙著《破繭：隔離、信任與未來》，湖南文藝出版社 2020 年 12 月版。

在製造流程上具有巨大的規模性優勢，但是在許多行業並沒有核心技術優勢，欠缺對於先進技術路線和產品理念的引導能力。西方國家儘管在中低端製造業上無法與中國競爭，但高端製造業上仍然有不容動搖的優勢地位。這裏所謂高端製造業不僅僅是生產芯片或者高精度機床之類的高技術產業，更包括對於未來技術路線及產品理念的研發和規劃、引導能力，從而規定著下游中低端製造業的演化邏輯。

比如前面說的三個展會取消的行業（照明、五金、美容），它們都是萬億以上市場規模的巨大產業，中國在每個領域的規模優勢都非常明顯。然而，真正有影響力、具有行業引領價值的展會，並不在中國舉辦；不僅如此，中國企業在這樣的國際展會上，並沒有多大的聲音。舉個例子，法蘭克福照明展，總共大約有十個展館，但是只給中國企業一個展館（通常固定是十號館），不允許中國企業去別的館參展。這個館就是代表低端的，甚至展館內部的設計管理都比其他館明顯要差很多。2018 年，中國某龍頭照明企業，為了擺脫低端形象，想去別的館參展，無奈只能通過在荷蘭註冊的一家公司去申報展位，才得以和其他國際品牌放在一個展館。

這種展館上的安排，有可能會挑動民族主義者的神經，覺得中國企業受到歧視，這種展覽不去也罷。然而真正在行業中做事的人才知道，這種安排只不過是真實反映了中國企業在這些產業鏈上的位置。因為中國企業拿出來的確實屬於比較低端的產品，其他展館展出的都是高精尖的產品、或者有獨特設計感的產品。這些展會，通常是這個行業技術、設計、流行趨勢的風向標，基本都是被歐美日韓等細分市場的行業老大所引領的。實際上，中國製造業供應鏈每年的計劃，相當大程度上是要看歐美日韓的頭部龍頭企業的，它們掌握著技術方向和產品調性，有著市場引導力。

所以，中國企業去參加這種展會，主要的目的是為了學習，為了了解市場趨勢和行業前沿技術，以便規劃接下來的產品、生產及相關資源配套。國際展會是中國企業用以了解相關信息的重要平台。此次疫情導致這些重要的展會取消或推遲，會影響中國企業對接下來國際市場走勢的判斷，在趨勢判斷不明朗的情況下，企業在投資方面就會變得非常謹慎和遲疑。這對中國經濟產生的影響，可能不為行業外的人所知，但卻是比疫情本身更為長期和深遠的。

當然，中國在全球製造業當中也是有著自己不可替代的優勢的。國際龍頭企業的技術創新和設計創新，在真正規模化量產的時候，中國的製造能力和成本優勢是十分明顯的。例如，LED 芯片在芯片領域是比較低端的芯片，比較容易形成技術突破。這些芯片最早都是歐美企業和韓國三星這樣的企業在開發，引領著整個LED 產業發展，但是後來，這個芯片技術被中國企業突破。例如中國 LED 芯片龍頭企業三安光電，在形成技術突破後，憑藉巨大的成本優勢和早期的政府補貼，迅速拉低了價格，成為這個行業的龍頭老大，在 2019 年已經佔到了全球 LED 芯片市場 20% 左右的份額，而且還在高速成長。

至於照明燈具的其他配件材料，比如各種五金結構件、型材、線纜等等，更是由中國企業提供低價又高效的產業配套，例如位於浙江嘉興的王店鎮，如果開足產能，每天就能生產一百萬台的面板燈，所有的配套都在方圓幾公里內完成。如果缺乏了中國企業的製造和供給能力，那麼全球照明產業也都會受到重大影響。

在這裏面，我們可以看到，如果脫離開西方的技術和理念引領，中國製造就很容易與世界市場的方向脫鉤；但是如果脫離開中國製造的規模效應，西方的技術和理念在落地的效率上也會大為降低。

中國與世界的相互依賴越來越為深刻，但這種依賴有著結構上的差異。中國更多的是外功，是肌肉，容易帶來數量上的突破；西方更多的是內功，是大腦，更容易引發真正質的變化。中國製造業在世界上有著巨大的難以替代的優勢，但這種優勢是不能脫離於世界而自行運轉的。中國必須保持開放，更多地開放，才能真正地釋放自己的優勢

要保證這樣一種開放，就不僅僅是個經濟問題，更是個系統性的問題。就比如這次的疫情，首先爆發於中國，隨後蔓延到全世界，導致國際展會取消，效應又回饋回中國，導致中國企業無法及時把握住行業的國際進展，以致行動上會保守遲疑。可見，公衛問題對經濟的影響，遠不僅是我們在表面上能看到的停工之類，它有深遠得多的東西。

在這次疫情中，通過各種新聞我們可以知道，中國的疫情信息收集系統已經是極為先進的了，但是公衛管理和決策機制要想配得

上，仍然有不短的路要走。也就是說，中國的公衛系統中，信息收集機制與管理機制之間有著不小的矛盾張力，這在相當程度上可以做個類比，就是中國的內部管理機制尚落後於中國的全球經濟地位，兩者之間有著不小的矛盾張力。這種矛盾張力會反噬回中國自身，以各種我們事先想不到或外行看不到的方式影響中國。要克服這種矛盾張力，最重要的途徑同樣還是，中國必須保持開放，更多地開放。

這樣一種開放，並不僅僅是表層政策的問題，它更是一種底層觀念的問題。它會在底層的意義上不斷逼問，究竟中國是誰？中國與世界的關係應當是什麼樣的？面對世界，我們如何才能靠真正坦然從容的內心世界，獲得自尊與自信？

二、全球化不會止步

中國必須保持開放，但世界潮流是否允許？疫情後的世界會往何處發展？在我看來，疫情有點類似於一個加速器，把疫情前的一些問題進一步揭示出來了，並且可能加快歷史向前演化的速度。

瘟疫在歷史上是一直跟人類共存的，它構成了人類秩序演化的一種動力機制。人類歷史不是線性勻速運動的，而是量子躍遷式的。也就是說，社會保持長時期的緩慢穩定發展狀態，然後突然出現的某些重大事件，會帶來歷史的突然加速和秩序的深刻變遷，然後再進入緩慢穩定的發展狀態。重大瘟疫，毫無疑問就是這類重大事件的一種。

瘟疫帶來的重大變遷，一方面可能會在治理層面上帶來重大變化，但更重要的是它會改變人們的價值觀念。人們會重新思考價值問題、意義問題，會有新的價值排序出現。比如，中世紀歐洲的黑死病，逼迫著人們重新去思考"人"的價值，進而推動著文藝復興的大規模展開。

對於價值問題的思考，最根本的是要回答一個問題，就是"我是誰"。這種追問當中的"我"，不是生物性的存在，而是價值性的存在——"我"是由我所珍視的一系列價值所構成的，"我"要通過對這些價值的一系列實踐，而獲得"自我"意義的充實感。

對這些價值的各種實踐，就體現在人們的日常生活方式當中。它經常是一種日用而不知的狀態，但如果生活方式被觸動、被改變了，人們就會知覺到它，這會引起人們一種嚴重的被冒犯的感覺。所以，價值觀並不是一種抽象的存在，它很具體地體現在人們所珍視的生活方式中，而對"我是誰"問題的回答，也可以在人們所珍視的生活方式中發現答案。

疫情嚴重地改變了人們的生活方式，全世界各處都是如此。這種情況下，既有的各種價值排序都可能遭遇到嚴重的挑戰，這也是在世界各處都是如此的。對很多國家來說，其所珍視的生活方式受到挑戰，這並不是因為疫情才開始的，中美貿易衝突實際上也與此相關。貿易衝突並不單純是因為貿易而起，背後還有更加深遠的價值觀層面的衝突。疫情只不過是把貿易衝突當中的這種價值觀衝突進一步激化、深化。

中美貿易衝突背後的價值觀衝突，與冷戰時期大不一樣。冷戰時期的兩大陣營，各自有一套價值觀，並堅信自己的那一套代表著人類歷史的未來方向。兩種價值觀尖銳對抗，但是兩大陣營在經濟層面上近乎是相互隔離的，無法在經濟層面上影響到對方，經濟活動沒有直接的政治效應。

在當今世界，世界各國在經濟層面的相互依賴相互滲透，已經達到了前所未有的高度。一個國家的經濟政策有可能通過貿易過程的傳導，深刻影響到其他國家所熟悉、所珍視的生活方式，從而間接地帶來價值觀衝突的效果。經濟活動於是就有了深刻的政治效應。這種政治效應會在對手國（今天主要就是西方世界）的對外政策上啟動出一系列表現，中美貿易摩擦只是其中之一。這也是為什麼僅僅靠更多進口美國的商品，無法在實質意義上化解貿易摩擦的原因。

西方世界想要的，是改變中國各種對於非私營經濟的補貼及其他類型的傾斜政策，從而校正被人為扭曲的要素價格，消除掉人為形成的不對稱競爭優勢，形成一種真正市場化的競爭機制。如果這些都達不到，那麼西方世界就可能會想辦法把中國排除在貿易圈之外，否則的話，那些不對稱的競爭優勢就有可能會通過貿易過程傳導出來，從而深刻改變它們內部所珍視的生活方式，這對其價值觀會構成一種真正深刻的挑戰。

中美貿易摩擦背後所掩映的這種深層價值觀衝突，在疫情當中進一步加深了。中國與西方之間的相互不信任發展到了更加深刻的程度。供應鏈"武器化"的可能性，讓外部世界進一步地擔憂自己的生活方式會陷入到仰人鼻息的狀態。於是，疫情過後很有可能在政治上加深全球化的退潮，具體表現就是貿易摩擦有可能加劇。

但這並不能簡單地被視作逆全球化，實際上，西方世界是在追求一種新的全球化。中美貿易摩擦以來，美國與加拿大、歐洲、日本等經濟體已經簽訂或正在談判新的貿易協定，其中所遵循的自由貿易標準比 WTO 要更高。

從另一方面來看，最近二十多年來，全球經貿結構已經發生深刻變遷，我們不能以二十多年前的觀念來理解今天的經濟關係。二十多年前，各國之間是產品層面的分工，你做汽車，我做電腦，他做縫紉機，咱們相互貿易。今天，各國之間是在工序層面的分工，你做汽車的一部分工序，我做汽車的另一部分工序，他做汽車的再一部分工序，協作著生產出汽車；同樣，你做電腦的一部分工序，我做電腦的另一部分工序，他做電腦的再一部分工序，協作著生產出電腦……這樣一種工序層面的跨國分工，是市場自發演化的結果，是一系列微觀層面的公司、商人活動的結果，不是任何國家主動設計出來的。這種演化的驅動力不是價值觀或生活方式，而就是簡單的成本機制。這種成本機制也不是哪個國家的政策能夠改變得了的。但如果某一類產品被視作與安全相關，就不一樣了。"安全"在今天的界定標準之一，就是該種產品的供給穩定性、可靠性是否會影響到一國所珍視的生活方式，倘若是，則該國可能會不再考慮成本問題，不惜代價建立起相關產業的獨立性。

因此，疫情過後，全球化可能遭遇到一種"精神分裂"。經濟層面上的全球化還會繼續，不過這主要是在與安全不相關的產業當中繼續；政治層面的全球化則可能會遭遇明顯退潮，疫情當中西方國家會擴大與安全相關的產業的定義邊界，這些產業有可能會退出經濟全球化。安全相關的產業在製造業整體當中所佔比例不會太大，但是它卻往往是引領著技術前沿走向的產業。所以，安全相關產業退出全球化，這裏面蘊含著中國與西方的技術脫鉤的風險，從長線來看對中國是巨大的挑戰。

但是，退潮的政治全球化當中，可能正孕育著一種新的經濟全球化的胚形，只不過這種胚形會由西方國家通過一種區域化進程開始，即在區域化當中，追求一種更高標準的自由貿易。西方國家在疫情當中重新定義出來的安全相關的產業，有可能會是這種新的經濟全球化的起步點之一。對西方國家來說，這種做法，一方面可以起到把中國排除在外的作用，一方面又可以避免這些產業被局限在本國市場，因市場規模狹小而導致經濟效率過低的問題。

1996 年，有四十個國家共同簽訂了瓦森納協定，成員國承諾不向中國出口該協定清單中列出的高端技術和軍民兩用產品。比如，因為瓦森納協定，中國就無法購買世界上最先進的光刻機——荷蘭的阿斯麥爾（ASML），於是中國的芯片製造能力比世界先進水平始終差一代以上。協定成員國當中，除了通常所理解的西方國家之外，還包括東歐國家，以及南非、印度、俄羅斯等等。

如果因為疫情導致的不信任，使得與安全相關產業的邊界進一步擴大的話，那麼瓦森納協定的清單目錄會不會進一步擴大？會不會出現一個新的瓦森納協定？從西方更高自貿標準的區域化來看，這種可能性不能完全排除。

從長期來看，西方推動的這個區域化進程遲早會擴展為新的全球進程，也會推動著新的政治全球化的展開。只不過我們現在根本說不清楚，它究竟會以怎樣一種方式實現擴展。我在本書前幾章認真分析過的非國家的商人秩序，很有可能是其題中應有之意。

把視野放大、時間段放長，2020 年以來人們不停驚呼的"見證歷史"，實在是不值一提。20 世紀的兩次世界大戰、驚心動魄的經濟大危機、冷戰的爆發、朝鮮戰爭、非殖民化進程、68 年五月風暴、布雷頓森林體系解體、石油危機、蘇聯解體……哪一個不比今天的危機與動盪深刻上幾個數量級？但是全球化並未因此止步，而是仍在不斷向前推進。全球化就是危機推動的結果，每一次危機都帶來了全球化進一步深入的契機。

之所以全球化不會止步，在於地理大發現以來，人類已經連接為一個世界市場。任何國家的政策都必須落實為一套財政方案，任何財政方案都依託於本國經濟，但任何國家的經濟又都是受制於本國政治根本控制不了的世界市場的，而人類在世界市場上的相互依賴，今天已經發展到比歷史上任何時期都更深的狀態。

所以，經濟全球化會不斷地拖著政治全球化往前走，前面說的區域化也會遲早擴展為新的全球化進程。如果哪個國家自外於這個進程，就只能在本國市場上活動，而市場規模決定了經濟效率，效率低的小市場遲早會被效率高的大市場擊敗並吸收掉，這個事情是最為基本的經濟規律，不以人的意志為轉移的。

仔細看過往數百年歷史的話又會發現，雖然全球化是危機驅動型的，但每次危機往往可能要付出很大的代價，才帶來全球化的進一步深入。這一次的危機，可能會付出多大的代價，伊於胡底，現在還不知道。但我們無疑可以知道，中國會如何選擇，是影響此次危機走向的一個重要變數。

三、中國製造的困境及建議

1. 中國製造的三個困境

分析完中國保持開放的必要性以及全球經濟政治大勢，我們現在可以聚焦於"中國製造"本身了。目前的中國製造，主要面臨以下三個困境。

第一，比喪失訂單更可怕的，是喪失信任。有段時間，界面新聞、每日經濟新聞等媒體都有報導，中國製造的 KN95 口罩，被美國檢測出低劣產品過多，品質不合格，因為無法一一分辨，被美國 FDA 整體移出了口罩供應商範圍。這個事情，對中國的衝擊很大。因為檢測試紙、呼吸機等，是人命相關的事情。它不比一個普通玩具，品質沒達標，影響沒那麼大。實際上，真正有品質問題的口罩，就是那麼幾個，一些渾水摸魚的商家，敗壞了整個中國製造的名聲，讓中國所有的口罩製造商無訂單可做。這一事情，跟瑞幸咖啡一樣，資料造假，打了所有中概股的臉，讓整個投資市場對中概股失去信心。一顆"老鼠屎"，攪壞一鍋湯。所以說，比喪失訂單更可怕的，是喪失信任。劣質產品和造假，對中國製造來說，是比新冠肺炎更恐怖的"病毒"。

　　第二，缺乏"從零到一"的創新。現在，輿論經常說，中國現在有很多"偽創新"，就是搞一些噱頭，玩一些概念，而對產品的使用卻沒什麼實際影響。這個問題得更細緻地分析。中國有很多實用新型的創新，但這不是"從零到一"的創新。美國多是"從零到一"的原創發明，中國往往是"從一到一百"做得比較好，就是在生產中，不斷地改良，不斷地反覆運算進化。這是中國的一種比較優勢，儘管沒有"從零到一"那麼高價值，但仍值得鼓勵，說它是"偽創新"，有點刻薄。但是我們需要警醒的是，中國必須加大基礎研究，努力在"從零到一"之間實現突破。

　　第三，"工匠人才"的缺乏。中國製造一直處在低水平競爭維度，實際上跟"工匠人才"的缺乏密切相關。我曾跟一個口罩廠的朋友訪談，他說："做防護口罩需要熔噴布，而高端的熔噴布基本都在韓國。"我問他："高端和不高端的區別在哪？"他說："熔噴布有一個很重要的工序叫駐極，就是讓熔噴布帶上淨電荷，帶電前和帶電後，口罩對病毒的吸附能力能差出一倍多，所以駐極工藝對於熔噴布的品質十分關鍵。而韓國做出的熔噴布，淨電荷的存留時間比中國的高出一個數量級。"我很吃驚，問他，這是因為設備的差異嗎？他說，不是，設備都是一樣的，關鍵在於工人的手藝。一樣的設備，不一樣的手藝，做出來的東西是不同的。所以說，"工匠人才"十分重要。這就好比新東方廚師學校畢業的人，同樣的照著菜譜炒菜，味道是不一樣的。這背後的區別，就叫"手藝"。這種"手藝"，學校是教不了的，得靠長時間的積累和悟性。我在本書前幾章中，把這個稱為"隱性知識"。

中國製造距離高端製造，很多時候，不在於設備和技術，就是缺的這種"隱性知識"。要培養這個，沒有別的辦法，需要穩定的"工匠人才"隊伍，以及足夠多的製造產業和長時間積累。日韓，都是這麼過來的。

2. 對中國製造走出困境的四點建議

中國距離製造強國，還有很遠的路要走。要想成為真正的經濟強國，不能依靠炒房地產、炒金融、吹 IT 泡沫，而是需要務實精神，通過腳踏實地、培養扎實的實業做支撐。對此，我有四點建議：

第一，讓人口紅利轉換為制度紅利。在中國製造這個作業系統裏，產業鏈是比較健全的，以前物流成本高、效率低，但這些都會隨著市場自動校正。現在主要問題是，很多地方不應該有的稅費，加重了負擔，導致產業鏈效率低下。還有就是，一些地方盲目地招商引資，導致產業衝突，效率低下。所以，下一步的重點工作，就是進一步"放水養魚"，完善制度優勢，讓制度紅利承接人口紅利，繼續走下去。

第二，努力提升 "中國製造" 品質。今天我們看 "日本製造"、"德國製造"，似乎成了一種信仰。去日本搶馬桶蓋，去德國買高端機床。實際上，一百多年前，"Made in Germany" 是一種恥辱的代名詞，因為英國產品品質好，德國的產品差勁，為了防止以次充好，英國要求從德國進口的所有貨物上，都要標注 "Made in Germany"。後來德國下大力氣，提升產品品質，才逐漸取代了英國貨。日本也是一樣，"日本製造" 曾經也是低廉產品的代名詞。

從低端到高端都需要一個過程。這個過程中，需要國家付出更多努力，下大力氣完善市場標準，嚴格品質規範。現在 95 後、00 後，越來越喜歡國潮，這也代表國貨的崛起。但還不夠，需要更多的高端產業崛起。

第三，建立非政府主導的行業自治協會。工匠的匱乏，跟行業自治緊密相關。要有大量 "工匠人才"，就必須有好的評價體系，才能鼓勵更多地技術工人願意沉下心來，努力地鑽研，經過十年、二十年，最終成為真正高手。這就需要社會上有成熟的行業自治協會。造假牟利這事，人性都一樣，美國人也一樣。但是他們玩一次被逮著了，就再也沒機會玩了。在中國這邊，往往改換頭面還能接著玩。原因就在於有無行業自治。舉個現實的例子：為什麼中國醫患矛盾這麼多，而美國卻很少呢？這主要是因為美國醫師協會發達。實際上，醫生跟患者之間有 "知識壁壘"，這個鴻溝哪個國家都一樣。病人無法判斷，你究竟是基於專業知識做出的診斷，還是基於私心，想多開藥物呢？西方國家的解決方案是，有很多醫師協會。病人跟醫生之間，有很大知識差距，但是醫生之間沒有，醫生之間知識都是透明的，都是懂行的。民間很多協會自發成立，受到認可的醫生，加入協會。如果醫生違反職業道德，踢出協會。這樣，人們不需要判斷醫生的專業水平，就看是不是屬於哪個協會就可以了。這樣就建立了信任機制，化解了醫患矛盾。而加入協會的優質醫生，也能夠因為信任而多賺錢。

這裏有一點需要特別注意：這個協會必須是行業自治的，不能是官方和政府主導的。因為一旦是政府主導，民眾就會懷疑，入會的醫生，是否會有跟官員的私人關聯存在，協會的公信力就大大下降。各行有各行的規矩，國家即使出於好心，也不知道怎麼去激勵這些工匠，很容易外行領導內行。但是內行的人是懂的，所以需要自治。這個道理，對於製造業也是一樣的。

第四，保中小企業，就是保我們自己的未來。疫情很可能長期持續，但無論如何，都要做好最壞的打算。當下，我們直面的現實是，很多中小企業熬不住了，但中小企業解決了國內 80% 的就業，是就業的主力軍。再加上 2020 年以來，受疫情壓力，很多企業縮招，甚至裁員。無數中小企業，構建了中國製造的產業鏈，如果這一輪中小企業無法保住，很可能會動搖整體中國製造的根基。這種重大的影響，是不可估量的。所以，從國家層面保護中小企業，也就是保護中國製造的未來，就是在保護我們自己的未來。

為什麼香港的地位無可替代？[1]

香港在中國的經濟體系和政治體系中都具有非常重要的地位。以下僅從經濟角度加以簡述。

討論香港問題，我會願意先從預期問題談起。經濟的發展高度依賴預期。如果預期糟糕，則人們不會再投資。政治同樣是一個管理預期的藝術。高超的國內政治，就是要把各種利益不同的群體整合起來，達成一種基於共識的秩序，這需要各種群體對於未來有穩定預期，能夠期待一種"帕累托改進"。高超的國際政治，就是要在錯綜複雜的國際格局中，能夠爭取到足夠多的盟友，以便形成對自己最有利的國際格局，這也需要能夠讓盟友形成穩定預期，願意與自己合作，而不是讓盟友提防自己隨時變卦。

能夠幫助人們形成穩定預期的，並不是誘人的經濟回報，而是實在的法律規則。對預期而言，經濟回報是"魚"，法律規則是

1　本節內容的觀點，亦見於拙著《破繭：隔離、信任與未來》，湖南文藝出版社 2020 年12 月版。

"漁"。是否能獲得 "魚"，有著各種偶然性；一旦有了 "漁"，偶然性就大幅消除。國際政治層面的法律規則，載體之一就是各種國際條約。

法律規則是抽象條文，它的實際生命力如何，取決於政治上是否認真對待它。如果一開始就沒打算認真對待國際條約，僅僅把它當作可以用來鑽的空子，就是用 "魚" 的思路來對待 "漁"，進而無法讓其他國家對你的 "漁" 形成信任，最終吃虧的是自己。這也是我在前面反覆講國際上互信關係重要性的原因，是互信關係讓法律規則／國際條約真的成為 "漁"。甚至，在有互信關係的情況下，即便國際條約還沒跟上，也能有穩定的預期並形成事實上的深度合作關係。二十世紀八十年代的中美關係差不多就是這樣。

再說回到內部的法律問題，香港在中國內部有著獨特性，是不可替代的。香港是中國唯一施行普通法（又稱英美法）的地區；與普通法體系相對的就是大陸法體系，歐洲的大陸國家、中國等等都是大陸法系的國家。中國通過香港，就有著一個與海洋世界形成無縫連接的接口。中國可以通過香港，來影響國際資本市場；反過來，也可以通過香港，從國際資本市場汲取巨大的力量。香港是中國參與國際經濟時一個重要的借力打力的支點。雖然美國不久前取消了香港的特殊貿易地位，但是香港在資本市場上的這種地位至少在名義上還存在。

之所以香港的普通法傳統如此重要，在於普通法和大陸法對經濟的影響很不一樣。普通法對中小投資者權益的保護，要好過大陸法。所以，普通法地區的中小投資者，就更願意自己去資本市場上冒險。而大陸法地區的中小投資者，則更願意"抱大腿"，通過銀行來理財，因為銀行保護自身權益的能力更強。以金融市場為例，在普通法地區，直接融資市場的效率，遠遠高於間接融資市場；大陸法地區正好反過來。直接融資市場就是股市、債市、期貨市場等等，中小投資者個人直接買賣股票、債券、期貨，進行投資理財。間接融資市場就是銀行，中小投資者把錢存在銀行，或者購買銀行的理財產品，銀行再代替中小投資者個人來進行投資理財。所以，世界上最重要的股市，基本都在普通法地區，比如紐約、倫敦、香港、新加坡，最重要的期貨市場也在普通法地區。

有些大陸法地區的股市規模也很大，比如東京證券交易所、歐洲證券交易所，規模大過香港證券交易所，但這是因為前兩個股市所依託的本國經濟規模大，並不是因為它們有能力從全球廣泛吸納資本。普通法地區的股市則可以從全球廣泛吸納資本。所以，普通法地區的資本市場更加活躍，市場深度更大，對於國際經濟和國際貿易的影響力也更大。

不同國家的商人之間在進行國際貿易的時候，如果各自的法律規定有衝突，雙方也經常約定採用普通法，來保障合同的執行。幾乎可以說，普通法體系就是規範整個海洋世界與國際經濟秩序的基本法律邏輯。

因此，香港具有一種重要的二元性。一方面，它是中國這個大陸法國家不可分割的領土；另一方面，它又和整個海洋世界分享著同樣的普通法秩序。這樣一種二元屬性使得香港成為中國連接世界的樞紐，其作用在中國內部獨一無二，無可替代。我們不能光看到深圳的 GDP 超越了香港，就以為深圳可以取代香港。兩個城市在經濟意涵上有著質的差異，量的多少在質的差異面前，根本不重要。所謂的"中國想讓哪裏成為金融中心，哪裏就能成為金融中心"，基本上屬於囈語。

香港的這種特殊地位，基於其普通法邏輯，而普通法的運轉，又是基於大社會小政府的邏輯，以及背後的一整套生活方式。這些是大陸法地區感到很陌生的，卻是必須意識到的一種質的差異。如果希望能夠擁有香港這樣一種接口，就需要尊重普通法的一系列法理邏輯，及其所依託的生活方式。否則的話，就得承擔失去這個接口的代價。

在內地網絡輿論中還能感受到，內地人看待香港的時候，總還是有著一種深切的屈辱史觀，香港經常是被嵌入在一種單向度的殖民、屈辱的視角下來理解的。因此，在內地網絡輿論中，網民很容易通過挑戰英國人留在香港的普通法秩序，而獲得一種掃除屈辱的快感。這種網絡快感要付出很多代價，已如前述；快感所依託的屈辱史觀，則值得進一步分析。

下面的討論主要是在分析中國應改進的問題，這絕不是說其他國家沒問題。但是過多指責別國意義不大，就好比做生意時遇到麻煩，好的管理層不會把精力放在指責競爭對手上，而是放在反思自己是否本應做得更好上。這種反思才能讓自己真正地在競爭中掌握主動權；至於對手的問題，如果真是問題，市場遲早會教它做人。

　　毋庸諱言，中國近代史上確有很多屈辱，但近代史還有著更加宏闊得多的面相。如果僅僅抱持屈辱史觀，則這些面相都會被遮蔽掉。一系列歷史研究已經表明，在清代中期，中國人口過度膨脹，已經陷入一種 "內捲化" 困境，也就是說，勞動力過剩導致其過於便宜，從而無法內生性地出現技術躍遷，也就無法內生性地出現工業革命。過剩人口靠農業經濟無法消化，但正因為人口過剩，又無法內生性地進入工業經濟，這就進入一個閉環，似乎只剩劇烈的社會動盪引發人口劇減一途了。

　　突破閉環的辦法也是有的，比如從外部引入新技術，進而啟動出工業經濟，推動中國歷史演化至新的階段。在當時，能夠帶來新技術的唯有西方，新技術的進入和貿易過程相伴隨。中國是在西方槍炮脅迫下加入世界貿易的，這裏面當然有屈辱，但是更要看到這個過程對於中國走出閉環的意義。這與任何參與方的好心或壞心都沒關係，只是一個客觀的歷史過程，恰當地理解到這一點，才能恰當地理解歷史，理解中國與世界的關係。

　　一旦加入世界貿易秩序，另一個更加重要的變化就會出現。過剩人口只有在封閉經濟體的情況下才會導致 "內捲化"，一旦加入開放的世界經濟體系，卻會轉為一種競爭優勢。因為加入世界經濟體系後，是在全球範圍內獲得比較優勢，過剩人口就意味著在勞動力成本上有著巨大優勢，這也就打開了一種更宏闊的潛在可能性。這種潛在可能性如何現實化，還是個複雜的歷史過程，"革命" 也成為其現實化過程中難以繞開的一步。但毫無疑問，在與西方的歷史互動過程當中，中國加入世界經濟體系，是無論如何都繞不過去的第一步。

在這樣一種新的視野之下，重新觀照中國近代史，就會發現，屈辱毫無疑問是存在的，但是單向度的屈辱史觀，實際上遮蔽了更加重要的歷史面相，相當於用一個指頭遮蔽了九個指頭。這樣一種遮蔽，使得我們無法恰當地理解中國與世界的關係，也會嚴重地扭曲中國的國家目標的表達，以至於復仇成為目標。這是近年來網絡上各種民族主義情緒的根本來源。

這種民族主義情緒，會讓世界對中國充滿疑慮。類似於用待出口的口罩擦腳這種視頻，傳播到海外，其負面效應大過多少次的正面努力。其他國家不知道中國會如何使用自己的強大力量，不敢相信中國對於“漁”的承諾，只能看到中國對於“魚”的訴求。中國的各種努力無法獲得國際的信任，乃至被惡意解讀。層層惡性循環展開，陷入了各國在信任關係上的“塔西佗陷阱”。

再次強調，其他國家當然也有問題，但是真正有意義的反思，不是把精力放在指責競爭對手上，而是放在反思自己是否本應做得更好上。

後記

　　這本書的寫作，緣起於羅振宇、脫不花約的一個飯局。2019年3月的一天，他倆約我吃飯，羅振宇說他打算把跨年演講打造成一個平台，更多呈現老師們的研究，問我是否願意擔任其中一個版塊的主持人。當時我正密切關注中美貿易摩擦和中國製造業向越南轉移的狀況，便提出，如果得到 App 願意支持我做這方面的研究，我就可以接受邀請。雙方一拍即合，隨即我就展開了長達大半年的調查研究。

　　正當我琢磨怎麼切入研究的時候，偶然看到網上的一篇文章，講的是中國一系列在特定細分領域裏牛氣沖天的小鎮。其中就有徐小平先生的家鄉——被譽為"世界提琴之都"的（江蘇省泰興市）黃橋鎮。於是，在愛道思人文學社小院的昏黃燈光下，我用一瓶紅酒換來了徐小平講述的何彬先生的故事。這個故事迷人極了，還讓我看到了研究的一個切入點。所以，我的調研就從"世界提琴之都"開始了。

徐小平先生推薦了好友張明先生、趙晉成先生，還有自己的妹妹徐燕女士，他們共同接待了我們到泰興的調研。他們為我們介紹了很多訪談對象，有李書、吳建新、吳曾蔭、丁沛、趙俊臣、劉鵬凱、台德成、丁克處、錢富民等多位朋友（以接受採訪的時間先後為序）。和這些人的訪談讓我對中國改革開放以來的經濟成長有了更多理解。

之後，我進一步組建研究團隊，並著手尋找進入越南的資源。對外經濟貿易大學的劉慶彬教授幫了大忙，他在日本留學時讀的是發展經濟學專業，有很多來自東南亞的同學。劉慶彬教授充分調動起自己在日本留學時的資源，迅速接洽上了越南的一系列研究機構和貿易組織；同時又通過自己的朋友儲瑞金，帶我們認識了上海外國語大學的馮超老師，以及上海正策律師事務所的徐銀凱律師和張斌律師。上海正策律師事務所已經在越南河內設立了分所，張斌律師在越南有著多年的耕耘經驗，對越南有著深刻的理解，建立了豐富的人脈網絡。兩位律師不光幫我介紹了越南的大量採訪資源，還不辭辛勞地陪我們在越南做了多次現場訪談，對我們研究的幫助極大。

這個研究不應是單一學科的研究，而應有經濟學、政治學、歷史學、社會學、人類學等跨學科的視野，才能夠把問題域充分地打開。因此，我便邀請了一系列相關學科的學者共同參與調研和討論，感謝劉慶彬、張笑宇、王劍利、齊群、杜一鳴、張萌等朋友的鼎力相助，沒有和他們的持續高密度討論，這本書是無法完成的。

尤其要感謝張萌，她除了參與我們的調研和討論之外，還不辭辛勞地幫我們安排一切行程。每次外出調研，我們每天都是從早九點出門到晚十點才回到酒店，中間幾乎一點休息時間都沒有。如果沒有張萌的悉心安排，以及她對調研材料的細心整理，這本書也是無法完成的。

出發去越南之前，雲南大學的李晨陽老師召集了校內多位東南亞研究專家，我和研究團隊的夥伴們與這些專家做了討論。這幫我們打開了思路，修正了調研方案。之後，我在北京拜會了很多朋友，黃節先生、張宏江先生、何菁先生都把各自在越南以及珠三角等地的朋友介紹給我。隨後，我到深圳拜訪了瑞聲科技的江南先生，他幫我協調去瑞聲在越南的工廠做調研的事情。我還去拜訪了TCL集團，閆曉林先生和廖騫先生接待了我，並給我介紹了剛好回國出差的TCL越南工廠的負責人溫志興先生。深圳拓邦公司的劉天喜先生也接待了我們，並將拓邦越南分公司的負責人陳德義先生介紹給我。

到了越南之後，溫志興、陳德義以及胡志明市中國商會會長趙騫先生對我們的幫助極大，他們是幫我們打開越南更多人脈的幾個關鍵性人物。可惜的是，由於調研的時間有限，我們未能對他們幾位以及他們的公司在越南的故事進行深入挖掘，希望以後有機會能夠彌補。

在越南期間，我們拜訪了大量的企業，採訪了大量的人，聽到了大量有趣的和令我感動的故事。篇幅所限，無法一一講出他們的故事，只能把他們的名字列在這裏一併致謝（以接受採訪的時間先後為序）：感謝范玉紅、李廣哲、北川浩深、陳旭、汪洋、高雅、張守江、張銳、蔡莉、龔書熊、沈春良、真嶋翔大、Minh、曹振華、任澤忠、雷祖旋、王奕謀、彭子豪、廖子權，還有多位不願透露姓名的朋友。這些人都欣然接受採訪，把他們的所知、所感坦誠地告訴了我們，沒有他們，就沒有本書的豐富內容。

在越南做了大量訪談之後，我們又到新加坡，從資本秩序的角度進行了一些訪談。感謝 Pieter Kemps、Joy Cham 對我們的信任，他們提供的信息幫我們驗證了之前的很多假想。遺憾的是，由於篇幅所限，在本書中未能把從他們那裏獲得的更多內容呈現出來，只能在這裏表示感謝。

從東南亞回來之後，我覺得對珠三角與越南之間的製造業關聯有必要進行再一次的深入挖掘，於是又通過從越南調研獲得的信息，回溯到珠三角的供應鏈網絡當中進行調研。這一次的調研幸虧有陳志軍先生幫忙，讓我們有機會深入了解東莞製造業的發展歷程。通過陳志軍先生的引介，我們採訪到了多位人士，他們給了我們極大的啟發，但基本上都不願意透露姓名，我只能在這裏一併表示感謝。

離開了珠三角，我們又去到中越邊境第一大陸地口岸廣西憑祥進行調研，趙騫先生把他的朋友何加繼先生推薦給我們，我們從那裏又獲得了關於中越之間貿易的更鮮活的一手資料。

結束了一系列訪談之後，我與已經並肩研究十多年的"大觀"

學術小組的朋友們做了更多深入探討。一系列更加有價值的思路，尤其是最後一章關於新漢薩同盟的思考，也在此過程中打開了。感謝這些朋友。當然，文責自負。

在本書即將付印的前兩天，我還有了意外的收穫。根據本書底稿改寫而成的得到 App 音頻課程 "中國製造報告 20 講" 上線後，用戶的反饋非常多，提供了大量極為有趣的案例，讓我收穫巨大。尤其重要的是，有用戶提出了我在課程中的一個瑕疵，我迅速地把用戶的建議添加在了書稿的腳注中，但在正文裏保留了原有的瑕疵，讓這本書呈現出更強的現場感和互動感。

我在本書的最後一章談到，隨著技術和生產邏輯的變遷，經濟空間與政治空間日益分離。這一次的寫作經歷讓我更為深刻地感受到網絡時代作者與讀者之間邊界的模糊化。此前我能夠想象網文的作者會是這樣的一種創作方式，但我自己也很意外地小小體驗了一次，不啻為這次研究給我的又一份驚喜。

這樣的一種邊界模糊化，讓我能夠隱隱地透視到未來。感謝你們。

施展

2019 年平安夜，於北京

編後記

《溢出：中國製造未來史》一書簡體版於 2020 年 1 月出版，當時，新冠疫情尚未大規模爆發。時至今日，新冠疫情已經在全世界範圍內肆虐一年有餘，本書中關於中國製造的觀點是否仍然經得起檢驗，是否需要隨著疫情的發展而作出相應的補充、修正或改變，是我們與作者特別關心的問題，相信亦是讀者特別關心的問題。

一年多來，本書作者施展教授關於"新冠疫情對中國製造的影響"以及"中國製造經歷疫情後的走向"等議題又有許多新的思考，並撰寫了多篇文章。當此繁體版推出之際，在作者授權及指導之下，我們對這些新文章進行精選、編輯，形成本書"補論"部分，對前述問題進行回應，同時就作者所主張的香港在中國經濟中的重要地位進行簡要論述。此外，我們還特別邀請施展教授為繁體版作序。這些增補內容，篇幅不小，故本書稱"增補版"，以示與原版之區別。

疫苗已逐步上市，疫情結束的曙光已露，祈願讀者朋友平安前行之時，亦能從本書中獲得啟發，其中不足之處亦請批評指正！

三聯書店（香港）有限公司

人文編輯部　謹識

2021 年 4 月 13 日